TAC税理士講座 編
政木美恵

2021年度版

みんなが欲しかった！
税理士

消費税法の教科書&問題集 ①

取引分類・課税標準編

はじめに

　消費税といえば、普段、私たちが買い物をして支払った代金に含まれており、日常生活の中でもっとも身近な税金です。

　その用途・目的は、年金、医療および介護の社会保障給付と少子化に対応するために使用するとされており、広く国民一般に負担を求めるとともに、その国民を「幸福」にすることを最終的な目的にしているといえます。

　近年、税率の引上げや軽減税率制度の導入など消費税を取り巻く環境変化は著しく、このような先を読めない不確実な時代において重要なことは、「どのような状況でも対応できるだけの対応力」を身につけることです。

　本書は、TACにおける30年を超える受験指導実績にもとづく税理士試験の完全合格メソッドを市販化したもので、予備校におけるテキストのエッセンスを凝縮して再構築し、まさに「みんなが欲しかった」税理士の教科書としてまとめたものです。

　膨大な学習範囲から、合格に必要な論点をピックアップしているため、本書を利用すれば、短期間で全範囲の基礎学習が完成します。また、初学者でも学習しやすいように随所に工夫をしていますので、税法を初めて学習する方にもスムーズに学習を進めていただけます。

　近年、税理士の活躍フィールドは、ますます広がりを見せており、税務分野だけでなく、全方位的に経営者の相談に乗れる、財務面からも経営支援を行うプロフェッショナルとしての役割が期待されています。

　読者のみなさまが、本書を最大限に活用して税理士試験に合格し、税務のプロという立場で人生の選択肢を広げ、どのような状況にも対応できる適応力を身につけ、幸福となれますよう願っています。

TAC税理士講座
TAC出版　開発グループ

本書を使った税理士試験の**合格法**

Step 1 　全体像を把握しましょう

まずは、この Chapter の Section 構成（①）と学習内容（②）を確認するとともに、Point Check（③）でこれから学習する内容を把握しておきましょう。また、前付に消費税法学習の全体像として、課税の対象のイメージ（④）と消費税の申告書の形式で各 Chapter の学習内容との関連（⑤）を掲載していますので、自分がどの部分を学習しているかを常に確認することで、より効率よく学習することができます。

Step 2 　「教科書」を読みましょう

「教科書」を読みましょう。イラストや図表を用いてまとめた図解（⑥）で、学習する内容のイメージをもつことができます。適宜例題（⑦）も入っていますので、試験でどのように問題を解けばよいのかを思い浮かべながら読んでいくと効果的です。また、多くの受講生がつまずいてきた論点の学習のヒントやケアレスミス防止対策等について、ひとことコメント（⑧）としてまとめていますので、参考にしてください。

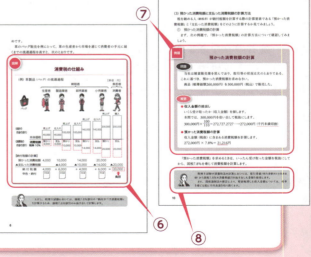

Step 3 「問題集」を解きましょう

ある程度のところまで教科書を読み進めると、問題集へのリンク（⑨）が貼ってあるので、まずは重要度A（⑩）の問題から丁寧に解いていきましょう。計算問題への対応は本を読むだけでは身につきません。実際に手を動かして問題を解くことが、知識の定着には不可欠です。解き終えたら、解答へのアプローチ（⑪）や学習のポイント（⑫）をよく読み、理解を深めましょう。また、問題集の答案用紙にはダウンロードサービスもついていますので、これを利用して最低3回は解くようにしましょう。解説についているメモ欄（⑬）も有効に使ってください。

Step 4 実践的な問題を解きましょう

本書の学習が一通り終わったら、「総合計算問題集　基礎編」「総合計算問題集　応用編」で実践力を身につけましょう。「総合計算問題集　基礎編」「総合計算問題集　応用編」は、本試験の計算問題対策として重要な総合問題形式の問題を収録したトレーニング問題集です。「基礎編」は総合問題を解くための基礎力の養成を主眼としており、「応用編」は答案作成能力の養成を主眼としています。

問題演習

Step 5 理論問題へのアプローチ

理論問題対策

＋

理論マスター

理論問題は、毎年、個別理論問題と事例理論問題の2題形式で出題されます。

① 個別理論問題対策

個別理論問題とは、「理論マスター」に収録されている条文の規定がそのまま出題されるような問題のことをいいます。

この問題の場合、その条文を覚えているかどうかが合否の分かれ目になりますので、まずは「教科書」で論点を正確に理解してから「理論マスター」に収録されている条文を覚えるようにしましょう。

② 事例理論問題対策

事例理論問題とは、取引事例について文章で問題資料が与えられるため、論点を自分で判断しなければならないような問題のことをいいます。

この問題の場合、問題文の読み取りと論点の把握、さらに覚えている条文の事例問題への当てはめができるかどうかが問われます。「理論マスター」に収録されている条文を覚え、「過去問題集」などで事例理論の問われ方を分析しましょう。

Step Up 仕上げ

過去問演習

過去問題集

合格！

Step1～4で計算力をつけ、Step5で理論問題対策をしたら、仕上げは「過去問題集」で本試験問題のレベルを体感しましょう。

「過去問題集」は、直近5年分の本試験問題を収録し、かつ、税制改正にあわせて問題・解答解説ともに修正を加えています。時間を計りながら実際の本試験問題を解くことで、自分の現在位置を確認し、本試験に向けて対策を立てることができます。

本書を利用して消費税法を**効率よく学習する**ための「スタートアップ講義」を税理士独学道場「学習ステージ」ページで**無料公開中**です！

カンタンアクセスはこちらから

https://bookstore.tac-school.co.jp/dokugaku/zeirishi/stage.html

税理士試験について

みなさんがこれから合格をめざす税理士試験についてみていきましょう。
なお、詳細は、最寄りの国税局人事第二課（沖縄国税事務所は人事課）または国税審議会税理士分科会にお問い合わせ、もしくは下記ホームページをご参照ください。
https://www.nta.go.jp/taxes/zeirishi/zeirishishiken/zeirishi.htm

国税庁 ≫ 税の情報・手続・用紙 ≫ 税理士に関する情報 ≫ 税理士試験

☑概要

　税理士試験の概要は次のとおりです。申込書類の入手は国税局等での受取または郵送、提出は郵送（一般書留・簡易書留・特定記録郵便）にて行います。一部手続はe-Taxでも行うことができます。また、試験は全国で行われ、受験地は受験者が任意に選択できるので、住所が東京であったとしても、那覇や札幌を選ぶこともできます。なお、下表中、受験資格については例示になります。実際の受験申込の際には、必ず受験される年の受験案内にてご確認ください。

受験資格	所定の学歴（法学部・経済学部等を卒業した者ほか）、資格（日商簿記検定１級合格者ほか）、職歴（税理士等の業務の補助事務に２年以上従事ほか）、認定（国税審議会より個別認定を受けた者）に該当する者。
受験料	１科目 4,000 円、２科目 5,500 円、３科目 7,000 円、４科目 8,500 円、５科目 10,000 円
申込方法	国税局等での受取または郵送による請求で申込書類を入手し、試験を受けようとする受験地を管轄する国税局等へ郵送で申込みをする。

☑合格までのスケジュール

　税理士試験のスケジュールは次のとおりです。詳細な日程は、毎年４月頃の発表になります。

受験申込用紙の交付	４月中旬〜５月中旬（土、日、祝日は除く）
受験申込受付け	５月上旬〜中旬
試験日	８月上旬〜中旬の３日間
合格発表	12 月中旬

☑試験科目と試験時間割

　税理士試験は、全11科目のうち5科目について合格しなければなりません。合格基準点は各科目とも満点の60％です。5科目の選択については、下記のようなルールがあります。

	試験時間	科　目	選択のルール
1日目	9：00～11：00	簿記論	会計系科目。必ず選択する必要がある。
1日目	12：30～14：30	財務諸表論	
1日目	15：30～17：30	消費税法または酒税法	税法系科目。この中から3科目を選択。ただし、所得税法または法人税法のどちらか1科目を必ず選択しなくてはならない。また、消費税法と酒税法、住民税と事業税はいずれか1科目の選択に限る。
2日目	9：00～11：00	法人税法	
2日目	12：00～14：00	相続税法	
2日目	15：00～17：00	所得税法	
3日目	9：00～11：00	固定資産税	
3日目	12：00～14：00	国税徴収法	
3日目	15：00～17：00	住民税または事業税	

☑合格率

　「試験科目と試験時間割」の項で記載したように、受験案内によれば合格基準点は満点の60％ですが、そもそも採点基準はオープンにされていません。税理士試験の合格率（全科目合計）は次のグラフのとおり、年によってばらつきはありますが、おおむね15％前後で推移しています。よって、問題が難しい回であれば、40％の得点でも合格することはありえますし、逆にやさしい回であれば、80％の得点をしても上位10％には入れないかもしれません。現実的には、受験者中、上位10％前後に入れば合格できる試験といえるでしょう。

☑出題傾向と時間配分について

税理士試験の消費税法は下表に示すような2問構成です。一方、試験時間は2時間であり、全部の問題にまんべんなく手をつけるには絶対的に時間が足りません。そこで、戦略的な時間配分が必要となります。

第1問	第2問
50点（理論）	50点（計算）

では、どのように時間配分をすればよいでしょうか。ここでは、本試験問題のレベルとボリュームから考えてみましょう。過去問題を見てみると、本試験問題は2時間ですべてを解けないくらいのボリュームがあり、この中から基本的な問題を選択して、確実に正答していくことが求められます。

また、試験時間の2時間のうちに、すべての問題に目を通す必要もあるため、消費税法は以下のような時間配分で解答するようにしてください。

第1問	第2問
50〜55分	65〜70分

消費税法は本試験の難易度にかかわらず、この時間配分をしっかりと守るようにしましょう。なぜなら、1点でも多く点数を取る（合格点に近づく）ためには、時間のかかる計算問題に少し多めに時間をかける必要があるからです。また、理論問題も、消費税法の条文の用語を使って論述し、慎重に答案を作成し部分点を少しでも拾えるようにするためにも、しっかりと時間をかけられるようにしておく必要があるからです。

消費税法のガイダンス

❶ 私たちは、お店で買い物をして代金を払うとき、商品代金と合わせて「消費税」を支払っています。
本書では、この「消費税」について学習します。

❷ 消費税は、市場の流通過程の中でそれぞれの取引にかかります。商品が生産者から消費者の手元に届くまでの市場の流通過程を見てみましょう。

バッグ

市場の流通過程

（例）革製品（バッグなど）の流通過程

 →   →   →   →

生産者	製造業者	卸売業者	小売業者	消費者
皮の洗浄などを行い、製造業者へ販売	皮などの材料を仕入れ、革製品を製造し、卸売業者へ販売	革製品を仕入れ、小売業者に販売	革製品であるバッグなどを仕入れ、消費者に販売	バッグを購入して商品代金と消費税を支払う

❸ この流通過程の中で、それぞれの事業者は、モノを仕入れたときに「消費税」を支払い、モノを売ったときに「消費税」を預ります。事業者は「預かった消費税額」から「支払った消費税額」を控除して「納付すべき消費税額」を計算し国へ納めます。

事業者が行う取引

❹ 事業者が行う取引には、材料・商品等の仕入れや販売のほか、建物や土地の売却、車の購入、保有株式の配当金の受取りなどがあります。

不課税

非課税

免税

課税

❺ 事業者はすべての取引を消費税法のルールにしたがって、不課税・非課税・免税・課税に分類し、消費税額を計算して『消費税の申告書』を作成します。

❻ 消費税を納める義務のある事業者は、『消費税の申告書』を、確定申告や中間申告の時期に税務署長に提出しなければなりません。

❼ 令和元年(2019年)10月1日より、消費税の税率は10％となりましたが、その内訳は国税7.8％、地方税2.2％です。税理士試験においては、国税7.8％部分の「納付すべき消費税額」を計算しますので、本書では税率10％のうち国税7.8％を前提に説明します。

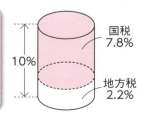

「課税の対象となる取引」の分類

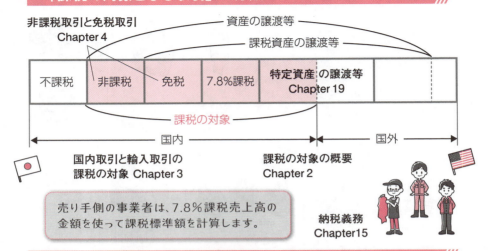

消費税の申告書形式でみた各Chapterの学習内容

X1年4月1日〜X2年3月31日	課税期間及び資産の譲渡等	Chapter17
課税標準額※		Chapter 5

仕入税額控除	※原則 Ch8	非課税資産の輸出等	Chapter12
		仕入れに係る対価の返還等	Chapter 9
		課税売上割合の著しい変動	Chapter10
		調整対象固定資産の転用	Chapter11
		棚卸資産に係る消費税額の調整	Chapter13
		国等に対する仕入税額の特例	Chapter 8
	簡易課税※		Chapter14

売上に係る対価の返還等に係る税額	Chapter 6
貸倒れに係る税額	Chapter 7

差引税額

中間納付税額	Chapter18
納付税額	Chapter18
※ 軽減税率制度	Chapter20

「課税の対象となる取引」は、日本の消費税が関係する取引です。消費税法は日本の税法なので、日本国内で行われた取引を課税の対象とします。世界中で行われた取引をこの消費税法のルールにしたがって分類してまとめると左の図のようになります。納付すべき消費税額の計算は、取引の分類から行います。これから消費税法の学習を進めていく中で、様々な取引が出てきます。「課税の対象となる取引」を判定する際は、この取引分類を思い出して整理するとよいでしょう。

申告書・内訳書の概略と各Chapterの学習内容をまとめたものです。常に全体の中でどの部分を学習しているのかを意識しましょう。

特定課税仕入れがある場合の課税標準額等の内訳書

課税標準額	特定課税仕入れに係る支払対価の額
返還等対価に係る税額	特定課税仕入れの返還等対価に係る税額

電気通信利用役務の提供 及び 特定役務の提供 Chapter19

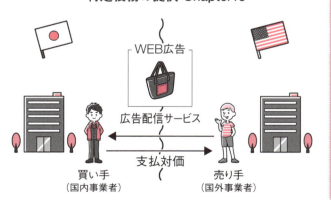

国外事業者が行う「事業者向け電気通信利用役務の提供」などの取引は、サービスを買った国内事業者が消費税を国へ納めます。左の例では広告配信サービスの提供を受けて支払った対価の額を「特定課税仕入れ」といい、この金額を課税標準額及び控除対象仕入税額の計算に含めます。

標準税率と軽減税率

令和元年（2019年）10月1日より、消費税の税率が10％へ引き上げられると同時に、低所得者への配慮の観点から一定の品目には軽減税率8％が適用されています。これを**軽減税率制度**といいます。

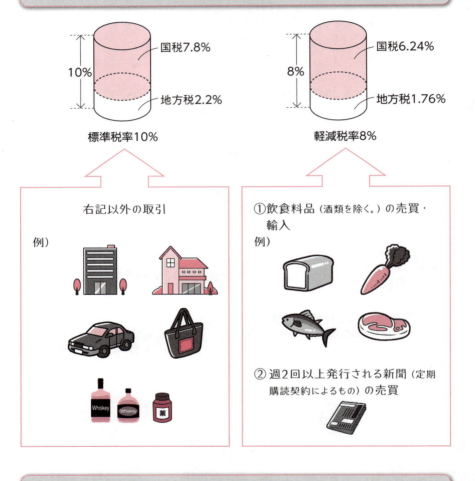

一方、令和元年（2019年）9月30日までに行われた取引については、旧税率8％（国税6.3％・地方税1.7％）が適用されています。

2021年度の受験対策として、旧税率8％を計算で使用する可能性のある論点は次のとおりです。
【売上げに係る対価の返還等に係る税額（Ch6）／貸倒れに係る税額（Ch7）／仕入れに係る対価の返還等（Ch9）／課税売上割合の著しい変動（Ch10）／調整対象固定資産の転用（Ch11）／納税義務（Ch15）】

目次

Chapter 1 消費税の概要 ……………… 1
問題 2 解答・解説 44 答案用紙（別冊）1

1 消費税とは　3
2 税理士試験における消費税法　20

Chapter 2 課税の対象の概要 ……………… 23
問題 4 解答・解説 50 答案用紙（別冊）2

1 課税の対象とは　25
2 国内取引の課税の対象　29
3 輸入取引の課税の対象　39

Chapter 3 国内取引と輸入取引の課税の対象 ……… 41
問題 6 解答・解説 55 答案用紙（別冊）3

1 国内取引の課税の対象の要件　43
2 輸入取引の課税の対象　73

Chapter 4 非課税取引と免税取引 ……………… 79
問題 12 解答・解説 67 答案用紙（別冊）5

1 国内取引の非課税取引　81
2 輸入取引の非課税項目　113
3 免税取引　114
4 取引分類のまとめ　137

Chapter 5 課税標準と税率 ……………… 141
問題 22 解答・解説 83 答案用紙（別冊）7

1 国内取引の課税標準　143
2 輸入取引の課税標準　180
3 税　率　183
4 軽減税率制度の概要　185

Chapter 6 売上げに係る対価の返還等 …… 187
問題 31 解答・解説 105 答案用紙（別冊）13

1 売上げに係る対価の返還等とは　189
2 売上げに係る対価の返還等に係る税額の計算　197
3 手続要件　202

Chapter 7 貸倒れ ……… 207 　問題 36　解答・解説 112　答案用紙(別冊) 15

1　貸倒れとは　209
2　貸倒れに係る消費税額の計算　216
3　手続要件　221
4　控除過大調整税額　223

索　引　122

──────────（参考）──────────

「みんなが欲しかった！　税理士　消費税法の教科書＆問題集　2
仕入税額控除編」収録内容
　　Chapter 8　仕入れに係る消費税額の控除
　　Chapter 9　仕入れに係る対価の返還等
　　Chapter10　課税売上割合が著しく変動した場合の消費税額の調整
　　Chapter11　調整対象固定資産の転用
　　Chapter12　非課税資産の輸出等
　　Chapter13　棚卸資産に係る消費税額の調整
　　Chapter14　簡易課税制度

「みんなが欲しかった！　税理士　消費税法の教科書＆問題集　3
納税義務・その他論点編」収録内容
　　Chapter15　納税義務
　　Chapter16　納税義務の免除の特例
　　Chapter17　課税期間及び資産の譲渡等の時期
　　Chapter18　確定申告制度・中間申告制度
　　Chapter19　電気通信利用役務の提供及び特定役務の提供
　　Chapter20　軽減税率制度

　本書は、令和2年7月現在の法令に準拠しています。税率は、令和3年4月現在の適用法令に基づきます。

Chapter 1 消費税の概要

Chapter 1 消費税の概要

超重要 | 重要

Section

- **Sec1** 消費税とは 0.5h
- **Sec2** 税理士試験における消費税法 0.5h

私たちの暮らしに身近な「消費税」。
消費税の仕組みは、どうなっているのでしょうか。

Point Check

①消費税とは	モノやサービスの消費に対して広く公平に課税される税金のこと	②消費税の仕組み	取引の各段階ごとに取引に対して消費税が課税される
③納付税額の計算	預かった消費税額 －支払った消費税額 ＝納付税額	④消費税率	消費税の税率10％の内訳（国税7.8％・地方税2.2％）
⑤消費税法上の売上げと仕入れ	・商品の売上げ・仕入れ ・固定資産の売却・購入 ・経費の支払い等	⑥消費税の会計処理方法	・税込経理方式 ・税抜経理方式

1 消費税とは

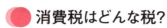

(1) 日々行われている取引と消費税

　私たちは、お店で買い物をしたり、レストランで食事をしたときに、代金の支払を通じて「消費税」を負担しています。このため、「消費税」は「買い物税」といわれることがあります。

　このように、私たち消費者の暮らしに身近な税金が「消費税」です。

　また、消費税を納める事業者の立場で考えると、商売をしてモノを売ったり、サービスを提供したりしたときには、「消費税」を含んだ代金を受け取っています。

　日々行われている取引と消費税についてまとめると、次のとおりです。

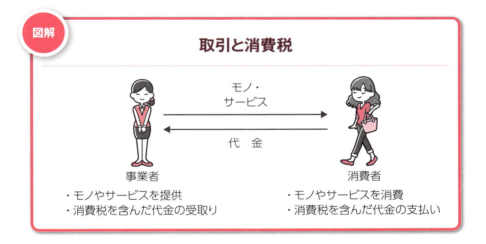

　消費者の立場では、モノやサービスを買って消費して消費税を含んだ代金を支払います。また、事業者の立場では、モノやサービスを提供して消費税を含んだ代金を受け取ります。これから学習する消費税法は、事業者の立場で考えていくことになります。

(2) 税金の種類

① 直接税と間接税

　税金には、消費税以外にも所得税、法人税、相続税、固定資産税、酒税等さまざまなものがありますが、その税金の納付方法の違いにより**直接税**と**間接税**に分類されます。具体例を挙げると、次のとおりです。

図解

税金の納付形態による分類

		直接税		間接税	
意義		税を負担する人が、**直接的**に国や地方公共団体に納める税		税を負担する人が、他者を介して**間接的**に国や地方公共団体に納める税	
具体例	所得税	不動産所得、事業所得、給与所得などに対する税金	**消費税**	**モノやサービスの消費に対する税金**	
	法人税	会社の利益に対する税金	酒税	お酒に対する税金	
	相続税	遺産を引き継ぐときの税金	ガソリン税	ガソリンに対する税金	
	固定資産税	建物や土地に対する税金	たばこ税	たばこに対する税金	

② 国税と地方税

　また、税金は、その税金の納付先の違いにより、**国税**と**地方税**に分類されます。税理士試験の受験科目となっている税目を挙げてまとめると、次のとおりです。

図解

税金の納付先による分類

		国税		地方税	
意義		国に納める税金のこと		都道府県や市区町村など**地方公共団体**へ納める税金のこと	
具体例	所得税	不動産所得、事業所得、給与所得などに対する税金	固定資産税	建物や土地に対する税金	
	法人税	会社の利益に対する税金	事業税	個人の行う一定の事業及び法人の行う事業に対する税金	
	相続税	遺産を引き継ぐときの税金	住民税	その区域内に住所、事務所などをもつ個人・法人に対する税金	
	消費税	**モノやサービスの消費に対する税金**			
	酒税	お酒に対する税金			

Chapter 1

消費税の概要

● 消費税の仕組み

　消費税は税を負担する人（負担者）と税を納める人（納税者）が異なる**間接税**です。間接税の場合、税を納める人（納税者）が納付税額を自ら計算して申告することになります。納税者となるのは、市場の流通過程において、モノを売ったり、サービスを提供した事業者です。

　また、消費税はモノやサービスの消費に対して課税される税金です。商品などが市場を通じて生産者から消費者の手元に届くまで、事業者はモノやサービスを買ったときに消費税を支払い、モノやサービスを売ったときに消費税を預かります。そして、事業者は申告の際、「預かった消費税額」から「支払った消費税額」を控除することにより消費税の納付税額を計算します。「支払った消費税額」を控除するのは、一つの取引に対して二重・三重に税が課されることのないようにするた

5

めです。

　革のバッグ販売を例にとって、革の生産者から市場を通じて消費者の手元に届くまでの流通過程を表すと、次のとおりです。

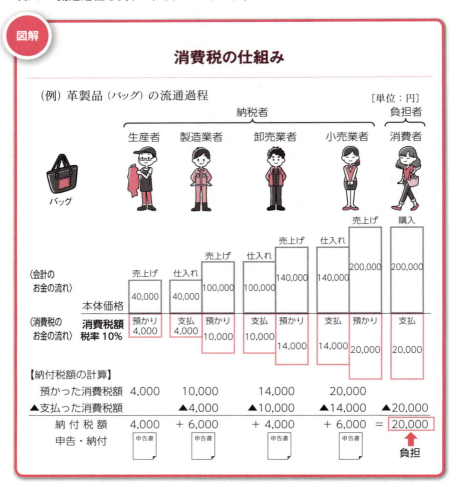

ただし、税理士試験においては、国税7.8％部分の「納付すべき消費税額」を計算するため、国税7.8％部分のみ抜き出して計算します。

上の例では、現金取引を前提に取引金額を〈会計のお金の流れ〉と〈消費税のお金の流れ〉に区分して表しています。

まず、〈会計のお金の流れ〉では、それぞれの取引段階において、事業者はモノを仕入れてお金を支払い、モノを売り上げてお金を受け取ります。売上金額と仕入金額の差額は商売をして儲けた利益となります。

次に、〈消費税のお金の流れ〉では、それぞれの取引段階において事業者はモノを仕入れたときに消費税を立替払いして、モノを売り上げたときに消費税を預かります。「預かった消費税額」と「支払った消費税額」の差額は商売をして儲けた利益ではなく、消費税の負担者である消費者から預かったお金であるため、国に納付します。

事業者である生産者、製造業者、卸売業者、小売業者は、それぞれ申告・納付するため納税者になります。消費者は税を負担しているので、負担者になります。納税者のことを**納税義務者**、負担者のことを**担税者**といいます。

納税義務者の納付税額の計算式を示すと、次のとおりです。

預かった消費税額 － 支払った消費税額 ＝ 納付税額

このように、消費税法では、取引の各段階で消費税が重複して課税されないように、「預かった消費税額」から「支払った消費税額」を控除する仕組みがとられています。この仕組みのことを**多段階累積控除**といいます。

納付税額の計算

(1) 納付税額の計算方法

それでは次に、市場の流通過程の中で納税義務者となる小売業者を例にとって、納付税額の計算方法を見てみましょう。

税理士試験の消費税法の試験では、税率10%のうち国税7.8%部分の「納付すべき消費税額」を計算します。

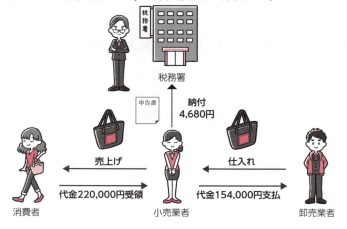

図解　納付税額の計算方法

（例）小売業者であるデパートは、バッグを卸売業者から154,000円（税込）で仕入れて、消費者に220,000円（税込）で販売した。

〈消費税の納付税額の計算〉

| 消費税額
(国税7.8%) | 預かった消費税額
15,600円 | − | 支払った消費税額
10,920円 | = | 納付税額
4,680円 |

小売業者は15,600円の消費税を預かり、10,920円の消費税を支払っているため、差額の4,680円を国に納付することとなります。

※　消費税の国税7.8%分を計算しています。

消費税は、モノを買ったり、サービスの提供を受けたときに、その対価として代金を支払う力に税金を負担する力（担税力）を見出して課税されます。税額の計算方法は、これから説明しますので、ここでは納付税額の計算の流れを押さえましょう。

また、令和元年（2019年）10月1日から消費税の税率は10％に引上げられ、これに伴い、一定の飲食料品の売買などについては、軽減税率8％が適用されます。詳しくは、Chapter5、20にて説明します。

(2) 納付税額の計算要素

納付すべき消費税額は、売上げに係る消費税額（預かった消費税額）から仕入れに係る消費税額（支払った消費税額）を控除して求めます。

預かった消費税額 − 支払った消費税額 ＝ 納付税額

納付税額の計算要素である「預かった消費税額」と「支払った消費税額」を生じさせた取引は、「売上げ」と「仕入れ」です。この「売上げ」と「仕入れ」の取引は、消費税法上の概念であり、会計上の概念とは異なります。消費税法における「売上げ」と「仕入れ」の概念についてまとめると、次のとおりです。

 図解

消費税法上の売上げと仕入れ

取引	具体例	税額計算で用いる金額
売上げ	・商品売上高、サービス提供による収入 ・建物・機械などの固定資産の売却収入等	収入金額
仕入れ	・商品仕入高 ・事務用品費・外注加工費・修繕費等 ・建物・機械などの固定資産の購入支出等	支出金額

この売上げと仕入れは、会計上の売上高・売上原価とは異なるんですね。

(3) 預かった消費税額と支払った消費税額の計算方法

　税を納める人（納税者）が納付税額を計算する際の計算要素である「預かった消費税額」と「支払った消費税額」をどのように計算するか見てみましょう。

① 預かった消費税額の計算

　まず、次の例題で、「預かった消費税額」の計算方法について確認してみましょう。

例題

預かった消費税額の計算

問題

　当社は雑貨販売業を営んでおり、取引等の状況は次のとおりである。これに基づき、預かった消費税額を求めなさい。

　商品（帳簿価額260,000円）を300,000円（税込）で販売した。

解答

● 収入金額の拾出し

　いくら受け取ったか（収入金額）を探します。

　本問では、300,000円を拾い出して税抜にします。

　$300,000円 \times \dfrac{100}{110} = 272,727.2727 \cdots \to 272,000円$（千円未満切捨）

● 預かった消費税額の計算

　収入金額（税抜）に含まれる消費税額を計算します。

　$272,000円 \times 7.8\% = 21,216円$

　「預かった消費税額」を求めるときは、いったん受け取った金額を税抜にしてから、国税7.8％を乗じて消費税額を計算します。

　　税理士試験の消費税法の計算においては、取引金額（収入金額または支出金額）から国税7.8％の消費税額分を抜き出した金額を使用します。
　　また、国税通則法の規定により、税抜処理した収入金額については、税率を乗じる前に千円未満を切り捨てます。

② 支払った消費税額の計算

次の例題で、「支払った消費税額」の計算方法について確認してみましょう。

例題

支払った消費税額の計算

問題

当社は雑貨販売業を営んでおり、取引等の状況は次のとおりである。これに基づき支払った消費税額を求めなさい。

当期に商品を770,000円（税込）で仕入れた。

（単位：円）

<u>損益計算書</u>

期首商品棚卸高	120,000
当期商品仕入高	770,000
計	890,000
期末商品棚卸高	151,000
売 上 原 価	739,000

解答

● **支出金額の拾出し**

いくら支払ったか（支出金額）を探します。

本問では、770,000円を拾い出します。

● **支払った消費税額の計算**

支出金額に含まれる消費税額を計算します。

$$770{,}000円 \times \frac{7.8}{110} = \underline{54{,}600円}$$

「支払った消費税額」を求めるときは、支払った金額に直接 $\frac{7.8}{110}$ を乗じて消費税額を計算します。

支出金額に $\frac{7.8}{110}$ を乗じて、端数があるときは円未満を切り捨てます。
これは、納付税額を算出するためのプロセスの中での計算であり、預かった消費税額からいくら控除できるかがわかればいいからです。

(4) 納付税額の計算式

「納付税額」の計算式をまとめると、次のとおりです。

> 預かった消費税額 － 支払った消費税額 ＝ 納付税額
> （当課税期間中の　　（当課税期間中の　　（百円未満切捨）
> 　収入に係る消費税額）　支出に係る消費税額）

「預かった消費税額」および「支払った消費税額」は、「収入金額」および「支出金額」をもとに、次のように計算します。

〈預かった消費税額〉

> ① 当課税期間中の収入金額の合計額(税込) × $\frac{100}{110}$ ＝ 収入金額の合計額(税抜)
> 　　　　　　　　　　　　　　　　　　　　　　　　　　　　　（千円未満切捨）
> ② 収入金額の合計額(税抜) × 7.8% ＝ 預かった消費税額

〈支払った消費税額〉

> 当課税期間中の支出金額の合計額(税込) × $\frac{7.8}{110}$ ＝ 支払った消費税額

「預かった消費税額」を求めるときは、いったん、受け取った金額を税抜にした金額（「**課税標準額**」という。）を把握してから消費税額を計算します。

これに対し、「支払った消費税額」を求めるときは、支払った金額に直接税率を乗じて消費税額を計算します。これは、「預かった消費税額」から控除することができる「支払った消費税額」のみを把握すればよいからです。

消費税法の計算式は、申告書の形式になぞらえて作られています。実務で使われている申告書を見て知識を整理するとよいでしょう。
「課税標準」については、Chapter 5で学習します。
また、国税通則法の規定により、国へ納付すべき税額については百円未満を切り捨てます。

(5) 消費税額の計算に用いる分数の意味

消費税額の計算に用いる分数の意味について説明します。

まず、$\frac{100}{110}$ は税込の取引金額から税抜の取引金額を求めるために乗じます。

次に、$\frac{7.8}{110}$ は税込の取引金額から国税のみを抜き出すために乗じます。

分数の意味をまとめると、次のとおりです。

消費税額の計算に用いる分数の意味

● 消費税率10%（国税7.8%、地方税2.2%）

$\times \dfrac{\boxed{100}}{110}$ ← 税抜の取引金額の割合
　　　　　← 税込の取引金額の割合

$\times \dfrac{\boxed{7.8}}{110}$ ← 消費税の国税7.8%の割合

預かった消費税額を計算する際、税込の収入金額を税抜にするときに $\frac{100}{110}$ を乗じます。また、支払った消費税額を計算する際、税込の支出金額から国税7.8%の消費税額を求めるときに $\frac{7.8}{110}$ を乗じます。

ここまでの知識で、次の取引について消費税の「納付税額」を計算してみましょう。

例題

納付税額の計算

問題

当社は雑貨販売業を営んでおり、取引等の状況は次のとおりである。

これに基づき、納付すべき消費税額（以下「納付税額」）を求めなさい。

なお、取引はすべて課税取引であり、金額は税込金額である。

〈収入項目〉

商品売上高　　　　　　　　　　　　　　　　10,000,000円

サービス提供による収入	8,000,000円
事業用固定資産の売却収入	1,200,000円

〈支出項目〉

商品仕入高	5,000,000円
機械設備の購入高	1,500,000円
事務用品の購入高	100,000円
外注加工費	250,000円
修繕費	40,000円

解答

● **収入金額の拾出し**

いくら受け取ったか（収入金額）を探し合計します。

$10,000,000円 + 8,000,000円 + 1,200,000円 = 19,200,000円$

● **預かった消費税額の計算**

収入金額に含まれる消費税額を計算します。

$19,200,000円 \times \dfrac{100}{110} = 17,454,545.4545\cdots \rightarrow 17,454,000円$（千円未満切捨）

$17,454,000円 \times 7.8\% = 1,361,412円$

● **支出金額の拾出し**

いくら支払ったか（支出金額）を探し合計します。

$5,000,000円 + 1,500,000円 + 100,000円 + 250,000円 + 40,000円$
$= 6,890,000円$

● **支払った消費税額の計算**

支出金額に含まれる消費税額を計算します。

$6,890,000円 \times \dfrac{7.8}{110} = 488,563円$　←─ 円未満切捨

● **納付税額の計算**

預かった消費税額から支払った消費税額を控除して納付税額を計算します。

$1,361,412円 - 488,563円 = 872,849円 \rightarrow \underline{872,800}円$（百円未満切捨）

税理士消費税法の試験においては、答案用紙に計算過程欄が設けられており、ここに配点が置かれます。上の例題にあるような計算過程の書き方を覚えて、（千円未満切捨）（百円未満切捨）のコメントもきちんと書けるようにしましょう。

　先ほどの例題について当社の事業活動を図解すると、次のようになります。

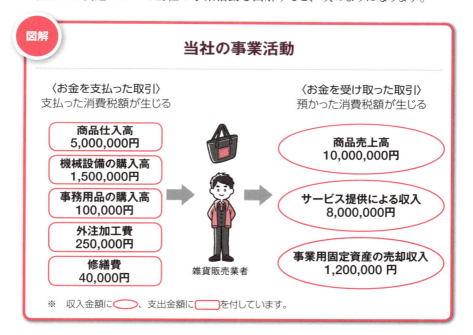

　問題文を読んで当社の事業活動から生じた取引から、収入金額・支出金額を拾い出し消費税額を計算します。

(6) 消費税法の基本的な用語

　それでは、消費税法の基本的な用語を整理しましょう。

　まずは、モノを売ったり、サービスを提供した事業者が納税者となる場合を前提に説明すると、収入金額に含まれる消費税額を「**課税標準額に対する消費税額**」といいます。**課税標準**とは、税額を決定する基準となる金額のことです。また、支出金額に含まれる消費税額を「**控除対象仕入税額**」といいます。

　さらに、**事業者**とは、個人事業者と法人のことをいい、納付すべき消費税額を

15

計算する期間のことを**課税期間**といいます。
　納付税額の計算について、本試験の出題形式に当てはめた計算式で示すと次のようになります。

(1) 課税標準額　←　収入金額の合計額(税抜)を求める

当課税期間中の国内課税売上高(税込) × $\dfrac{100}{110}$ = ×××(千円未満切捨)

(2) 課税標準額に対する消費税額　←　預かった消費税額を求める

課税標準額 × 7.8% = ×××

(3) 控除対象仕入税額　←　支出金額の合計額(税込)から支払った消費税額を求める

課税仕入高(税込) × $\dfrac{7.8}{110}$ = ×××

(4) 納付税額

課税標準額に対する消費税額 − 控除対象仕入税額 = ×××(百円未満切捨)

本試験では、答案用紙に自分で計算過程を書いていくんですね。

● 消費税の会計処理方法

　税理士試験の消費税法において学習するのは、主に事業者が納付すべき消費税額を正しく計算するためのルールです。消費税額を計算する際に拾い出す取引金額は、会計処理によって算出された金額です。消費税額を計算する根拠となる金額が、どのような会計処理方法により算出されたのかを知ることで、その取引金額が何を表しているかについて正確に理解することができます。

　そこで、ここでは改めて簿記で習った会計処理方法について説明します。

　消費税の会計処理方法には、**税込経理方式**と**税抜経理方式**の2つの方法があります。

消費税の会計処理方法

税込経理方式	税抜経理方式
「支払った消費税額」や「預かった消費税額」を「仕入れ」や「売上げ」に含めて処理する方法	「支払った消費税額」や「預かった消費税額」を「仕入れ」や「売上げ」に含めないで処理する方法

仕訳の形で考えたほうがわかりやすいかも知れませんね。

消費税の会計処理方法について仕訳の形でまとめると、次のとおりです。

税込経理方式と税抜経理方式

	税込経理方式	税抜経理方式
①仕入時 商品110円（税込）を仕入れ、代金は現金で支払った。	仕　入　110／現　金　110	仕　入　100／現　金　110 仮払消費税等　10
②売上時 商品330円（税込）を売上げ、代金は現金で受け取った。	現　金　330／売　上　330	現　金　330／売　上　300 　　　　　　　仮受消費税等　30
③決算時	租税公課　20／未払消費税等　20	仮受消費税等　30／仮払消費税等　10 　　　　　　　　　未払消費税等　20

〈消費税の納付税額の計算〉

① 支払った消費税額：

$$110 \times \frac{10\%}{100\% + 10\%} = 10$$

② 預かった消費税額：

$$330 \times \frac{10\%}{100\% + 10\%} = 30$$

③ 納付税額：

$$\underset{\text{預かった消費税額}}{30} - \underset{\text{支払った消費税額}}{10} = \underset{\text{納付税額}}{20}$$

> 　税込経理方式を採用している場合は、取引金額に×$\frac{100}{110}$や×$\frac{7.8}{110}$を乗じて税額計算をすることとなります。一方、税抜経理方式を採用している場合は、税抜金額にいったん仮受消費税等の金額や仮払消費税等の金額を足して税込金額に直した取引金額に×$\frac{100}{110}$や×$\frac{7.8}{110}$を乗じて税額計算をすることとなります。

税込経理方式と税抜経理方式という会計処理方法の違いにより、損益計算書に表示される勘定科目の仕入や売上の金額が異なることに注意してください。
　これまでは税理士試験の消費税法では税込経理方式で出題されることが多かったのですが、問題によっては、税抜経理方式により出題されることもあります。いずれの方式の場合も、対価の額と税額を合わせた取引金額をもとに税額計算をする点に注意しましょう。

問題 >>> 問題編の**問題1～問題5**に挑戦しましょう！

2 税理士試験における消費税法

消費税法の法体系

消費税法の法体系は、次のとおりです。

条文　「消費税法」の法体系

第1章　**総則**
　　　　①定義　②課税の対象★　③納税義務者及び免税事業者★
　　　　④納税義務の成立　⑤課税期間　⑥納税地

第2章　**課税標準及び税率**
　　　　①課税標準★　②税率★

第3章　**税額控除等**
　　　　①消費税額の控除★

第4章　**申告、納付、還付等**
　　　　①中間申告★　②確定申告★　③還付を受けるための申告★
　　　　④引取りの申告　⑤中間申告による納付　⑥確定申告による納付
　　　　⑦引取りに係る納付　⑧還付　⑨更正の請求

第5章　**雑則**
　　　　①届出　②帳簿の備付け等
　　　　③国、地方公共団体等に対する特例　④価格の表示

第6章　**罰則**
　　　　①消費税のほ脱犯　②無申告犯　③秩序犯

【附則】　①経過措置　②消費税法施行に伴う他法の一部改正
【別表第一】　非課税項目（国内取引）
【別表第二】　非課税項目（輸入取引）
【別表第三】　特殊法人等

★印は、税理士試験の受験を考えたときに重要度の高いものです。
全体像を把握するため、常に法体系を意識しましょう。

消費税法の法規通達関係は、次のとおりです。

「消費税法」の法規通達関係

法令名等	内　容
法律(本法)	国会で定められたもので、法の根幹をなす重要事項を定めたものである
施行令 （政　令）	内閣が制定する命令で、技術的、専門的事項の細目等を定めたものである
施行規則 （省　令）	財務大臣、各省大臣が発する命令で、手続的、様式的事項を定めたものである
基本通達	上級行政庁が、法令の解釈や運用方針などについて、下級行政庁に発する命令・指令で、租税においては、国税庁長官によって行われている。直接拘束力を持つものではない

● 税理士試験における消費税法の学習範囲

　消費税法の関連法令は消費税法・国税通則法・租税特別措置法などがありますが、本試験での出題範囲は、主に「消費税法」が中心となります。

● 消費税法の各論点と申告書との関係

　税理士試験消費税法で学習するのは、主に事業者が納付すべき消費税額を正しく計算するためのルールです。消費税法の各論点を学習する際は、申告書をイメージしながら、全体の中での位置付けを意識するようにしましょう。
　実務で用いられている消費税の申告書(原則課税)は、次のようなものです。

こちらは、原則課税を前提とした消費税の申告書です。消費税法のガイダンスにも申告書の形式で本書の目次を整理してありますので、全体像を把握するときに参考にしてください。

Chapter 2

課税の対象の概要

Chapter 2 課税の対象の概要

超重要 / 重要

Section

Sec1	課税の対象とは	1h
Sec2	国内取引の課税の対象	2h
Sec3	輸入取引の課税の対象	0.5h

商取引には、国内で行われる取引だけでなく、輸入取引や輸出取引、国外で行われる取引などがありますが、日本の消費税が関係する取引はどんな取引でしょうか。

Point Check

①課税の対象とは	日本の消費税が関係する取引のこと	②課税の対象の4要件	①国内において ②事業者が事業として ③対価を得て行う ④資産の譲渡及び貸付け並びに役務の提供であること
③非課税取引とは	消費税を課さない取引のこと	④免税取引とは	国内から国外への商品の販売などで消費税が免除される取引のこと
⑤7.8%課税取引とは	本書では、消費税を課す取引のことをいう。消費税の納付税額の計算に使用	⑥輸入取引の課税の対象	国外から輸入される貨物は課税の対象となる

課税の対象とは

課税の対象

　消費税法において、消費税が関係する取引のことを **課税の対象となる取引** といいます。具体的には、国内における資産の売買や賃貸借、サービスの提供行う又は受けるなどの取引は、すべて課税の対象となります。
　また、国外から商品などを仕入れた場合の輸入取引も、課税の対象となります。

課税の対象となる取引の具体例

〈国内取引〉
（例）小売業者がお店で商品を販売する。

小売業者　　バッグ　　消費者

〈輸入取引〉
（例）輸入者が国外から材料を輸入する。

輸入者　　材料　　　　　　　事業者

25

課税の対象となる取引の具体例として、国内取引では、小売業者がお店で行う商品の販売を挙げています。小売業者は、商品であるバッグを消費者に販売して「消費税」を含んだ代金を受け取ります。

輸入取引では、輸入者が行う国外からの材料の輸入を挙げています。輸入者は、バッグを作るための材料である革を国外から輸入する際、税関に「消費税」を納めてから革を引き取ります。

これらの取引は、課税の対象として日本の消費税が関係することとなります。

課税とは、国などが税金を納税義務者に割り当てることです。まず、取引に注目して消費税の課税の対象となる取引かどうかを判断しましょう。

● 課税の対象の取引分類

消費税は、モノやサービスの消費に対して課税されるものです。

私たち消費者は、国内でモノを買う・借りる・サービスの提供を受けるという行為（取引）に対して、その対価として代金を支払います。

一方、売り手側の事業者は、国内でモノを売る・貸す・サービスの提供をするという行為（取引）に対して、その対価として代金を受け取ります。消費税を納める義務のある事業者は、それらの取引から生じた納付すべき消費税額を計算し申告・納付することになります。

消費税の課税の対象となる取引は、取引が行われた場所により**国内取引**と**輸入取引**に区分されます。

消費税額の計算においては、事業者が納付税額を正しく計算するために、取引をいくつかの段階に分け、その取引が課税の対象となるのかどうかを判断します。図解すると、次のようになります。

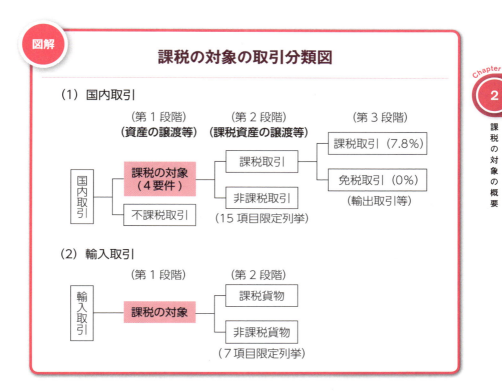

また、消費税の課税の対象は、国内取引と輸入取引に限られ、国外で行われる取引は課税の対象になりません。一方、輸出取引については、資産を引き渡した場所が国内であるため、国内取引に含まれ課税の対象となります。

まず、取引に注目し、その取引が消費税の課税の対象となるかを考えればいいんですね。

「課税の対象」は、条文では次のように規定されています。

課税の対象（法2①八、法4①②）

課税の対象	国内取引	①国内において事業者が行った資産の譲渡等（特定資産の譲渡等を除く）及び特定仕入れには、消費税を課する。 **資産の譲渡等** ②事業として ③対価を得て行われる ④資産の譲渡及び貸付け並びに役務の提供をいう。
	輸入取引	保税地域から引き取られる外国貨物には、消費税を課する。

①〜④は、課税の対象の4要件を表わしています。

条文番号は、法2条1項8号と読みます。「消費税を課する」とは、課税の対象となります、という意味です。

また、「特定資産の譲渡等」「特定仕入れ」については、Chapter19（3分冊目）で詳しく説明します。

2 国内取引の課税の対象

● 国内取引の課税の対象

　国内で行われる取引が「課税の対象」となるためには、4つの要件があり、その要件をすべて満たしたものに消費税法が適用されます。

課税の対象となるための4要件

① **国内において**行うものであること
　　→ 取引を行った場所が国内にあるかどうか
② **事業者が事業として**行うものであること
　　→ 商売としてやっているかどうか
③ **対価を得て**行うものであること
　　→ お金等の報酬をもらっているかどうか
④ **資産の譲渡及び貸付け**並びに**役務の提供**であること

　上記の4つの要件を1つでも満たさないものは、「課税の対象」とならず、課税対象から外れるという意味で不課税取引といい、消費税額の計算では考慮しません。

● 課税の対象の判断手順

　「課税の対象」となるかどうかの判断は、次の手順で行います。

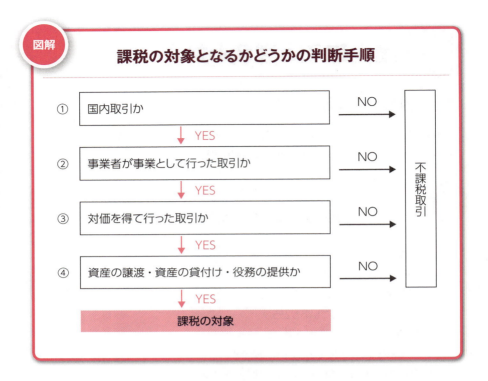

次の例題で「課税の対象」となるかどうか判断手順を確認してみましょう。

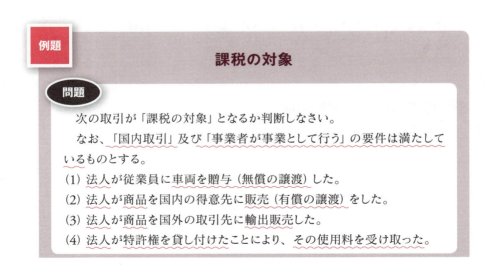

> **解答**
> (1) 贈与であり、対価を得ていないため、課税の対象とはならない。
> (2) 販売(資産の譲渡)をして、対価を得ているため、課税の対象となる。
> (3) 輸出販売も、資産の譲渡と考えるため、課税の対象となる。
> (4) 資産の貸付けをして、対価を得ているため、課税の対象となる。

判断手順に従って、国内取引の課税の対象の4要件をチェックすればいいのですね。

「課税の対象」の条文をもう一度見てみましょう。

条文

課税の対象(法2①八、法4①)

課税の対象	国内取引	① 国内において ② 事業者が行った**資産の譲渡等**(特定資産の譲渡等を除く)及び特定仕入れには、**消費税を課する**。 **資産の譲渡等** ② 事業として ③ 対価を得て行われる ④ **資産の譲渡**及び**貸付け**並びに**役務の提供**をいう。

　上記①〜④は、国内で行われる取引が「課税の対象」と判断される4つの要件を表わしています。
　課税の対象となる取引とは、国内において事業者が行った資産の譲渡等です。また、**資産の譲渡等**とは、事業として対価を得て行われる資産の譲渡及び貸付け並びに役務の提供をいいます。

条文は構成を意識して読みましょう。資産の譲渡等は、売り手側である事業者の立場で規定されていることが分かります。
課税の対象と判断される4つの要件は、消費税法の学習上、最重要項目です。詳しくはChapter 3で説明します。

● 国内取引分類の全体像

国内で行われる取引で**課税の対象**(**資産の譲渡等**)と判断された取引は、次に消費税が課されない**非課税取引**と、消費税が課される**課税取引**(**課税資産の譲渡等**)に分けられます。消費税が課される「課税取引」は、さらに課税を免除される**免税取引**(**輸出取引等**)と、消費税の納付税額の計算に使用する**7.8％課税取引**に分けられます。

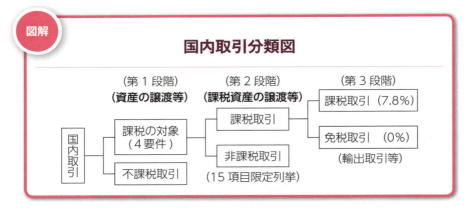

図解　国内取引分類図

本試験では、資料から「売上高」「仕入高」「福利厚生費」「賃借料」などの各勘定科目の取引内容を読み、取引分類を行います。
また、税理士試験においては、国税部分の納付税額を計算するため、税率10％のときは国税7.8％、旧税率8％のときは国税6.3％部分を納付税額の計算の際に抜き出します。本書では、便宜的に消費税の納付税額の計算に使用する取引を、国税の割合を付けて7.8％課税取引(課税取引(7.8％))、6.3％課税取引(課税取引(6.3％))と表しています。

● 課税の対象

国内で行われる取引は、第1段階として、まず「課税の対象」となるかどうかを判断します。

● 非課税取引

国内で行われる取引が「課税の対象」(資産の譲渡等)となるかどうかを判断したら、第2段階として「非課税取引」となる取引を抜き出し、課税取引(課税資産の譲渡等)を特定します。**非課税取引**とは、消費税の性格や、医療・福祉・教育などの分野において、政策的な配慮から消費税を課さないこととされている取引です。条文では【別表第一】で次の15項目の取引が限定列挙されています。

> **条文**
>
> ### 非課税取引(法6①)
>
> 国内において行われる**資産の譲渡等**のうち、別表第一に掲げるものには、消費税を**課さない**。
>
> 【別表第一】消費税を課さないもの
>
> | | 税の性格から課税することになじまないもの | | 社会政策的な配慮に基づくもの |
> |---|---|---|---|
> | 1 | **土地等の譲渡、貸付け*** | 8 | 社会保険医療等 |
> | 2 | **有価証券等の譲渡*** | 9 | 社会福祉事業等 |
> | 3 | **利子を対価とする金銭の貸付け等*** | 10 | 助産に係る資産の譲渡等 |
> | 4 | **郵便切手類、印紙及び証紙の譲渡*** | 11 | 埋葬料、火葬料を対価とする役務の提供 |
> | 5 | **物品切手等の譲渡*** | 12 | 身体障害者用物品の譲渡等 |
> | 6 | 行政手数料等 | 13 | 学校等の教育に関する役務の提供 |
> | 7 | 外国為替業務に係る役務の提供 | 14 | 教科用図書の譲渡 |
> | | | 15 | **住宅の貸付け*** |

★印は、本試験を想定したときに、特に重要度の高いものです。

🔴 免税取引（輸出取引等）

　課税取引（課税資産の譲渡等）として分類された取引は、第3段階として「免税取引（輸出取引等）」となる取引を抜き出し、7.8％課税取引を特定します。**免税取引（輸出取引等）**とは、国内から国外への商品の販売など一定の輸出取引等のことをいい、条文では次のように規定されています。

条文　免税取引（輸出取引等）（法7①、令17）

◆輸出取引等の範囲

(1) **本邦からの輸出**として行われる資産の譲渡、貸付け
(2) **外国貨物**の譲渡、貸付け（(1)に該当するものを除く。）
(3) 国内及び国外にわたって行われる**旅客**、**貨物**の輸送、**通信**
(4) 専ら(3)の輸送の用に供される船舶又は航空機の譲渡、貸付け、修理で船舶運航事業者等に対するもの
(5) (1)～(4)の資産の譲渡等に類するもの
　① 外航船舶等の譲渡、貸付け、修理等で船舶運航事業者等に対するもの
　② **外国貨物**の荷役、運送、保管、検数、鑑定その他これらに類する**外国貨物**に係る役務の提供（**指定保税地域等**における**内国貨物**に係るこれらの役務の提供を含み、特例輸出貨物に係る役務の提供にあっては、一定のものに限る。）
　③ 国内及び国外にわたって行われる**郵便**、**信書便**
　④ **無形固定資産等**の譲渡、貸付けで**非居住者**に対するもの
　⑤ **非居住者**に対する役務の提供で次のもの以外のもの
　　イ　国内に所在する資産に係る運送、保管
　　ロ　国内における飲食、宿泊
　　ハ　イ及びロに準ずるもので、国内において直接便益を享受するもの

※　上記の「課税資産の譲渡等」からは、「特定資産の譲渡等」を除く。

国外で消費される輸出取引等について、消費税が免除される理由は、日本の消費税を輸出先である国外の者に負担させることを防ぐためです。消費税は、国内で消費されるモノやサービスについて、税負担が求められます。このような考え方を**消費地課税主義**といいます。

　要するに、国内で消費されないから輸出取引等については、消費税が免除されるんですね。

　ここまでの知識をまとめてみましょう。
　国内で行われる取引の判断については、次の手順で行います。

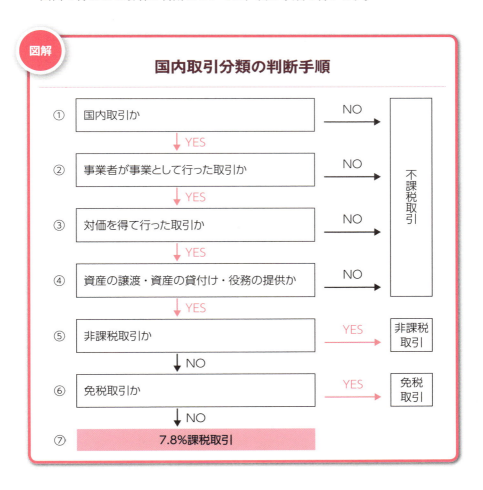

35

このように取引分類の判断をする目的は、最終的に消費税の納付税額の計算に使用する7.8％課税取引となる取引を明らかにするためです。

また、分類された取引を横に並べて、国内で行われるものと国外で行われるものとに分けて、課税の対象のイメージを表わすと、次のようになります。

プラスα 課税の対象のイメージ

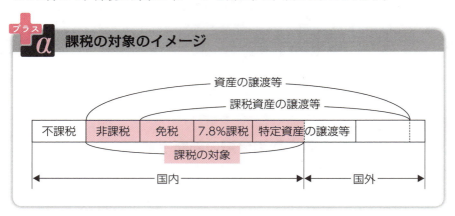

次の例題で、取引の分類の手順を確認してみましょう。

例題 取引の分類

問題

次の取引を不課税取引、非課税取引、免税取引（輸出取引等）、7.8％課税取引に分類しなさい。

なお、国内取引の要件は満たしているものとし、商品は非課税とされるものではない。

(1) 法人が従業員に車両を贈与（無償の譲渡）した。
(2) 法人が有価証券を売却（有償の譲渡）した。
(3) 法人が商品を国外の得意先に輸出販売した。
(4) 法人が商品を国内の得意先に販売（有償の譲渡）した。

解答

(1)
- **（第1段階）課税の対象の判定**

  本問の場合、無償の譲渡であり対価を得ていないため、4要件を満たさず、課税の対象になりません。

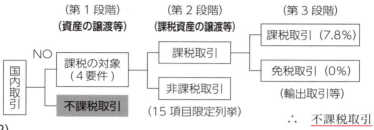

∴ 不課税取引

(2)
- **（第1段階）課税の対象の判定**

  本問の場合、4要件を満たしているため課税の対象になります。

- **（第2段階）非課税取引の判定**

  有価証券の売却は非課税取引となります。

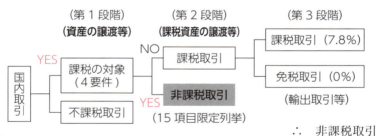

∴ 非課税取引

(3)
- **（第1段階）課税の対象の判定**

  本問の場合、4要件を満たしているため、課税の対象になります。

- **（第2段階）非課税取引の判定**

  限定列挙されている非課税取引のどれにも該当しないため、課税取引に分類され、第3段階へ進みます。

- **（第3段階）免税取引の判定**

  輸出販売をしているため、免税取引（輸出取引等）になります。

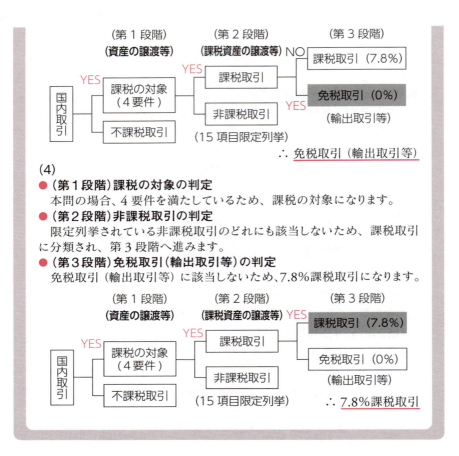

(4)
- ●（第1段階）課税の対象の判定
  本問の場合、4要件を満たしているため、課税の対象になります。
- ●（第2段階）非課税取引の判定
  限定列挙されている非課税取引のどれにも該当しないため、課税取引に分類され、第3段階へ進みます。
- ●（第3段階）免税取引（輸出取引等）の判定
  免税取引（輸出取引等）に該当しないため、7.8％課税取引になります。

問題 ＞＞＞ 問題編の**問題1〜問題3**に挑戦しましょう！

輸入取引の課税の対象

●輸入取引の課税の対象

　国外からモノを輸入する場合には、「課税の対象」となり消費税法が適用されます。輸入したモノは、通常、国内で消費されることが予定されているため、消費地課税主義の見地から消費税が課されます。

 輸入取引の課税の対象には、国内取引のような細かい要件などはありません。詳しくは、Chapter 3で学習します。

問題 >>> 問題編の**問題4**に挑戦しましょう！

Chapter 3

国内取引と輸入取引の課税の対象

Chapter 3 国内取引と輸入取引の課税の対象

超重要 重要

Section

- **Sec1** 国内取引の課税の対象の要件 ……………………………… 2h
- **Sec2** 輸入取引の課税の対象 ……………………………………… 0.5h

国内取引が「課税の対象」と判断される4つの要件とは、具体的にどのようなものでしょうか。

Point Check

①国内取引の判定	その場所が国内にあるかどうかにより判定	②事業者が事業として行うもの	その取引が事業として行われたかどうかにより判定
③対価を得て行うもの	「資産の譲渡等」に対して対価の受取があること	④資産の譲渡・貸付け、役務の提供	商品・製品の販売、不動産販売、不動産賃貸、仲介業、サービスの提供などの取引のこと
⑤みなし譲渡とは	「個人事業者の家事消費」と「法人の自社役員に対する資産の贈与」のこと	⑥輸入取引の課税の対象	保税地域から引き取られる外国貨物は課税の対象となる

国内取引の課税の対象の要件

● 国内取引の課税の対象の4要件

国内で行われる取引が**課税の対象**と判断されるためには、次の4つの要件を満たしていることが必要です。

図解

課税の対象の4要件

① **国内において**行うものであること
② **事業者が事業として**行うものであること
③ **対価を得て**行われるものであること
④ **資産の譲渡**及び**貸付け**並びに**役務の提供**であること

事業者は、消費税の納付税額を正しく計算する等のために、課税の対象と判断された取引を、非課税取引、免税取引（輸出取引等）、7.8％課税取引に分類します。

ここからは、国内で行われる取引が「課税の対象」となるための4つの要件について、細かく見ていきましょう。

取引をモノやサービスの売り手側の目線でとらえて説明していきます。

● 国内において行うもの（課税の対象の4要件・その1）

(1) 国内取引の判定の全体像

「課税の対象」の4要件の1つである**国内取引の判定**とは、その取引が国内で行われたかどうかを判定することです。法令では、国内取引の判定について、「資産の譲渡又は貸付け」「役務の提供」「利子を対価とする金銭の貸付け等」の

43

３つの取引に分けて規定されています。具体的には、取引の種類により、それぞれ次の場所が国内にあるかどうかにより判定します。

図解

国内取引の判定の全体像

● **資産の譲渡又は貸付け** (法４③一)
（例）商品などの販売やモノの譲渡、貸付け

原則	譲渡又は貸付けが行われる**時**における、**その資産の所在場所**
例外	譲渡又は貸付け時における登録機関等の所在地

● **役務の提供** (法４③二)
（例）サービスの提供など

原則	**役務の提供が行われた場所**
例外	発送地等又は到着地等

● **利子を対価とする金銭の貸付け等** (令６③)
（例）お金を貸すなど

原則	貸付け等を行う者の**事務所等の所在地**

---

(2) 国内取引の原則の具体例

「資産の譲渡又は貸付け」および「役務の提供」について、原則的な国内取引の判定の場所を具体的に見てみましょう。

① 資産の譲渡又は貸付けの場合

資産の譲渡又は貸付けの場合には、原則として、譲渡又は貸付けが行われる時における**その資産の所在場所**で国内取引の判定を行います。

資産の譲渡又は貸付けの場合

（例）国内の事業者が建物を他の事業者に売却した。

日本にある建物→ 国内取引　○　　　ハワイにある建物→ 国内取引　×

　その建物の譲渡又は貸付けが行われる時における、その建物の所在場所で国内取引の判定を行います。

② 役務の提供の場合

　役務の提供の場合には、原則として、**役務の提供が行われた場所**で国内取引の判定を行います。

役務の提供の場合

（例）国内の事業者が建設工事を行った。

日本で行われた建設工事　　　　　ハワイで行われた建設工事
　→ 国内取引　○　　　　　　　　　→ 国内取引　×

　その建設工事に係るサービスの提供が行われた場所で国内取引の判定を行います。

③ 利子を対価とする金銭の貸付け等の場合
　利子を対価とする金銭の貸付け等の場合には、**貸付け等を行う者の事務所等の所在地**で国内取引の判定を行います。

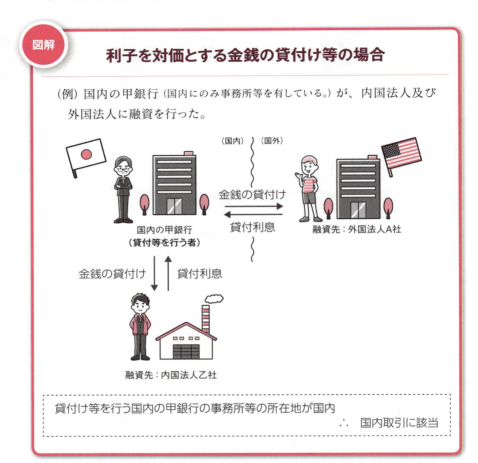

　上の例では、国内の甲銀行が国内の店舗において内国法人乙社・外国法人A社に融資をして利息を受け取った場合、融資先が国内・国外どちらであっても、利子を対価とする金銭の貸付け等を行う者である甲銀行の事務所等の所在地が国内にあるため、国内取引となります。

貸付け等を行う者とは、金銭を貸し付けて利息を受け取る者や、銀行に預金をして利息を受け取る者などのことです。

(3) 国内取引の判定の例外の細目
① 例外の細目一覧

「資産の譲渡又は貸付け」および「役務の提供」について、例外的な国内取引の判定の場所を具体的に見てみましょう。

図解

国内取引の判定〜例外の細目〜

● **資産の譲渡又は貸付け**（令6①）

船　　　　　舶	船舶の登録機関の所在地
航　空　機	航空機の登録機関の所在地
特　許　権★ 商　標　権　など★	**登録機関の所在地** （2以上の国で登録している場合には、**権利の譲渡又は貸付けを行う者の住所地**）
著　作　権★	譲渡又は貸付けを行う者の住所地
特別の技術による生産方式（ノウハウ）	
有　価　証　券 （一定のものを除く）	**有価証券が所在していた場所**
登　録　国　債	登録機関の所在地
振替機関等が取り扱う有価証券等又は持分	振替機関等の所在地
振替機関等が取り扱わない券面のない有価証券又は持分	有価証券又は持分に係る法人の本店、主たる事務所の所在地等
金　銭　債　権	**金銭債権に係る債権者の事務所等の所在地**
ゴルフ場利用株式等	ゴルフ場等の所在地

| 上記のほかその所在していた場所が明らかでない場合★ | 譲渡又は貸付けを行う者の事務所等の所在地 |

● 役務提供（令6②）

国 際 運 輸★	出発地、発送地又は到着地のいずれか
国 際 通 信★	発信地又は受信地のいずれか
国 際 郵 便 等★	差出地又は配達地のいずれか
生産設備等の建設又は製造に関する調査、企画、立案等に係る役務の提供（専門的な科学技術に関する知識を必要とするものに限る）	建設又は製造に必要な資材の大部分が調達される場所
上記のほか役務提供が国内及び国外にわたって行われるものその他の役務の提供が行われた場所が明らかでないもの★	役務の提供を行う者の事務所等の所在地

★印は、本試験を想定した際に、特に重要度の高いものです。また、持分とは、合名会社、合資会社又は合同会社の社員の持分、協同組合等の組合員の持分その他法人の出資者の持分のことをいいます。

② 金銭債権の譲渡が行われた場合

「資産の譲渡又は貸付け」の中で規定されている「金銭債権」について、さらに詳しく説明します。

金銭債権の譲渡があった場合には、金銭債権に係る債権者の事務所等の所在地により国内取引の判定を行います。

金銭債権の譲渡が行われた場合

（例）債権者である内国法人甲社は、債務者である内国法人乙社に対して有する貸付債権を外国法人Ａ社に譲渡した。なお、甲社は国内にのみ事務所等を有している。

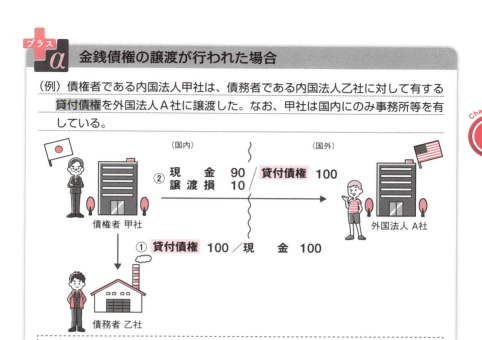

上の例では、債権者甲社の事務所等の所在地が国内にあるため、外国法人Ａ社への貸付債権の譲渡であっても、国内取引となります。

金銭債権に係る債権者とは、例えば、他社にお金を貸しているなど、金銭債権を有している者のことです。
　金銭債権の譲渡を行った債権者の事務所等がどこにあるかを意識して、取引を判断しましょう。

③　場所を表す消費税法の用語

　場所を表すとき、消費税法の条文では「住所地」や「〇〇の所在地」、「事務所等の所在地」などという用語を使います。受験上、「住所地」と「事務所等の所在地」では意味が異なるため、正しく理解して整理しておきましょう。まとめると、次のとおりです。

住所地と事務所等の所在地

住　　所　　地：住所又は本店若しくは主たる事務所の所在地
事務所等の所在地：事務所、事業所その他これらに準ずるものの所在地

「住所地」は、本拠地や本部機能のある所というイメージですね。一方、「事務所等の所在地」は、事業を行っている場所です。本店の所在地とは関係なく、いくつかありますね。

次の例題で国内取引の判定について確認してみましょう。

国内取引の判定

問題

次に掲げる取引が国内取引となるか判断しなさい。
(1) 内国法人がハワイにある建物を売却する行為
(2) 内国法人が他の内国法人の依頼により国内で広告宣伝活動をする行為
(3) 内国法人が日本に本店を有する銀行から預金の利息を受け取る行為
(4) 内国法人が外国法人から貸付金の利息を受け取る行為
(5) 内国法人が特許権（日本と中国の両国で登録されている。）を貸し付ける行為
(6) 内国法人が東京からワシントンへの国際電話料金を受け取る行為

解答

(1) 建物の所在地がハワイであるため国外取引。
(2) 役務提供が行われた場所が国内であるため国内取引。
(3) 内国法人が銀行にお金を預け入れて利息を受け取っているので、貸付等を行う者の「事務所等の所在地」が国内であるため国内取引。
(4) 貸付けを行っているのは内国法人であり、貸付け等を行う者の「事

務所等の所在地」が国内であるため<u>国内取引</u>。
(5) 2以上の国に登録されている場合、貸付けを行う者の住所地で判断するので、この場合は貸付けを行う者の住所地が国内であるため<u>国内取引</u>。
(6) 国際電話の発信地が国内であるため<u>国内取引</u>。

問題 >>> 問題編の**問題1〜問題2**に挑戦しましょう！

事業者が事業として行うもの（課税の対象の4要件・その2）

(1) 事業者が事業として行うものとは

事業者とは、個人事業者と法人のことをいいます。「課税の対象」の4要件の2つ目である事業者が事業として行うものであるかどうかを判定する際には、その事業者が行う取引が事業として行われたかどうかに着目して考えます。判定基準は次のとおりです。

図解

事業者が事業として行うもの

個人事業者	「事業者の立場」と「消費者の立場」の二面性があるため、**「事業者の立場」で行う取引のみ**「事業として」に該当
法　　人	事業を行う目的で設立されているため、**その行う行為はすべて**「事業として」に該当

事業者は、自己の計算において独立して事業を行います。サラリーマンとしての会社に対する役務の提供は、それ自体、独立して事業を行っているわけではないので事業とはなりません。

51

(2) 個人事業者が事業として行う取引

個人事業者が行う取引について図解すると、次のようになります。

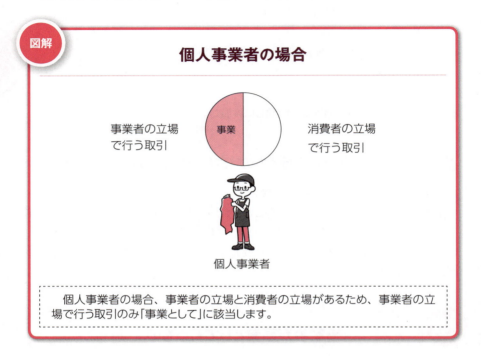

(3) 付随行為

　その事業者の主たる事業に付随して行われた取引も「事業として」に該当します。たとえば、革製品の製造・販売を営む個人事業者が商品配達用トラックの売却をしたり、商品陳列棚の売却をしたりする行為などです。このような取引を**付随行為**といいます。

付随行為の具体例

（例）革製品の製造・販売を営む個人事業者が商品配達用トラックを売却した。

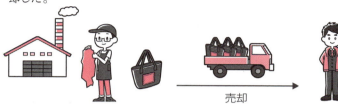

個人事業者

売却

個人事業者が商品配達用トラックを売却した場合には、この取引は付随行為であり、事業者が事業として行ったものとして考えます。

条文では次のとおり規定されています。

条文 付随行為（令2③）

資産の譲渡等には、その性質上事業に**付随**して**対価**を得て行われる**資産の譲渡**及び**貸付け**並びに**役務の提供**を含むものとする。

次の例題で、事業者が事業として行う取引について確認してみましょう。

例題　事業者が事業として行うものの判定

問題

次に掲げる取引が「事業者が事業として行うもの」となるか判断しなさい。
(1) 法人が商品を販売する行為
(2) 個人事業者が趣味で所有していた骨董品を売却する行為
(3) 個人事業者が商品の陳列棚を売却する行為
(4) サラリーマンが給与を収受する行為

解答

(1) 法人が行う活動はすべて「事業として行うもの」に該当する。
(2) 個人の趣味は「事業として行うもの」に該当しない。
(3) 事業に付随して行われるものなので「事業として行うもの」に該当する。
(4) サラリーマンの雇用契約等に基づくものは「事業として行うもの」に該当しない。

また、サラリーマンの雇用契約等に基づく役務の提供は「事業として」に該当しませんが、例えば、個人事業者である日本のプロ野球選手が対価を得てテレビコマーシャルに出演したという場合は、プロ野球選手という主たる事業に付随して行っているものであると考えられるため「事業として行うもの」に該当することとなります。

プロ野球選手などは、税法上、個人事業者となるんですね。つまり、プロ野球選手にとって、野球のプレーは本業、テレビコマーシャルへの出演は副業ということですね。個人事業者とサラリーマンのような給与所得者の立場の違いに注意して、知識を整理しておきましょう！

問題 >>> 問題編の**問題3**に挑戦しましょう！

対価を得て行うもの（課税の対象の4要件・その3）

(1) 対価を得て行うものとは

「課税の対象」の4要件の3つ目である対価を得て行うものであるかどうかを判定する際には、「資産の譲渡等」とそれに対する「対価の受取り」の2つの観点から考えます。

「対価を得て行う」 とは、モノの譲渡・貸付けやサービスの提供などの「資産の譲渡等」に対して対価を受け取ることをいいます。このような取引のことを **対価性のある取引** といいます。一方、モノの譲渡・貸付けやサービスを提供せずに金銭等を受け取ったり、モノの譲渡・貸付けやサービスの提供に対して対価を受け取らなかったりするような取引を **対価性のない取引** といいます。

対価性のある取引と対価性のない取引をまとめると、次のようになります。

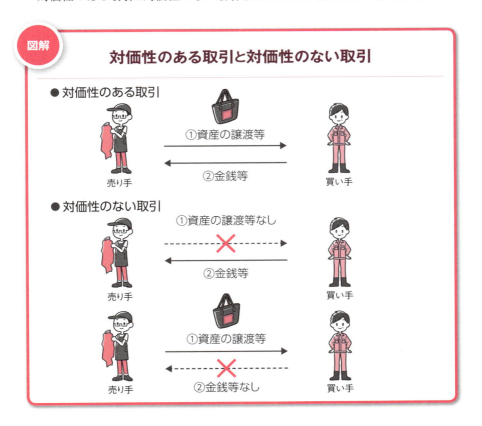

つまり、資産の譲渡等に対して反対給付を受けることを「対価を得て行う」といいます。見返りにお金などをもらうことです。

対価を得て行う資産の譲渡等は、他の要件を満たせば課税の対象となりますが、対価を得ない資産の譲渡等は、贈与であり課税の対象となりません。

(2) 対価性のない取引

対価性のない取引は「対価を得て行う」取引ではないため、課税の対象から外れます。

つまり、対価性のない取引は、国内取引の課税の対象の4要件を満たさないので不課税取引となるんですね。

① 対価性のない取引の概要

通常、モノの譲渡・貸付けやサービスの提供などの商取引は対価の支払があることが前提で行われます。しかし、事故に巻き込まれたときの保険金や損害賠償金の受取りなどは、モノの譲渡・貸付けやサービスを提供せずに金銭を受け取るだけです。このような場合の金銭の受取りは、対価性のない取引となります。対価性のない取引を一覧で示すと、次のとおりです。

対価性のない取引の一覧

(1) 保険金・共済金
(2) 損害賠償金
(3) 立退料
(4) 配当金
(5) 保証金・権利金等(**返還義務があるもの**)
(6) 寄附金・祝金・見舞金等
(7) 補助金・助成金等
(8) 収用に伴う収益補償金・移転補償金・経費補償金

② 対価性のない取引の具体例

　対価性のない取引について、さらに詳しく見てみましょう。

対価性のない取引の具体例

(1) 保険金

　（例）保険事故の発生により、保険会社から保険金を受け取った。

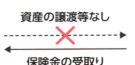

(2) 損害賠償金

(例) 交通事故の発生により、加害者から賠償金を受け取った。

(3) 立退料

(例) 賃借人が建物等の契約の解除により、賃貸人から立退料を受け取った。

(4) 配当金

(例) 当社は株主として、発行法人甲社から株式配当金を受け取った。

(5) 借家保証金・権利金等

（例）建物の賃貸借契約の締結にあたり、保証金（賃貸借契約の終了等に伴い**返還義務がある**）を受け取った。

上記具体例については、金銭等を受け取る側の立場で、対価を得て行う取引かどうかを考えてみましょう。

借家保証金・権利金等については、返還義務があるか否かによって取扱いが異なります。貸主が返還義務がある借家保証金を預かったときの会計上の仕訳は、「現金××／預り保証金××」となります。返還義務があるものは将来返さなければならず、単なる預り金としての性格であるため、対価性のない取引とされます。一方、返還義務がないものは、対価として受け取ったものとして対価性がある取引とされます。

要するに、保証金・権利金等については、返還義務のないものが対価性のある取引とされ、課税の対象の4要件を満たせば、消費税の課税の対象となるのですね。

(3) 実質的に対価性のある取引

形式的には対価性のない取引であっても、実質的にはモノの譲渡・貸付けやサービスの提供などの「資産の譲渡等」に対して対価を受け取る取引があります。

具体例を挙げると、次のとおりです。

実質的に対価性のある取引の具体例

(1) 損害を受けた商品を加害者に引き渡し、加害者から受け取る損害賠償金

(例) 法人が損害を受けた商品につき、加害者から損害賠償金を収受した。商品として使用可能であるため、加害者に引き渡している。

被害者　　　　　　　　　加害者

①商品等の引渡し
②賠償金の受取り

> 損害を受けた**棚卸資産等が加害者に引き渡される**場合で、**その棚卸資産等がそのまま又は軽微な修理を加えることにより使用できる**ときにその加害者から収受する損害賠償金

(2) 特許権・実用新案権などの無体財産権の侵害により収受する損害賠償金

(例) 法人が特許権を侵害されたことにより、加害者から損害賠償金（特許権の使用料に相当するもの）を収受した。

被害者　　　　　　　　　加害者

①特許権等の貸付け
②賠償金の受取り

> **無体財産権の侵害を受けた**ことにより収受する損害賠償金

(3) 不動産等の明渡し遅滞により、加害者から受け取る損害賠償金

（例）不動産の賃貸人である法人が当該不動産の明渡し遅滞により、賃借人である加害者から損害賠償金（賃貸料に相当するもの）を収受した。

不動産等の**明渡し遅滞**により収受する損害賠償金

「無体財産権」とは、知的な創作活動によって何かを創り出した人に付与される「他人に無断で利用されない」といった権利のことであり、「知的財産権」や「知的所有権」という用語が使われることもあります。

　つまり、実質的に対価性のある取引とは、「資産の譲渡等」があり、それに対する反対給付がある取引のことです。このような対価を得て行う資産の譲渡等は、他の要件を満たせば課税の対象となります。

(4) 収用等があった場合

　収用とは、道路建設等の公共事業を円滑に行うために、土地収用法等の規定により、国や地方公共団体等が半強制的に所有者から土地や建物等を買収することをいいます。

　収用等があった場合、土地や建物等を所有する事業者は、土地や建物等を国などに買収され補償金を受け取ることになります。補償金は原則的には対価性のない収入となりますが、土地収用法等の規定に基づいて受け取る対価補償金は、例外的に対価性があるものとして取り扱います。

図解

収用があった場合

（例）土地収用法の規定により、法人が所有する土地付建物を収用され国から対価補償金を受け取った。

　土地収用法等の規定に基づいて受け取る対価補償金は、「資産の譲渡等」に対する対価として国等から交付されるものであるため、対価性があるものとして取り扱います。

　一方、同規定に基づいて受け取る収益補償金・経費補償金・移転補償金などは、「資産の譲渡等」に対する対価ではないため、対価性がないものとして取り扱います。

土地収用法等の規定の適用があった場合は、対価補償金のみ対価性があるんですね。

土地収用法等については、条文では次のとおり規定されています。

条文

土地収用法等（令2②）

　土地収用法等の規定に基づいてその**所有権等**を**収用**され、その権利取得者から**補償金**を取得した場合には、**対価**を得て**資産の譲渡**を行ったものとする。

国や地方公共団体等から受け取る補償金について、まとめると次のとおりです。

補償金の代表例

補償金名	内　容
対価補償金※	資産の譲渡の対価として交付されるもの
収益補償金	土地や建物等を国に買収されるため収益が減少する可能性があり、これを補うために交付されるもの
経費補償金	土地や建物等を国に買収されてやむを得ず一時休業することもあり、この期間に掛かる経費を賄うために交付されるもの
移転補償金	移転に掛かる費用を賄うために交付されるもの

※　対価補償金の受取りのみ対価性のある取引となる。

問題 ▶▶▶ 問題編の**問題4**に挑戦しましょう！

● 資産の譲渡及び貸付け並びに役務の提供（課税の対象の4要件・その4）

「課税の対象」の4要件の4つ目である資産の譲渡及び貸付け並びに役務の提供であるかどうかを判定する際には、その取引そのものに注目して考えます。
「課税の対象」となるモノの譲渡・貸付け、サービスの提供とは、具体的に次のような取引をいいます。

資産の譲渡・貸付け、役務の提供の具体例

- ●資産の譲渡
    (例) 商品・製品等の販売、店舗・事務所・住宅等の販売など
- ●資産の貸付け
    (例) 不動産賃貸、機械のレンタル、アパートの貸付け、ビルや事務所の貸付け、特許権・商標権等の貸付けなど
- ●役務の提供
    (例) 不動産仲介、機械修理、印刷、インターネットを介したサービス提供、スポーツ選手・税理士・医師等による役務提供など

また、資産の交換をした場合には、税務上、資産の譲渡と資産の取得の2つの取引を同時に行ったものと考えます。

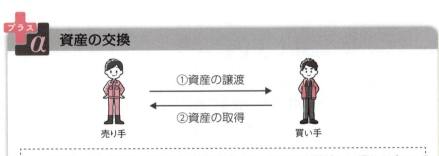

資産の交換

交換は、まず所有している資産を譲渡して、次にその譲渡して得たお金で新しい資産を取得したと考えます。

問題 >>> 問題編の**問題5**に挑戦しましょう！

みなし譲渡

(1) みなし譲渡とは

国内で行われる取引については、課税の対象となるための4要件を満たしたも

のについて、消費税法が適用されることになります。しかし、実際には事業として行うものでなくても、あるいは対価を受け取っていなくても、課税の対象となるための4要件を満たしたものとみなして「課税の対象」とされる取引があります。

このような取引のことを**みなし譲渡**といい、具体的には、個人事業者の家事消費と法人の自社役員に対する資産の贈与がこれに該当します。

みなし譲渡に該当する取引

(1) **個人事業者**が**棚卸資産**又は**棚卸資産以外の事業用資産**を**家事のために消費又は使用**した場合

(2) **法人**が資産を**その社の役員**に対して**贈与**した場合

「みなす」とは、本来はそうでないものをそうであるとして取り扱うことをいいます。

つまり、実際は事業としての行為ではない取引を「事業としての行為」とみなし、あるいは、対価を得ていない取引を「対価を得たもの」とみなして、課税の対象となるための4要件をすべて満たした取引として「課税の対象」に含めるのです。

(2) 個人事業者のみなし譲渡の具体例

まず、個人事業者のみなし譲渡の具体例は次のとおりです。

みなし譲渡の具体例（個人事業者の場合）

（例）個人事業を営むB氏が商品を家庭用に使用した。

①家事消費による資産の譲渡
②対価なし

事業者B氏　　消費者B氏

上記図解の中で、B氏は商品を家庭用に使用したので事業として他者に譲渡したわけではありませんし、自分で使用したので対価を得ていませんが、この場合においても事業として対価を得て行われた資産の譲渡とみなして「課税の対象」に含めます。

　これは事業者が消費税の納付税額を正しく計算するためです。つまり、本来なら事業者は商品を売却して消費税を含んだ代金を受け取りますが、家事消費による資産の譲渡については代金を受け取りません。一方、事業者は商品を仕入れたときには消費税を含んだ代金を支払っていますので、バランスが取れないことになります。そこで、消費税法上、バランスを取るために、このような取引についても資産の譲渡とみなして課税の対象に含めることとなります。

> 預かった消費税額－支払った消費税額＝納付税額の計算式をイメージすると、預かった消費税額が0円なのに支払った消費税額だけ控除するのはアンバランスですよね。だから、預かった消費税額を計算するために課税の対象に含めるんですね。

(3) 法人のみなし譲渡の具体例

　次に、法人のみなし譲渡の具体例は次のとおりです。

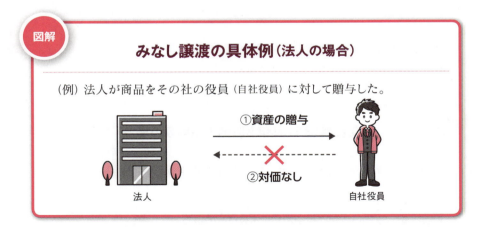

　贈与したので対価を得ていませんが、法人の自社役員に対する資産の贈与は事業として対価を得て行われた資産の譲渡とみなして「課税の対象」に含めます。

法人がみなし譲渡を行った場合についても、課税の対象に含める考え方は個人事業者の場合と同じく、事業者が消費税の納付税額を正しく計算するためです。

国内取引の課税の対象の判断手順

国内で行われる取引が「課税の対象」となるかどうかについて、みなし譲渡を含めた判断手順を示すと、次のとおりです。

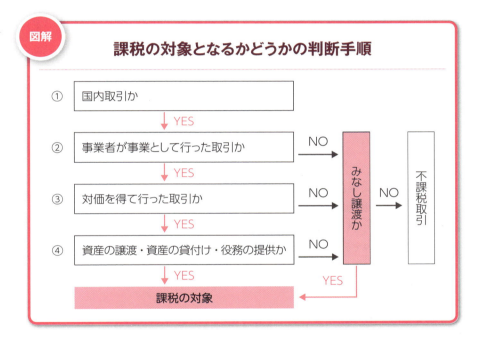

取引を判断するには、どんな問題でも同じ手順で考えると早く正確に解けるようになりますよ。みなし譲渡に該当する取引は課税の対象の4要件を満たさなくても、「課税の対象」となるんですね。

次の例題で、課税の対象の判定について確認してみましょう。

例題　課税の対象の判定

問題

次に掲げる取引が「課税の対象」となるか判断しなさい。
なお、国内取引の要件は満たしているものとする。
(1) 個人事業者が店頭にある商品を家事用に消費する行為
(2) 法人が自社の役員に商品を贈与する行為
(3) 法人が得意先に商品を贈与する行為
(4) 法人が得意先に建物を無償で貸し付ける行為
(5) 法人が土地を収用されたことにより対価補償金を収受する行為
(6) 法人が土地を収用されたことにより移転補償金を収受する行為

解答

(1)「みなし譲渡」に該当し、「課税の対象」となる。
(2)「みなし譲渡」に該当し、「課税の対象」となる。
(3) 対価を得ていないため、「課税の対象」とならない。
(4) 対価を得ていないため、「課税の対象」とならない。
(5) 対価補償金は対価性があるため、「課税の対象」となる。
(6) 移転補償金は対価性がないため、「課税の対象」とならない。

みなし譲渡とされる「法人のその社の役員に対する資産の贈与」は、自社役員に対するもののみです。法人が資産の贈与を行っている場合には、誰に対して贈与しているのかチェックしましょう。

問題 ▶▶▶ 問題編の**問題6**に挑戦しましょう！

資産の譲渡等に類する行為

資産の譲渡等に対して借金を肩代わりしてもらうなどの見返りがあるものは、対価性のある取引として「資産の譲渡等」に含まれます。これを**資産の譲渡等に類する行為**といいます。資産の譲渡等に類する行為のイメージは、次のとおりです。

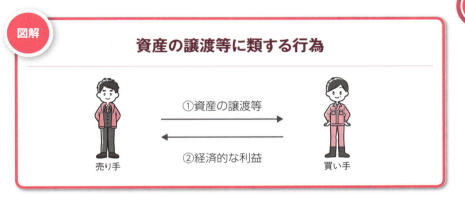

借金を肩代わりしてもらうなどの見返りがあることを、経済的な利益を受けるといいます。

具体的に「資産の譲渡等」に含まれる取引は、代物弁済による資産の譲渡（借金の返済に充てるための資産の譲渡）、負担付き贈与による資産の譲渡（借金を肩代わりしてもらうことを条件とする資産の贈与）、金銭以外の資産の出資（現物出資）、貸付金その他の金銭債権の譲受けその他の承継などです。これらの取引は**資産の譲渡等に類する行為**として、条文で次のように規定されています。

資産の譲渡等に類する行為（令2 ①〜③）

イ 資産の譲渡等に類する行為
　(イ)　代物弁済による資産の譲渡
　(ロ)　負担付き贈与による資産の譲渡
　(ハ)　金銭以外の資産の出資
　(ニ)　特定受益証券発行信託又は一定の法人課税信託の委託者が金銭以外の資産の信託をした場合の資産の移転等
　(ホ)　貸付金その他の金銭債権の譲受けその他の承継（包括承継を除く。）
　(ヘ)　不特定多数の者の受信目的である無線通信の送信で、法律による契約に基づき受信料を徴収して行われるもの

資産の譲渡等に類する行為については、詳しくはChapter5の課税標準額の計算で説明します。

🔴 国内取引の課税の対象のまとめ

　国内で行われる取引について、事業者は消費税の納付税額を正しく計算する等の目的のために取引の分類を行います。その際、最初に判断することは、その取引が「課税の対象」になるかどうかです。みなし譲渡を含めて国内取引の分類についてまとめると、次のようになります。

図解 国内取引分類図

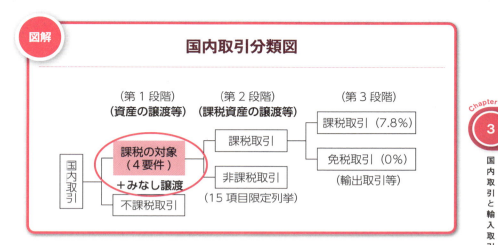

「課税の対象」は4要件＋みなし譲渡になります。

ここで改めて、国内取引の課税の対象の条文を見てみましょう。

条文 国内取引の課税の対象（法2①八、法4①）

> ① ②
> **国内において事業者が行った資産の譲渡等**（特定資産の譲渡等を除く）及び特定仕入れには、**消費税を課する**。

資産の譲渡等
② **事業として**
③ **対価を得て行われる**
④ **資産の譲渡**及び**貸付け**並びに**役務の提供**をいう。

「消費税を課する」とは、課税の対象となります、という意味です。また、「特定資産の譲渡等」「特定仕入れ」については、Chapter19（3分冊目）で詳しく説明します。

また、みなし譲渡のことを条文では、「資産の譲渡とみなす行為」といい、次のように規定されています。

> **条文**
>
> ## 資産の譲渡とみなす行為（法4⑤）
>
> 次の行為は、**事業**として**対価**を得て行われた**資産の譲渡とみなす**。
> ① **個人事業者**が棚卸資産又は棚卸資産以外の事業用資産を**家事**のために消費又は使用した場合におけるその消費又は使用
> ② **法人**が資産を**その役員**に対して贈与した場合におけるその贈与

分類された取引を横に並べて、国内で行われるものと国外で行われるものとに分けて、さらに「みなし譲渡」を含めて課税の対象のイメージを表すと、次のようになります。

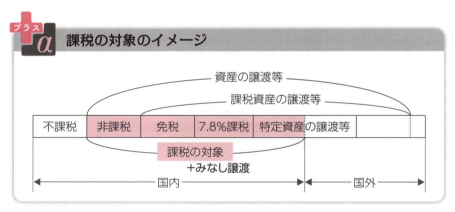

「課税の対象」とされるのは、国内において事業者が行った「資産の譲渡等」です。国外において事業者が行った「資産の譲渡等」は「課税の対象」とはなりません。

「資産の譲渡等」には国外で行われる取引も含まれていることに注意してください。

問題 >>> 問題編の**問題7**に挑戦しましょう！

2 輸入取引の課税の対象

RANK B

● 輸入取引の課税の対象

　国外からモノを輸入する場合には、通常、国内で消費されることが予定されているため、消費地課税主義の見地から、輸入取引についても「課税の対象」となりますが、国内取引のような要件はありません。したがって、事業者はもちろん、消費者が輸入する場合や、代金を支払わずに輸入する場合であっても、「課税の対象」となります。

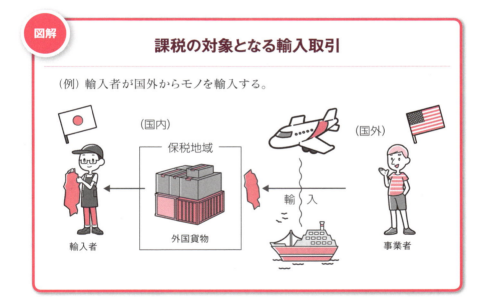

課税の対象となる輸入取引

（例）輸入者が国外からモノを輸入する。

　輸入とは、国外のモノを買い入れることをいいます。国外から貨物が到着すると、税関に輸入申告を行い、税関の検査が必要とされた場合は検査を受け、輸入の許可を受けなければなりません。例えば、麻薬などを輸入することは許可されません。税関の許可を受けることを通関といい、関税や消費税等を納付すると貨物の引取りが可能となります。

輸入取引の「課税の対象」となるものについて、取引を分類してまとめると、次のとおりです。

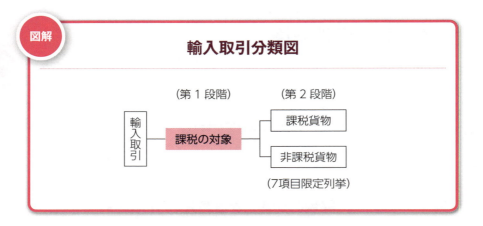

輸入取引の「課税の対象」は、保税地域から引き取られる外国貨物とされています。

輸入取引については、貨物に注目して取引を分類します。
非課税貨物（7項目限定列挙）については、Chapter 4 で学習します。

また、輸入取引の「課税の対象」は、条文では次のように規定されています。

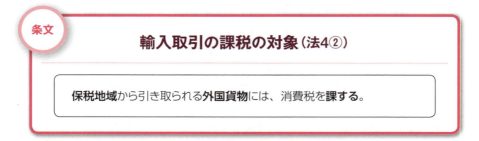

保税地域とは、国外から輸入され飛行機や貨物船から降ろされたばかりの貨物を、税関の許可がまだ下りていない状態で関税を留保したまま置いておける場所のことで、港近くに多くあります。

● 外国貨物と内国貨物

輸入取引の流れは、まず国外から貨物が到着したら税関に輸入申告を行い、税関の検査が必要とされた場合は検査を受け、税関から輸入許可を受けてから、貨物を引き取ります。例えば、アメリカからオレンジを輸入した場合、税関の輸入許可を受けて消費税を申告・納付してからオレンジを引き取ることとなります。税関から輸入許可を受ける前と受けた後では貨物の名称が変わります。

輸入取引の「課税の対象」とされる外国貨物について、内国貨物と比較してまとめると、次のようになります。

外国貨物と内国貨物

(1) **外国貨物**とは、次に掲げる貨物をいいます。
　例：① 国外から国内に到着した貨物で、輸入が許可される前のもの
　　　② 国内から輸出する貨物で、輸出の許可を受けたもの
(2) **内国貨物**とは、次に掲げる貨物をいいます。
　本邦にある貨物で、外国貨物でないもの
　例：① 輸出しようとする貨物
　　　② 輸入の許可を受けた貨物

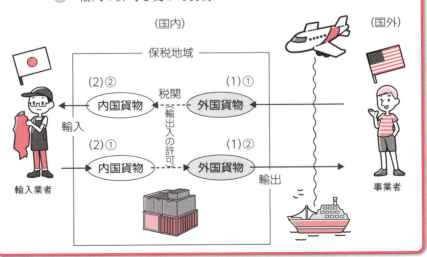

● みなし引取り

　輸入取引を行った場合、保税地域から引き取られる外国貨物が「課税の対象」となります。しかし、実際には貨物を保税地域から引き取っていなくても、保税地域内で貨物が消費された場合には消費地課税主義の見地から「課税の対象」となります。このような取引のことを**みなし引取り**といい、具体例は次のとおりです。

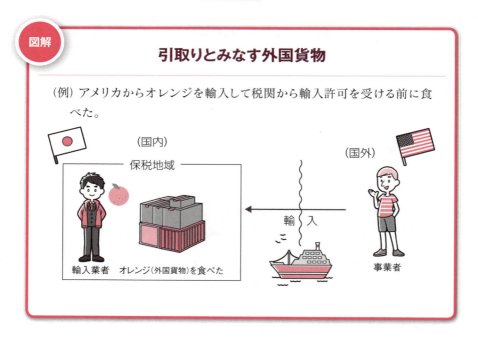

引取りとみなす外国貨物

（例）アメリカからオレンジを輸入して税関から輸入許可を受ける前に食べた。

　輸入業者が税関から輸入許可を受ける前のオレンジ（外国貨物）を食べた（消費した）場合には、その輸入業者（消費した者）がそのオレンジを食べた（消費した）時に、そのオレンジ（外国貨物）を保税地域から引き取ったものとみなして「課税の対象」となります。

 実際には貨物を引き取っていなくても、引き取ったものとみなして「課税の対象」とするため、みなし引取りというんですね。

　輸入取引について実際には引き取っていない貨物を引取りとみなす場合について、条文では次のとおり規定されています。

引取りとみなす場合（法4⑥）

保税地域において**外国貨物**が消費又は使用された場合には、消費又は使用した者が、その消費又は使用の時に、その**外国貨物**を**保税地域**から引き取るものと**みなす**。

● みなし引取りの例外

一方、保税地域内で貨物が消費された場合であっても、その外国貨物が保税地域内の工場などで原材料として消費または使用された場合には、引取りとはみなされず、「課税の対象」とはなりません。具体例は次のとおりです。

図解

外国貨物が原材料として消費・使用された場合

（例）アメリカからオレンジを輸入し、保税地域内の工場で加工されたオレンジジュースを引き取った。

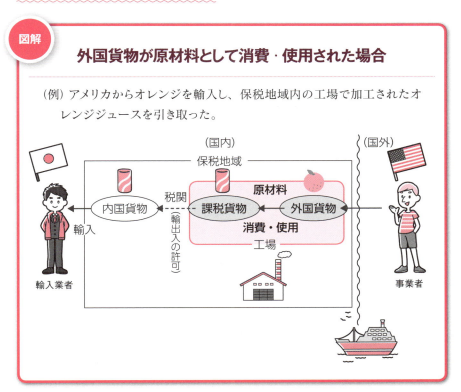

原材料としてオレンジを使用した時には引取りとみなされず、製造過程を経て完成したオレンジジュースが税関の輸入許可を受けたときに引取りとみなされます。

外国貨物が原材料として消費・使用された場合に消費税を課税しない理由は、その外国貨物が工場内での製造工程を経て完成された「課税貨物」に消費税が課税されるためです。消費税の課税のタイミングに注意しましょう。

問題 >>> 問題編の**問題8**に挑戦しましょう！

Chapter 4

非課税取引と免税取引

Chapter 4 非課税取引と免税取引

超重要　重要

Section

- **Sec1** 国内取引の非課税取引 — 2h
- **Sec2** 輸入取引の非課税項目 — 0.5h
- **Sec3** 免税取引 — 2h
- **Sec4** 取引分類のまとめ — 0.5h

国内取引の分類の第2段階で行う「非課税取引」と、第3段階で行う「免税取引」とは、具体的にどのようなものなのでしょうか。

Point Check

①取引分類を行う目的	消費税の納付税額の計算に使用する7.8%課税取引を明らかにするため		
②非課税取引とは	消費税を課さない取引のこと	③非課税取引の例示	・土地等の譲渡、貸付け ・有価証券等の譲渡 ・利子を対価とする金銭の貸付け等 ・住宅の貸付け　など
④免税取引とは	国内から国外への商品の販売などの輸出取引等で消費税が免除される取引のこと	⑤輸出取引等の例示	・輸出として行われる資産の譲渡・貸付け ・非居住者に対する無形固定資産等の譲渡・貸付け ・非居住者に対する役務の提供 ・国際運輸、国際通信、国際郵便等 ・貨物に係る役務の提供　など

1 国内取引の非課税取引

非課税取引の概要

消費税は、モノやサービスの消費に対して広く公平に課税される間接税です。

したがって、消費税が課されない「非課税取引」は原則として設けるべきではありません。しかし、税の性格から課税することになじまないものや、医療・福祉・教育などの分野において低所得者や社会的弱者の税負担を軽減するという社会政策的配慮から、消費税を課さない「非課税取引」が定められています。

非課税取引の全体像を示すと、次のとおりです。

非課税取引の全体像

		税の性格から課税することになじまないもの			社会政策的な配慮に基づくもの
国内取引(別表第一)	1	**土地等の譲渡、貸付け**★	8	社会保険医療等
	2	**有価証券等の譲渡**★	9	社会福祉事業等
	3	**利子を対価とする金銭の貸付け等**★	10	助産に係る資産の譲渡等
	4	**郵便切手類、印紙及び証紙の譲渡**★	11	埋葬料、火葬料を対価とする役務の提供
	5	**物品切手等の譲渡**★	12	身体障害者用物品の譲渡等
	6	行政手数料等	13	学校等の教育に関する役務の提供
	7	外国為替業務に係る役務の提供	14	教科用図書の譲渡
			15	**住宅の貸付け**★
輸入取引(別表第二)	1	有価証券等	6	身体障害者用物品
	2	郵便切手類	7	教科用図書
	3	印紙		
	4	証紙		
	5	物品切手等		

上記のように非課税取引は条文上、限定列挙されています。これらの非課税取引は、売上げ・仕入れについて消費税が生じないことになります。
★印は、本試験を想定した際に特に重要度の高いものです。

国内で行われる非課税取引の位置付け

　事業者は消費税の納付税額を正しく計算する等のために、課税の対象と判断された取引を非課税取引、免税取引（輸出免税等）、7.8％課税取引に分類します。消費税の納付税額の計算に使用する金額は、7.8％課税取引の金額です。取引分類を行う際は、まず、国内で行われる取引が課税の対象となるかどうかを判断し、次に非課税取引となる取引を抜き出し、課税取引（課税資産の譲渡等）を特定します。

消費税の計算では、まず取引を分類してから、納付する消費税額を計算するのですね。

　この非課税取引の位置付けを取引分類図で示すと、次のとおりです。

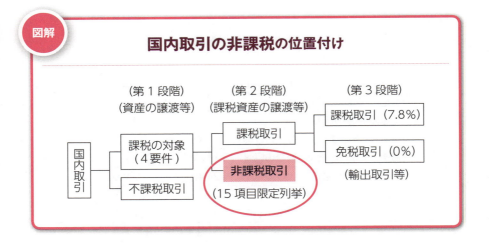

　ここからは、国内で行われる非課税取引について、具体例とともに詳しく説明していきます。

最初は、モノやサービスの売り手側の目線で取引を考えてみましょう。非課税とされるものには 非課税 、課税とされるものには 課　税 というマークを付けています。

● 土地等の譲渡、貸付け

(1) 土地等の譲渡、貸付けの取扱い

① 非課税とされる土地等の譲渡、貸付け

土地等の譲渡、貸付けに関する取引は非課税とされています。ただし、他者に一時的に土地を使用させるものや、土地の上にある施設を利用させることに伴う土地の貸付けは、非課税取引から除かれます。

土地等の譲渡、貸付け

(1) **土地**（土地の上に存する権利を含む。）**の譲渡**
(2) **土地の貸付け**
次の場合を除きます。
① 一時的に使用させる場合
② 施設の利用に伴って土地が使用される場合

● 土地の上に存する権利 非課税
借地権に係る更新料（更改料を含む）・**名義書換料**、地上権、土地の賃借権、地役権等の土地の使用収益に関する権利

● 土地等の貸付けから除かれるもの 課 税
① 一時的に使用させる場合
契約により土地の**貸付期間が1月未満**のもの
② 施設の利用に伴って土地が使用される場合
駐車場、**建物**、**貸事務所**、野球場、プール、テニスコートなど

② 課税とされる土地等の貸付け

　非課税とされる土地等の貸付けから除かれ課税される取引について、具体例を示すと次のとおりです。

　イ　土地を一時的に使用させる場合

> **図解**
>
> ### 土地を一時的に使用させる場合
>
> （例）甲社は、所有する土地を建設会社に工事現場の資材置き場として3週間貸し付けた。
>
> 土地の貸付期間が3週間、つまり、1月未満であるため土地等の貸付けから除かれ課税取引に分類します。　課　税

　ロ　施設の利用に伴って土地が使用される場合

> **図解**
>
> ### 施設の利用に伴って土地が使用される場合
>
> （例）甲社は、所有する土地を整備し駐車場として貸し付けた。
>
>
> コンクリート
>
> 駐車場という施設を利用する場合、必然的に土地が使用されるため、土地を含めた全体を「施設の貸付け」と考え、課税取引に分類します。　課　税

駐車場などの施設を利用するために土地が使用される場合には、土地を含めた全体を「施設の貸付け」と考えて取引を分類することがポイントです。
非課税取引、課税取引については、具体例を参考にしながら丁寧に理解しましょう。

(2) 土地付建物に係る譲渡、貸付けの取扱い

① 土地付建物に係る譲渡、貸付け

土地の上に建物が建っている土地付建物に係る譲渡、貸付けの取扱いについて見てみましょう。

土地付建物に係る取引は、非課税とされる土地と、課税とされる建物の取引が同時に行われます。消費税法では、譲渡と貸付けの取引内容の違いにより取扱いが異なります。

図解

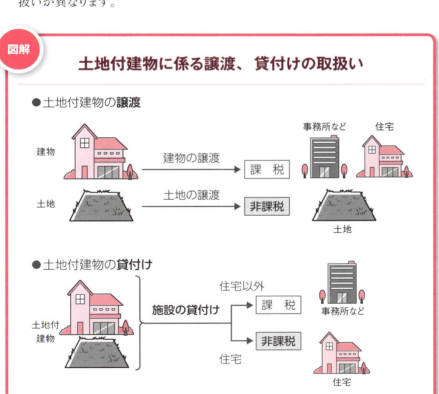

土地付建物に係る譲渡、貸付けの取扱い

土地付建物に係る取引の場合、譲渡のときは「建物の譲渡」と「土地の譲渡」の2つの取引を同時に行ったと考えて、それぞれ「課税」と「非課税」に分類します。
　一方、貸付けのときは土地を含めた全体を1つの「施設の貸付け」として考え、利用目的に応じて全体を「課税」か「非課税」に分類します。

② 土地付建物の貸付けの具体例
　イ　事務所用として貸し付けた場合

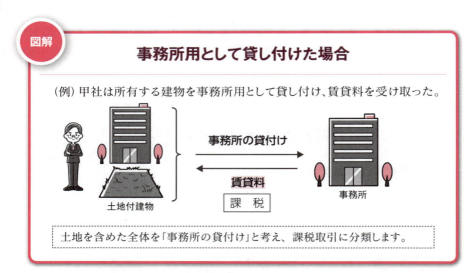

□ 住宅用として貸し付けた場合

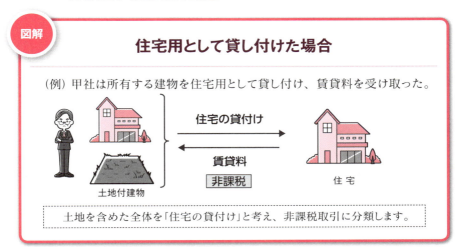

土地付建物に係る取引の場合は、まず、譲渡なのか貸付けなのかを把握して、譲渡なら土地と建物を分けて考え、貸付けなら土地を含めた全体を施設の利用目的で考えて取引分類するんですね。

(3) 土地に関する取引分類のまとめ

土地に関する取引分類についてまとめると、次のとおりです。

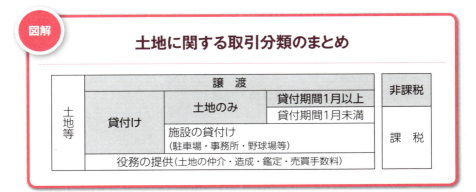

土地の売買や賃貸借を仲介するなど、土地に関係して役務の提供を行った場合には課税されることとなります。

● 有価証券等の譲渡

(1) 有価証券等の譲渡の取扱い

有価証券とは、一定の権利を明らかにする文書のことです。

有価証券等の譲渡に関する取引は、非課税とされています。

消費税法上、有価証券等の中には、貸付金や売掛金、現金、約束手形なども含まれます。一方、ゴルフ場利用株式などは有価証券等には含まれず、譲渡した場合には課税されます。

図解

有価証券等の譲渡

(1) **有価証券の譲渡**（ゴルフ場利用株式等を除く。）
(2) **一定の支払手段の譲渡**（収集品及び販売用の支払手段を除く。）
(3) 上記 (1)、(2) に類する一定のものの譲渡

● 有価証券 非課税
　　・**国債証券、地方債証券、社債券、株券等**
　　・投資信託、貸付信託等の**受益証券**、CP、海外CD等
● 有価証券に類するもの 非課税
　　・**合名・合資・合同会社等の出資者持分**
　　・**貸付金、預金、売掛金等の金銭債権**
● 支払手段 非課税
　　・銀行券、政府紙幣、小額紙幣・硬貨
　　・小切手、為替手形等
　　・**約束手形等、暗号資産**
● 有価証券等に含まれないもの 課　税
　　・ゴルフ場利用株式、ゴルフ会員権等

ここで株券と株式の違いに触れておきます。
　株券など「券」の字の付くものは、有価証券そのものをいいます。一方、株式とは、その株を発行し資金調達をして得たお金で事業活動を行う株式会社の仕組みまでを指します。
　有価証券等の範囲に何が含まれるのかに注意して知識を整理しましょう。

(2) 有価証券等に関する取引分類のまとめ

有価証券等に関する取引分類についてまとめると、次のとおりです。

図解

有価証券等に関する取引分類のまとめ

有価証券等	譲渡	有価証券(株式、社債、受益証券等)	非課税
		支払手段(現金、約束手形等)	
		金銭債権(貸付金、売掛金、未収金等)	
		ゴルフ場利用株式、ゴルフ会員権等	課税
	役務の提供(有価証券売買委託手数料等)		

※　有価証券の貸付けをした場合の運用損益等は非課税となる。

　証券会社の担当者が取扱商品について説明するなど有価証券等に関係して役務の提供を行った場合には、課税されることとなります。

ビットコインなどの仮想通貨は、令和2年(2020年)5月1日より「暗号資産」と呼び名が変わりました。
　この暗号資産は支払手段に類するものとして取り扱われ、その譲渡については非課税とされています。

また、有価証券等の取引は、会社のシステムを成り立たせる要素となります。ここで会社の形態について簡単に説明すると、次のとおりです。

会社の形態

　会社法に規定される会社形態には、株式会社・合名会社・合資会社・合同会社の4種類があり、合名会社・合資会社・合同会社は持分会社と呼ばれます。
　株式会社は歴史が長く社会的信用力があるため、日本では圧倒的に数が多い会社形態です。2006年会社法により新設された合同会社は、経営内容を自由に決定することができ、零細企業として運営していくには最適な会社形態といえます。

　一言に会社といっても、いろんな形態があるんですね。
　これから学習する消費税法では、会社といったら株式会社を前提に考えればいいんですね。

● 利子を対価とする金銭の貸付け等

(1) 利子を対価とする金銭の貸付け等の取扱い

利息等の対価を受け取り、金銭を貸し付ける等の取引を行った場合、その利息等については非課税とされています。

利息等の中には、貸付金や預金等の利息、投資信託の収益分配金、割引債の償還差益なども含まれます。

図解

利子を対価とする金銭の貸付け等

(1) **利子を対価とする貸付金**等の貸付け
(2) **信用の保証**としての役務の提供
(3) 公社債投資信託等に係る信託報酬を対価とする役務の提供
(4) **保険料**を対価とする役務の提供
(5) その他 (1) 〜 (4) に類するもの

- ●利子 非課税
  - ① 国債、地方債の利息
  - ② 社債、**貸付金、預金等の利子**及び**利息**
  - ③ 集団投資信託等の**収益の分配金**
  - ④ **割引債の償還差益**
- ●合同運用信託、公社債投資信託又は公社債等運用投資信託の
  信託報酬 非課税
- ●**信用の保証料、物上保証料** (担保提供料) 非課税
- ●**保険料、共済掛金** (事務費用部分を除く。) 非課税
  - ① **生命保険料、損害保険に係る保険料**
  - ② **健康保険料、厚生年金保険料、雇用保険料等の社会保険料**等
- ●**手形の割引料** 非課税
- ●**金銭債権の買取又は立替払に係る差益** 非課税

Chapter

4

非課税取引と免税取引

91

貸し付けた金銭などの元本に対する利息、銀行にお金を預け入れた際に受け取る利息は、非課税となります。

また、支払うときは利子、受け取るときは利息といいます。利子、利息等の範囲に何が含まれるかに注意して知識を整理しましょう。

(2) 利子を対価とする金銭の貸付け等の具体例
① 貸付金、預金等の利子及び利息
利子を対価とする貸付金等の貸付けを行った場合は、次のとおりです。

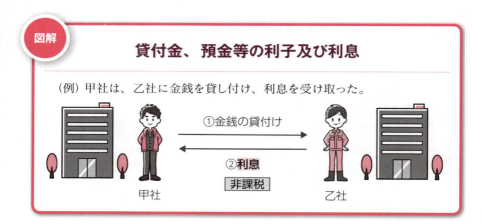

貸付金、預金等の利子及び利息

(例) 甲社は、乙社に金銭を貸し付け、利息を受け取った。

①金銭の貸付け
②利息 非課税
甲社　乙社

金銭を貸し付けて利息を受け取った場合、その利息は非課税とされます。また、銀行にお金を預け入れて利息を受け取った場合も同様に非課税とされます。

② 集団投資信託等の収益分配金
　集団投資信託等の収益分配金を受け取った場合は、次のとおりです。

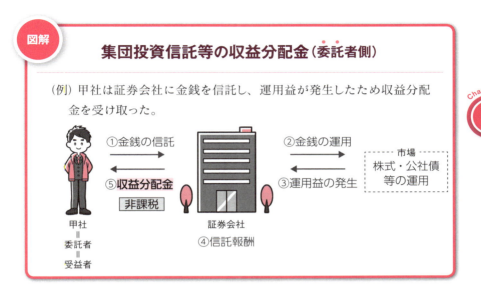

　収益分配金についても、利息と同じ性格として考え非課税とされます。

　　信託とは、他者に財産権を移転するなどして、代わりに管理・運用してもらうことをいいます。また、信託によって利益を受ける者のことを受益者といいます。上記図解の例では、甲社が受益者となります。

③ 公社債等運用投資信託等に係る信託報酬

次に、委託者から信託財産を預かって運用し、管理手数料を受け取る信託銀行の場合について見てみましょう。

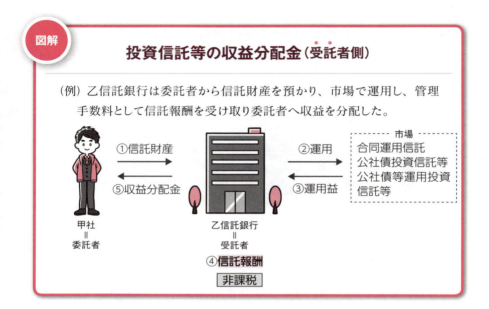

信託報酬とは、投資信託を行う際に信託銀行など運用会社が受け取る管理手数料のことです。委託者から預かった信託財産を運用し、運用資産の中から差し引かれるものなので、利息と同じ性格として考え非課税とされます。

公社債等運用投資信託の場合、財産を信託して収益分配金を受け取っても、運用会社が管理手数料として信託報酬を受け取っても、どちらも非課税なんですね。

④ 割引債の償還差益

割引債を購入し償還期日に償還された場合は、次のとおりです。

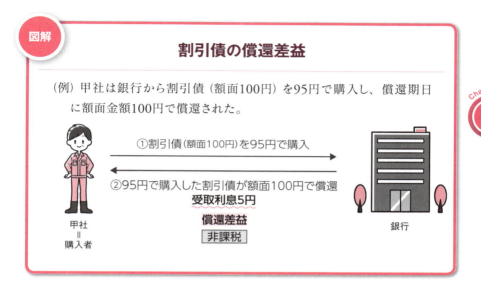

　割引債は、額面より低い価額で発行され、償還期日には額面金額で償還されます。割引債の購入金額を貸付金の元本として捉え、額面金額と購入金額の差額は利息と同じ性格として考えます。上の図解の例では、額面金額100円と割引債の購入金額95円との差額5円が償還差益として非課税となります。

⑤ 保証料

続いて、他者の保証人となり保証料を受け取った場合について見てみましょう。

保証料

(イ) 信用の保証料（人的保証）

(例) 甲社は取引先が銀行から融資を受ける際に保証人となり、債務保証を行い、取引先から保証料を受け取った。

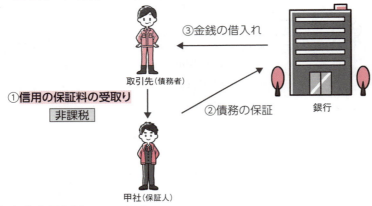

(ロ) 物上保証料（担保提供料）

(例) 甲社は取引先が銀行から融資を受ける際に保証人となり、銀行に担保として土地を提供し、取引先から保証料を受け取った。

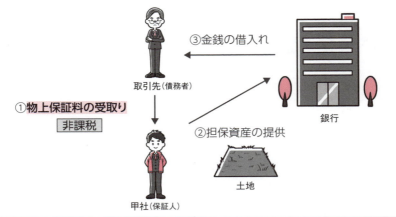

保証人は保証料を受け取る際、会計上「現金預金××／受取保証料××」という仕訳を行います。この「受取保証料××」の部分が非課税となります。

人的保証をした場合は、万が一債務者から債務が返済されないときに、保証人や連帯保証人が債務者に代わって債務を弁済しなければなりません。一方、物上保証人として自分の財産、例えば土地を担保に提供した場合は、人的保証のように債務を弁済する義務はありません。

⑥ 金銭債権の買取差益
他者が保有している金銭債権を購入し回収した場合について見てみましょう。

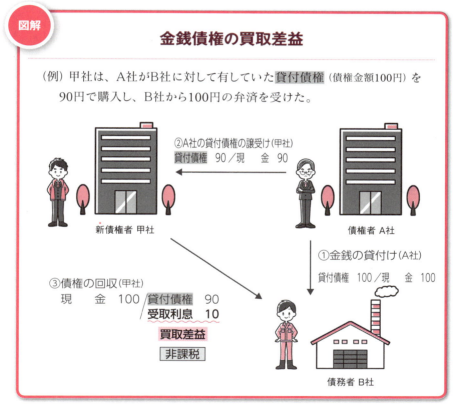

貸付債権を譲受けた新債権者が債権の回収をした際に受け取った買取差益に注目して取引を見てみましょう。買取差益は利息的性格として非課税とされます。

97

(3) 利子等に関する取引分類のまとめ

利子等に関する取引分類についてまとめると、次のとおりです。

図解　利子等に関する取引分類のまとめ

利子・保険料・保証料	利子	国債・社債・預貯金・貸付金等の利子	非課税
		投資信託の収益分配金	
		割引債の償還差益等、手形割引料	
	保険料	保険料・共済掛金	非課税
		保険に伴う事務手数料、代理店手数料等	課　税
	保証料	信用の保証料、物上保証料	非課税

代理店とは、保険会社と契約者の間に立って保険契約の手続業務を行うところです。

郵便切手類、印紙及び証紙の譲渡

切手や印紙などの譲渡は原則的に非課税とされています。

図解　郵便切手類、印紙及び証紙の譲渡

(1) 日本郵便株式会社等が行う郵便切手類、印紙の譲渡
(2) 地方公共団体等が行う証紙の譲渡

●郵便切手類、印紙、証紙　非課税

切手は、手紙に貼って投函された段階で手紙の配達料となります。この配達料は、配達する事業者が対価を得てサービスの提供を行ったことになるため、課税されます。
証紙とは、金券の一種で自治体に手数料などを納めるための証票です。

● 物品切手等の譲渡

商品券やビール券などの譲渡は非課税とされています。

図解

物品切手等の譲渡

物品切手等の譲渡

● 物品切手等 [非課税]
商品券、ビール券、旅行券、プリペイドカード、テレホンカードなど

商品券、ビール券、旅行券などは商品やサービスと交換可能な金券です。また、プリペイドカードとは事前に代金を支払ってカードを購入し、そのカードを利用して商品やサービスと交換できるものです。

● 行政手数料等

住民票等の発行などの行政サービスは非課税とされています。

図解

行政手数料等

(1) 国、地方公共団体、公共法人等が行う一定の役務の提供
(2) 裁判所の執行官又は公証人の手数料を対価とする役務の提供

● 行政手数料等 [非課税]
住民票等の発行手数料、建物建築確認申請手数料など

国や地方公共団体が行う登録、認定、確認、検査、証明などの行政サービス手数料や、個人情報に関する開示請求手数料などは非課税となります。

● 外国為替業務に係る役務の提供

外貨に関係するサービスは非課税とされています。

図解

外国為替業務に係る役務の提供

外国為替業務に係る役務の提供

● 外国為替業務に係る役務の提供の範囲 非課税
① 外国為替取引
② 海外送金手数料、外貨両替手数料等

外国為替業務とは、輸出入に伴う貿易手続き・外国送金・外貨両替などの銀行業務をいいます。例えば、日本の銀行から中国の銀行へ送金した際に生じた手数料は非課税となります。

● 社会保険医療等

医療機関が行う病気やケガに対する診療行為などは非課税とされています。

図解

社会保険医療等

健康保険法等に基づく療養、医療等としての資産の譲渡等

● **非課税とならないもの** 　課　税

① 社会保険医療等以外の自由診療
   （**健康診断**、**人間ドック**、入院時の**差額ベッド代**、美容整形など）
② 社会保険医療等以外の**医薬品の販売**、**医療用具の販売**等

病気やケガで病院に行ったときに、保険証を提示して受ける診療は、基本的に非課税とされます。

● 社会福祉事業等

介護サービスなどは非課税とされています。

図解

社会福祉事業等

(1) 介護保険法に基づく居宅サービス等
(2) 社会福祉事業、更生保護事業として行われる資産の譲渡等
   （生産活動に基づくものを除く。）

- ●介護サービスの範囲 非課税

  介護保険法の規定により、要介護被保険者に対して支給される
  介護サービス費、居宅サービス費、施設サービス費

- ●「福祉用具」の取扱い

  ・「福祉用具」の譲渡又は貸付けは、原則的には非課税とはなりません。

  課　税

  ・例外的に、その資産が「**身体障害者用物品**」に該当する場合は
  非課税となります。　　　　　　　　　　　　　　非課税

訪問介護、デイサービス、ショートステイ等にかかる費用は非課税とされます。福祉用具とは電動ベッド、手すり、スロープなどのことです。これらの用具を購入した又はレンタルした場合は原則的に課税とされますが、その福祉用具が車椅子など「身体障害者用物品」に該当する場合は非課税とされます。

● 助産に係る資産の譲渡等

医療機関が行う助産に係る診療行為などは非課税とされています。

図解

助産に係る資産の譲渡等

医師、助産師等による助産に係る資産の譲渡等

- ●助産に係る資産の譲渡等の範囲 非課税

  妊娠しているか否かの検査、分娩の介助、新生児に係る検診
  及び入院等

人が生まれてくるところにかかる費用は非課税とされます。

● 埋葬料、火葬料を対価とする役務の提供

埋葬や火葬にかかる費用は非課税とされています。

図解　埋葬料、火葬料を対価とする役務の提供

埋葬に係る埋葬料又は火葬に係る火葬料を対価とする役務の提供

- ●非課税とならないもの [課　税]
  墓石、葬式、葬儀の費用、**花輪代**、**生花代**など

人が亡くなったときにかかる埋葬料・火葬料のみ非課税とされます。
人の死を弔うための祭儀にかかる費用は課税となります。

● 身体障害者用物品の譲渡等

身体障害者用物品の譲渡等は非課税とされています。

図解　身体障害者用物品の譲渡等

身体障害者用物品の譲渡、貸付けその他の資産の譲渡等

- ●身体障害者用物品の範囲 [非課税]
  車椅子、義肢、補聴器など
- ●改造の取扱い [非課税]
  一般の物品を**身体障害者用物品に改造する行為**は、**非課税**となります。
- ●非課税とならないもの [課　税]
  身体障害者用物品の**部分品**は、身体障害者用物品には該当しません。

身体障害者用物品の利用者が障害者ではなく、お年寄りでも対象となる用具などを購入した又はレンタルした場合は、原則的には非課税とされます。ただし、身体障害者用物品の部分品の譲渡等は課税とされます。

● 学校等の教育に関する役務の提供

学校等が行う教育サービスなどは非課税とされています。

図解

学校等の教育に関する役務の提供

学校教育法等に規定する学校における教育として行う役務の提供

● 教育として行う役務の提供の範囲　非課税
　授業料、入学金、施設設備費、在学証明書、成績証明書の手数料等

学校における教育サービスの範囲は、学校教育法に規定する幼稚園、小学校、中学校、高等学校、大学等、専修学校など修業期間が1年以上である各種学校における教育サービスです。

● 教科用図書の譲渡

学校等で使われる教科書の譲渡は非課税とされています。

図解

教科用図書の譲渡

学校教育法に規定する教科用図書の譲渡

● 補助教材の取扱い　課　税
　参考書又は問題集等で、学校における教育を補助するための補助教材の譲渡については非課税とはなりません。

教科用図書の譲渡は非課税とされますが、参考書等の補助教材は学校が指定した場合であっても課税となります。

● 住宅の貸付け

(1) 住宅の貸付けの取扱い

住宅の貸付けに関する取引は非課税とされています。

図解

住宅の貸付け

住宅の貸付け（一時的に使用させる場合その他一定の場合を除く。）

● 住宅の貸付けから除かれるもの 課 税

① **事務所**、**店舗**、**倉庫**、**保養所**等の貸付けの場合
　（居住用以外の貸付け）
② 契約により居住用であることが明らかなものであっても、その契約による**貸付期間が1月未満のもの**
③ **旅館業法**第2条第1項に規定する旅館、**ホテル**、**リゾートマンション**、**ウィークリーマンション**等の貸付け
④ 住宅として使用していた**建物の譲渡**

(注) 契約により貸付けの用途が明らかにされていない場合であっても、その貸付け等の状況からみて人の居住の用に供されていることが明らかな場合は非課税。

土地の貸付けと同様に、貸付期間が1月未満かどうかを基準に課税と非課税を分類します。
　また、旅館業法に規定する旅館に泊まっても住宅を借りていることにはならないため課税されます。住宅として使用していた建物を他者に売却した場合は、建物の譲渡として課税される点に注意しましょう。

(2) 共益費等の取扱い

　共益費とは、アパートやマンションを借りて住んでいる居住者が共に利益を受けている外灯・エレベーターなど共用部分の維持・管理のために支出する費用のことです。

　住宅として使用するアパートやマンションを借りた際は、エレベーター・階段・通路・ごみ処理などの共用部分の維持管理のため共益費を支払うのが一般的です。

　共益費等の取扱いについてまとめると、次のとおりです。

図解　共益費等の取扱い

意　義	アパート・共同住宅などの共用部分（外灯・エレベーター、階段、通路等）の維持のために各世帯ごとに拠出する費用
取扱い	建物等の貸付けに伴う共益費、権利金、更新料等は、原則として家賃と同様に取り扱う

●住宅の貸付けに係る共益費等

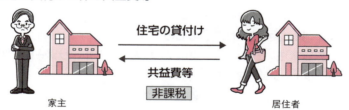

住宅の貸付けに係る共益費等は非課税とされます。

●事務所の貸付けに係る共益費等

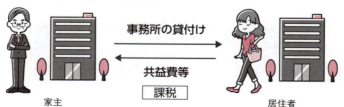

事務所や店舗など住宅以外の貸付けに係る共益費等は課税とされます。

建物を賃貸借した場合は、その契約に定める使用目的によって課税と非課税に分類するんですね。

(3) 企業が従業員に住宅の低額貸付けを行う場合

企業が福利厚生の一環として、従業員に住宅を低額で貸し付けることがありますが、この取引も住宅の貸付けとして非課税とされています。

プラスα 社宅の取扱い

社宅とは、従業員やその家族を住まわせるために、企業が所有し管理する住宅のことです。比較的安い賃料で従業員に貸付けられます。

(4) 住宅に関する取引分類のまとめ

住宅に関する取引分類についてまとめると、次のとおりです。

図解　住宅に関する取引分類のまとめ

住宅等	譲渡（住宅として使用してきた建物の譲渡）			課税
	貸付け	住宅（社宅・マンション等を含む）	貸付期間1月以上	非課税
			貸付期間1月未満	課税
		住宅以外 （事務所・店舗・倉庫・保養所・テナント等）		
	役務の提供（建物売却手数料・仲介手数料等）			

不動産会社が行う不動産の売買・賃貸・管理・仲介業務などの不動産に関係して役務の提供を行った場合には、課税されることとなります。

 不動産の賃貸が「住宅の貸付け」に該当するかどうかは契約により判断されます。

(5) 保証金・権利金等の取扱い

不動産の賃貸の際には保証金や権利金等の授受が行われることが一般的です。

事業者が受け取った保証金などのうち返還義務があるものは単なる預り金としての性格であるため、対価性のない取引とされ不課税となります。

一方、返還義務がないものは対価として受け取ったものとして対価性がある取引とされ課税の対象となります。取引分類を行う際は、利用目的が住宅であれば非課税とされ、住宅以外であれば課税とされます。

保証金や権利金等の消費税の取扱いについてまとめると、次のとおりです。

図解 保証金・権利金等の取扱い

保証金・権利金等	返還義務あり		不課税
	返還義務なし	居住用	非課税
		居住用以外	課　税

● 住宅の貸付けに係る保証金・権利金等

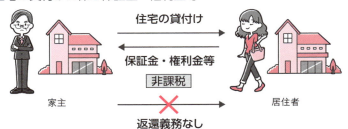

住宅の貸付けに係る保証金・権利金等は非課税とされます。

● 事務所の貸付けに係る保証金・権利金等

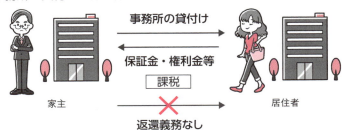

事務所や店舗など住宅以外の貸付けに係る保証金・権利金等は課税とされます。

Chapter 4 非課税取引と免税取引

Chapter3の「課税の対象の4要件」のうち「対価を得て行うもの」においても、保証金・権利金等の取扱いについて学習しましたね。
また、家主が受け取った保証金などで返還義務のないものは、共益費収入と同様に、その使用目的によって課税と非課税に分類するのですね。

国内取引における非課税について条文では次のとおり規定されています。

> **条文**

国内取引における非課税（法6①、別表第一）

　国内において行われる**資産の譲渡等**のうち、次のものには、消費税を**課さない**。

(1) **土地**（土地の上に存する権利を含む。）の**譲渡**、**貸付け**（貸付期間が**1月未満**の場合及び**施設の利用**に伴って**土地**が使用される場合を除く。）

(2) **有価証券**（ゴルフ場利用株式等を除く。）、**支払手段**（収集品及び販売用のものを除く。）その他これらに類するもの（以下「**有価証券等**」という。）の**譲渡**

(3) **利子**を対価とする金銭の貸付け、**信用の保証**としての役務の提供、公社債投資信託等に係る**信託報酬**を対価とする役務の提供及び**保険料**を対価とする役務の提供その他これらに類するもの

(4) 次の資産の譲渡
　① 日本郵便株式会社等が行う**郵便切手類**、**印紙**の譲渡
　② 地方公共団体又は売りさばき人が行う**証紙**の譲渡
　③ **物品切手等**の譲渡

(5) 次の役務の提供
　① 国等が行うもので、その料金の徴収が法令に基づくもの
　② 裁判所の執行官又は公証人の手数料を対価とするもの
　③ **外国為替業務**に係るもの

(6) **健康保険法等**に基づく資産の譲渡等

(7) 次の資産の譲渡等
　① **介護保険法**に基づく居宅サービス等
　② **社会福祉事業**、**更生保護事業**として行われる資産の譲渡等（生産活動に基づくものを除く。）

(8) 医師等による**助産**に係る資産の譲渡等

(9) 埋葬料又は**火葬料**を対価とする役務の提供

(10) **身体障害者用物品**の譲渡、貸付けその他の資産の譲渡等

(11) 学校教育法等に規定する**教育**として行う役務の提供

(12) 学校教育法に規定する**教科用図書**の譲渡

(13) **住宅の貸付け**（契約において人の居住の用に供することが明らかにされている場合（契約において貸付けに係る用途が明らかにされていない場合にその貸付け等の状況からみて人の居住の用に供されていることが明らかな場合を含む。）に限るものとし、貸付期間が**1月未満**の場合等を除く。）

売り手側にとって非課税となるものは、買い手側にとっても非課税となります。

問題 >>> 問題編の**問題1**に挑戦しましょう!

次の例題で国内取引の非課税取引の判定について確認してみましょう。

非課税取引の判定

問題

次に掲げる取引を「7.8％課税取引」「非課税取引」に分類しなさい。
なお、国内取引の要件は満たしているものとする。
(1) 法人が土地を売却する行為
(2) 法人が土地を有償で貸し付ける行為(契約による貸付期間は3週間)
(3) 法人(不動産業者)が土地売却に係る手数料を受け取る行為
(4) 法人が株式を売却する行為
(5) 法人(証券会社)が株式売却に係る手数料を受け取る行為
(6) 法人がゴルフ場利用株式を売却する行為
(7) 法人が銀行預金の利息を受け取る行為
(8) 法人が住宅を有償で貸し付ける行為
(9) 法人が保養所を有償で貸し付ける行為

解答

(1)「土地の譲渡」に該当するため非課税取引。
(2) 契約による貸付期間が1月未満であるため7.8％課税取引。
(3) 土地に関係する役務提供であるため7.8％課税取引。
(4)「有価証券等の譲渡」に該当するため非課税取引。
(5) 有価証券に関係する役務提供であるため7.8％課税取引。
(6) ゴルフ場利用株式は有価証券等に含まれないため7.8％課税取引。
(7)「利子を対価とする金銭の貸付け等」に該当するため非課税取引。

(8)「住宅の貸付け」に該当するため非課税取引。

(9) 住宅以外の貸付けであるため7.8%課税取引。

問題 ⟫⟫ 問題編の**問題2～問題4**に挑戦しましょう！

2 輸入取引の非課税項目

● 輸入取引の非課税項目

輸入取引の非課税項目について取引分類図で示すと、次のとおりです。

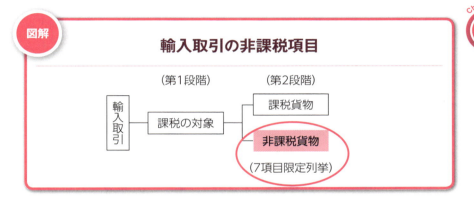

輸入取引の非課税項目については、条文では次のとおり規定されています。

輸入取引の非課税（法6②）

保税地域から引き取られる外国貨物のうち、別表第二に掲げるものには、消費税を課さない。

(1) 有価証券等　　(5) 物品切手等
(2) 郵便切手類　　(6) 身体障害者用物品
(3) 印　紙　　　　(7) 教科用図書
(4) 証　紙

 国内取引の非課税を判定する際は「取引」に注目しますが、輸入取引の非課税を判定する際は引き取る「貨物」に注目します。

3 免税取引

免税取引の概要

(1) 消費税が免除される取引

国内の事業者が国外へ商品を輸出したり、国外の者へサービスを提供したりする場合には、これらの取引を「輸出取引等」として消費税が免除されます。輸出取引等について代表的な例を示すと、次のとおりです。

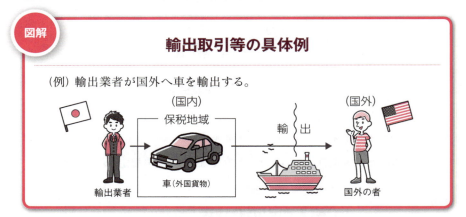

輸出取引等の具体例

（例）輸出業者が国外へ車を輸出する。

国内の事業者が輸出取引等を行うと、国外の者がモノやサービスを購入し国外で消費することとなるため、消費地課税主義の見地から消費税が免除されることとなります。

輸出とは、日本国内のモノやサービスなどを国外へ売ることです。
また、国外の者へサービスを提供し、そのサービスの効果が国外で生じる場合は、輸出取引等として消費税が免除されます。

(2) 消費税が免除される理由

輸出取引等について消費税が免除される理由は2つあります。1つは、日本の消費税を輸出先である国外の者に負担させないためです。もう1つは、輸出されるモノやサービスに消費税を上乗せするとその分販売価格が高くなり国際競争力

の低下を招くためです。

日本の消費税はモノやサービスの消費地が日本国内であると考えられるときに課税されます。これは、消費地課税主義の考え方によるものです。

(3) 輸出取引等の位置付け

　事業者は消費税の納付税額を正しく計算する等のために、国内で行われる取引を分類します。消費税の納付税額の計算に使用する金額は、7.8%課税取引の金額です。取引を分類するには手順があり、まず課税の対象の4要件を満たすかどうかを判定し、次に非課税取引を抜き取り、課税資産の譲渡等となるものを特定し、最後に免税取引（輸出取引等）を除いたものが7.8%課税取引となります。

　この輸出取引等の位置付けを取引分類で示すと、次のとおりです。

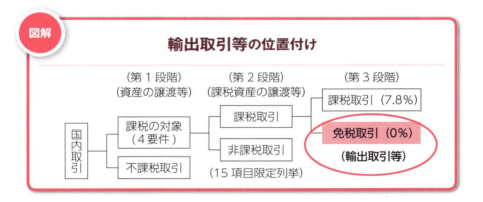

例えば、日本で製造した車イスを国外に輸出した場合は、どうなるでしょうか？この取引は、身体障害者用物品の譲渡として非課税取引となります。免税取引とならない点に注意して判断手順を確立しましょう。

● 消費税が免除される仕組み

　まず、輸出取引等について消費税が免除される仕組みについて見てみましょう。次の図解では、輸出業者が国内で材料を仕入れ、製造加工して国外に製品を輸出する際に、「仕入れ・輸出とも消費税を考慮しない場合」(A) と「輸出について

のみ消費税を考慮しない（免除される）場合」(B)の輸出業者の利益の計算方法について消費税10%を前提に比較して説明しています。最終的にこの取引によって手元に残る輸出業者の利益に着目して見てみましょう。

図解 消費税が免除される仕組み

●仕入れ・輸出とも消費税を考慮しない場合 (A)

（例）取引先から材料を5,000円で仕入れ、製造加工し製品として8,000円で輸出した。

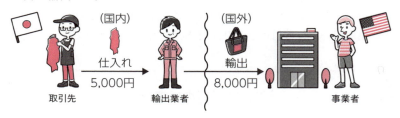

〈この取引による輸出業者の利益〉

8,000円（売上げ）－5,000円（仕入れ）＝3,000円　→　3,000円

●輸出についてのみ消費税を考慮しない（免除される）場合 (B)

（例）取引先から材料を5,500円（税込）で仕入れ、製造加工し製品（課税資産）として8,000円で輸出した。

―〈この取引による輸出業者の利益〉―
  8,000円（売上げ）－5,500円（仕入れ）＝2,500円
  申告による還付税額
    0円（預かった消費税額）－500円※（支払った消費税額）＝△500円（還付）
  ※ 材料仕入5,000円×10％＝500円

合計 3,000円

　「仕入れ・輸出とも消費税を考慮しない場合」（A）では、輸出業者の利益は、輸出高8,000円から仕入高5,000円を差し引いた3,000円となります。

　一方、「輸出についてのみ消費税を考慮しない（免除される）場合」（B）では、まず輸出業者の会計上の利益は、輸出高8,000円から仕入高5,500円を差し引いた2,500円となります。このままでは、輸出業者は仕入れ時に支払った消費税額を輸出時に販売価格に上乗せしていないため、支払った消費税額500円を負担したまま、流通過程の中で回収できません。そこで、国に申告書を提出することにより、支払った消費税額が還付される仕組みが導入されました。この申告を行うと、預かった消費税額0円と支払った消費税額500円との差額500円が国等から還付されます。これにより輸出業者は、（B）の輸出について消費税が免除される場合においても、会計上の利益2,500円と国等からの還付金500円を合わせた3,000円の利益を手元に残すことができます。

輸出取引等について消費税が免除される仕組みがあれば、国外の者が消費税を負担しなくても、輸出業者の手元に残るキャッシュの利益は変わりませんね。つまり、この仕組みのお蔭で輸出業者は国外への輸出時に、支払った消費税額分を販売価格に上乗せしなくてもすみますね。

輸出取引等の範囲

ここからは、輸出取引等とされる取引について、具体的に見ていきましょう。

まず、輸出取引等とされる取引を3つのグループに分け全体像を示すと、次のとおりです。これらの輸出取引等については、消費税が免除されます。

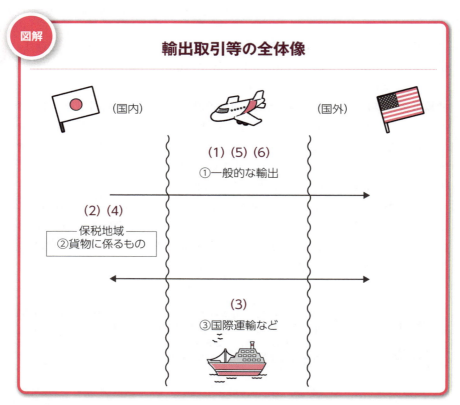

（1）～（6）の番号は、次のページからの輸出取引等の範囲とリンクしています。

（1）本邦からの輸出

日本国内から国外へ資産の譲渡又は貸付けを行った場合には、輸出取引等とされます。

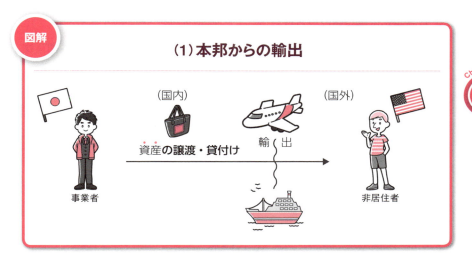

また、国外で購入した貨物を国内の保税地域に陸揚げし、輸入手続を経ないで再び国外へ譲渡する場合には、その貨物の譲渡は課税の対象とされ「本邦からの輸出」に該当するため、輸出取引等とされます。

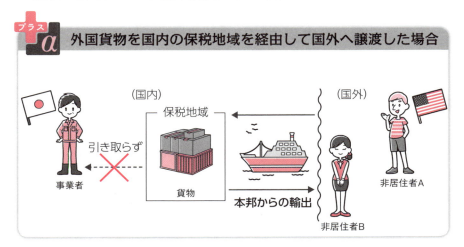

非居住者とは、外国に居住する個人や、外国に本店を有する法人などをいいます。

(2) 外国貨物の譲渡又は貸付け

通常の輸出だけでなく、国外から輸入して税関の許可を受けていない外国貨物を、そのまま国内の得意先に譲渡等した場合にも、輸出取引等とされます。

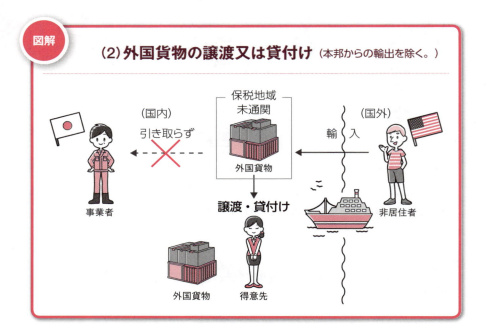

外国貨物と内国貨物については、Chapter3で学習しました。

(3) 国際運輸、国際通信等

　国際運輸、国際通信、国際郵便・信書便など国内外にわたって行われるものについても、輸出取引等とされます。

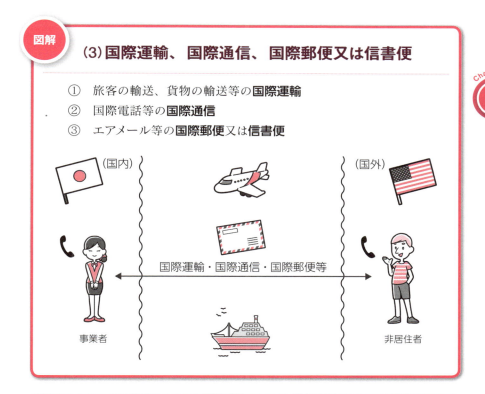

　　国際運輸・国際通信・国際郵便等に関しては、取引の判断手順が重要です。まず、出るところ又は着くところのいずれかが国内であれば、課税の対象となります。次に、非課税取引以外のものであれば、課税資産の譲渡等となります。さらに、国内外にわたって行われるものは輸出取引等と判断します。

(4) 貨物に係る役務の提供

　船荷の揚げ降ろしや運送、保管など貨物に係る役務の提供は、輸出取引等とされます。

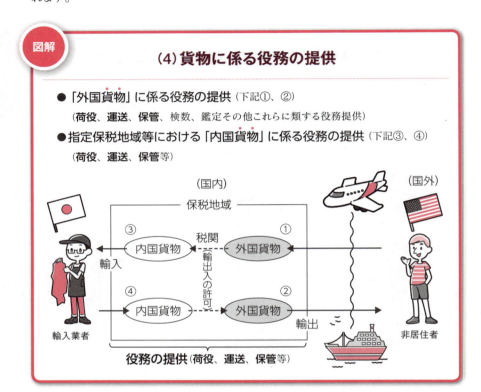

(5) 非居住者に対する無形固定資産等の譲渡又は貸付け

　日本国内から国外の非居住者に対して、無形固定資産等の譲渡又は貸付けを行った場合には、輸出取引等とされます。

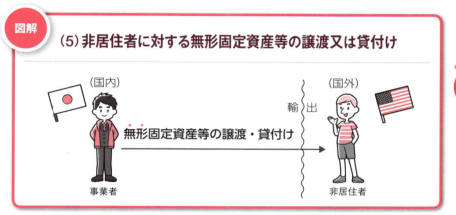

　　無形固定資産等とは、鉱業権・特許権・商標権・著作権・ノウハウ・営業権・ソフトウェアなどのことをいいます。

(6) 非居住者に対する役務の提供

　非居住者に対する役務提供は、国外において便益を受けているものが輸出取引等とされます。

　　言い換えれば、国内の事業者から役務の提供を受けた非居住者が、活動拠点である国外でメリットを受けているものが輸出取引等となります。

(6) 非居住者に対する役務の提供

● 非居住者に対する役務の提供
　※　ただし、次のものを除く
　　① 国内に所在する資産に係る運送又は保管
　　② 国内における飲食又は宿泊
　　③ 上記に準ずるもので国内において直接便益を享受するもの

● 非居住者に対する役務の提供の具体例
　＜輸出取引等とされるもの＞
（例1）国外の事業者（非居住者であり、国内に支店等を有していない。）からの求めに応じ行う国内における広告宣伝

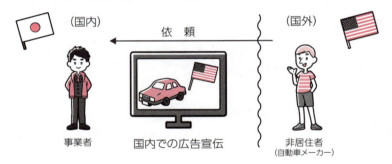

　　国内事業者により広告宣伝が行われた場所が国内であるため課税の対象となり、非課税取引以外の取引であるため課税資産の譲渡等とされ、非居住者が国内での広告宣伝による効果を受ける場所は国外であるため、輸出取引等とされます。

（例2）国外の事業者（非居住者であり、国内に支店等を有していない。）に対し、日本国内における市場の情報を提供したことによる報酬の受取り

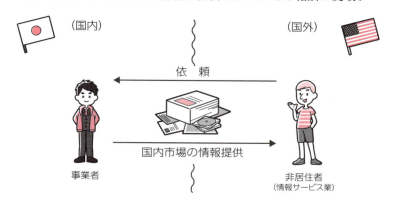

　情報提供を行う国内事業者の事務所等の所在地が国内であるため課税の対象となり、非課税取引以外の取引であるため課税資産の譲渡等とされ、非居住者がその情報を利用して便益を受ける場所は国外であるため、輸出取引等とされます。

<7.8%課税取引とされるもの>

（例1）非居住者から依頼された国内に所在する資産の運送

　国内事業者により運送が行われた場所が国内であるため課税の対象となり、非課税取引以外の取引であるため課税資産の譲渡等とされ、非居住者がその運送サービスよる便益を受ける場所は国内であるため、7.8%課税取引とされます。

(例2) 内国法人が行う非居住者に対する役務の提供で国内における飲食に係るもの

事業者　　　　国内での飲食　　　　非居住者

国内事業者により飲食サービスの提供が行われた場所が国内であるため課税の対象となり、非課税取引以外の取引であるため課税資産の譲渡等とされ、非居住者がその飲食サービスの提供による便益を受ける場所は国内であるため、7.8％課税取引とされます。

 要するに、非居住者が国外でメリットを受ければ輸出取引等、国内でメリットを受ければ7.8％課税取引となるんですね。

● 保税地域内における倉庫の賃貸借の取扱い

　貿易を行う場合、事業者はこれから輸出する貨物又は輸入した貨物を保税地域内に倉庫を賃借して貨物を保管することがあります。その際の倉庫の賃貸借取引は、輸出取引等には該当せず、7.8％課税取引となります。

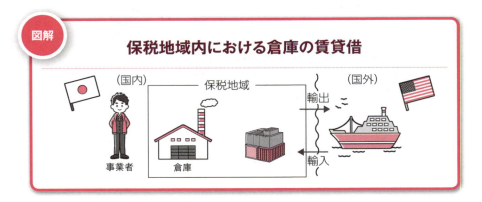

図解　保税地域内における倉庫の賃貸借

つまり、保税地域内における倉庫の賃貸借は7.8％課税取引となります。

輸出取引等とされる、保税地域内における資産の賃貸借は「外国貨物」に限られます。

● 輸出物品の下請加工等の取扱い

輸出物品の下請加工や輸出取引を行う事業者に対して行う国内での資産の譲渡等の取引については、7.8％課税取引となります。

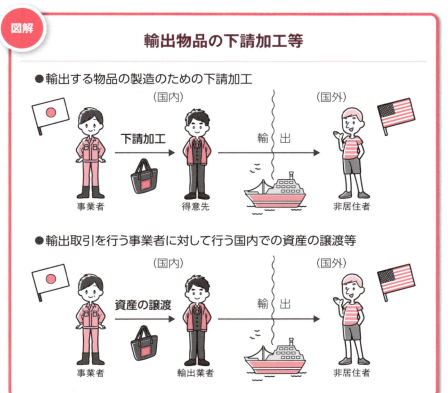

将来、国外へ輸出されるモノを扱っているけれど、事業者は国内において資産の譲渡等を行っているので、7.8％課税取引となるんですね。

輸出免税等については、条文で次のとおり規定されています。

条文

輸出免税等（法7①、令17）

◆**輸出免税等**

　事業者（免税事業者を除く。）が国内において行う**課税資産の譲渡等**のうち、**輸出取引等**に該当するものについては、消費税を**免除する**。

◆**輸出取引等の範囲**

(1) **本邦からの輸出**として行われる資産の譲渡、貸付け
(2) **外国貨物**の譲渡、貸付け（(1)に該当するものを除く。）
(3) 国内及び国外にわたって行われる**旅客**、**貨物**の輸送、**通信**
(4) 専ら(3)の輸送の用に供される船舶又は航空機の譲渡、貸付け、修理で船舶運航事業者等に対するもの
(5) (1)～(4)の資産の譲渡等に類するもの
　① 外航船舶等の譲渡、貸付け、修理等で船舶運航事業者等に対するもの
　② **外国貨物**の荷役、運送、保管、検数、鑑定その他これらに類する**外国貨物**に係る役務の提供（**指定保税地域等**における**内国貨物**に係るこれらの役務の提供を含み、特例輸出貨物に係る役務の提供にあっては、一定のものに限る。）
　③ 国内及び国外にわたって行われる**郵便**、**信書便**
　④ **無形固定資産等**の譲渡、貸付けで**非居住者**に対するもの
　⑤ **非居住者**に対する役務の提供で次のもの以外のもの
　　イ 国内に所在する資産に係る運送、保管
　　ロ 国内における飲食、宿泊
　　ハ イ及びロに準ずるもので、国内において直接便益を享受するもの

※ 上記の「課税資産の譲渡等」からは、「特定資産の譲渡等」を除く。

「課税資産の譲渡等」とは、資産の譲渡等のうち、国内取引の非課税の規定により消費税を課さないこととされるもの以外のものをいいます。

輸出証明

　消費税が免除される輸出取引等については、その取引が輸出取引等であることを証明することが要件とされています。

> **条文**
>
> ### 輸出証明（法7②、規5①）
>
> ◆輸出証明
>
> 　「輸出免税等」の規定は、**輸出取引等**であることにつき、**証明**がされたものでない場合には、適用しない。
>
> ◆輸出証明の方法
>
> 　輸出の事実を記載した**書類**又は**帳簿**を整理し、その課税資産の譲渡等を行った日の属する課税期間の末日の翌日から**2月**を経過した日から**7年間**、納税地又は事務所等の所在地に保存することにより証明する。
>
>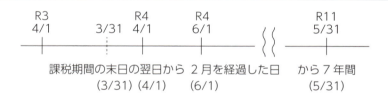

 消費税法において、期間の数え方は複雑ですがとても重要です。保存しなければならない期間についても、しっかりと覚えておきましょう。

　消費税が免除されるということは、事業者は輸出取引等を行った場合、消費税を預からないことになります。つまり、この分の消費税は納めないことになります。
　また、輸出取引等について消費税が免除される仕組みを学習した際にも説明したとおり、事業者は国に申告書を提出することにより、支払った消費税額の還付を受けることができます。
　このように輸出免税等の規定は事業者にとって有利な規定であるため、輸出の

事実を証明することが必要なのです。

国外へ貨物を輸出しようとするときは、税関へ輸出の申告を行い、貨物について必要な検査を受け、税関の許可を受けなければなりません。
また、輸出取引等について消費税の免除を受けるためには、貨物が輸出されたことについて、税関が発行する輸出証明書などが必要となります。

問題 ≫≫ 問題編の**問題5**に挑戦しましょう！

それでは、次の例題で輸出取引等の判定方法を確認してみましょう。

例題

輸出取引等の判定

問題

次に掲げる取引を「不課税取引」「免税取引」「7.8％課税取引」に分類しなさい。

なお、国内取引の要件は満たしているものとする。
(1) 法人が国外において商品を販売する行為
(2) 法人が商品を輸出販売する行為
(3) 法人が日本から中国への運送に係る運送料を受け取る行為
(4) 法人が指定保税地域で外国貨物を保管し保管料を受け取る行為
(5) 法人が指定保税地域で内国貨物の荷役を行い荷役料を受け取る行為
(6) 法人が著作権（日本で登録）を非居住者に有償で貸し付ける行為
(7) 法人が非居住者（国内に支店等を有しない）からの依頼により国内で広告宣伝を行い、非居住者から宣伝料を受け取る行為
(8) 法人が国内に所在する建物を非居住者に売却する行為

解答

(1) 譲渡時の資産の所在場所が国内ではないため、課税の対象外であり不課税取引。
(2) 「本邦からの輸出」に該当するため免税取引。

(3) 国内取引（課税の対象）であり、「国際運輸」に該当するため免税取引。
(4) 指定保税地域内での役務提供は国内取引（課税の対象）であり、「外国貨物に係る役務提供」に該当するため免税取引。
(5) 「指定保税地域等における内国貨物に係る役務の提供等」に該当するため免税取引。
(6) 「非居住者に対する無形固定資産等の貸付け」に該当するため免税取引。
(7) 「非居住者に対する役務の提供」に該当し、国外において便益を受けているため免税取引。
(8) 非居住者に対して不動産を譲渡する行為は、「本邦からの輸出として行われる資産の譲渡」ではないため7.8%課税取引。

土地などの不動産を非居住者に譲渡する行為は、「本邦からの輸出として行われる資産の譲渡、貸付け」には該当しません。

 問題編の**問題6**に挑戦しましょう！

輸出物品販売場制度

(1) 概要

　近年、世界中の人々が国内外への旅行を日常的に楽しめるようになりました。そのような状況のなか、世界中の人々に日本の各地を訪れてもらい、外国人旅行消費を活発化させようという狙いから、政府は平成30年度の税制改正の中で**輸出物品販売場制度**の拡充を図りました。**輸出物品販売場制度**とは、免税店を経営する事業者が外国人旅行者に対して一定の物品を販売する場合に消費税を免除する制度のことをいいます。

免税店とは、外国人旅行者が国外に持ち出すことを前提に所定の方法で買い物をすれば消費税が免除されるお店のことです。消費税法ではこのようなお店のことを輸出物品販売場といいます。
　消費税を納める義務のある事業者が『輸出物品販売場許可申請書』を納税地の所轄税務署長へ提出し許可を受けた場合に、輸出物品販売場を経営する事業者となることができます。

輸出物品販売場制度では、この輸出物品販売場を経営する事業者が所定の方法により購入される免税対象物品の譲渡について、国に納付すべき消費税が免除されることとなります。輸出物品販売場制度の適用を受けるためには、輸出物品販売場を経営する事業者が免税販売手続を行わなければなりません。免税販売手続には、**一般型**と**手続委託型**があります。また、免税対象となる物品は、外国人旅行者が土産品等として本国に持ち帰って通常生活の用に供するものです。

> 外国人旅行客が日本に来て免税店でお土産を買った場合、そのお土産を国外に持ち帰って消費するものと考えられます。これは、事業者が物品を非居住者に販売する「輸出取引等」と実質的には何ら変わらないですね。そこで、輸出免税等と同様の取扱いをして消費税を免除することとしています。

(2) 免税販売手続き

免税販売手続には、事業者自ら免税販売手続を行う**一般型**と免税販売手続を他の事業者へ委託する**手続委託型**があります。まとめると、次のとおりです。

プラスα 輸出物品販売場制度の免税販売手続

●一般型輸出物品販売場における免税販売手続の流れ

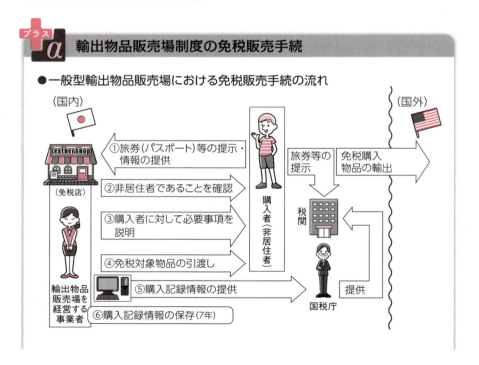

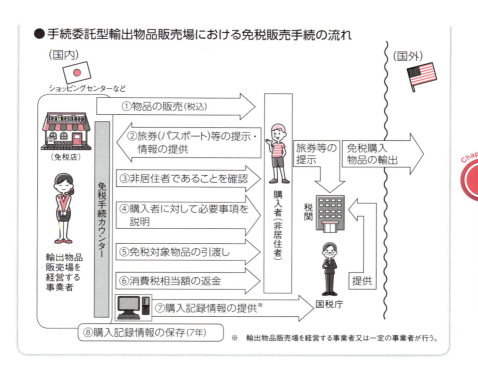

　一般型は、輸出物品販売場を経営する事業者が全ての免税販売手続を行います。手続委託型は、商店街、ショッピングセンターなどの特定商業施設内において、免税手続カウンターを設置する事業者が免税販売手続を代理で行います。また、令和2年（2020年）4月1日から、免税販売手続が電子化されました。

(3) 免税対象物品

　免税対象物品は輸出物品販売場において外国人旅行者に販売される物品のうち、**一般物品**及び**消耗品**の区分に応じ、一定の条件が定められたものをいいます。まとめると、次のとおりです。

免税対象物品

● 免税対象物品の具体例と金額判定

免税対象物品の区分[※1]	販売価額(税抜)の合計額[※2]
一般物品 (家電、バックなど消耗品以外のもの)	5千円以上
消耗品 (飲食料品、医薬品、化粧品その他の消耗品)	5千円以上50万円以下

※1 一般物品と消耗品が一の資産を構成している場合
　　一般物品と消耗品とを組み合わせて一の商品としている場合は、消耗品として取り扱う。
　（例）おもちゃ付き菓子、ポーチ付き化粧品、グラス付き飲料類

※2 一般物品、消耗品いずれも原則として、同一の非居住者に対する同一店舗における1日の販売価額の合計額で判定

● 免税対象物品の金額の判定の留意点

　一般物品と消耗品の販売価額がそれぞれ5千円未満の場合でも、一般物品と消耗品の販売価額（税抜）の合計額が5千円以上50万円以下であれば、一般物品を消耗品と同様に指定包装[※]することで消耗品として取り扱い、消費税が免除される。

※ 指定包装とは、一定の要件を満たす袋や箱に入れること。

免税対象物品の金額判定については、平成30年の税制改正により、一般物品と消耗品を合算する新たなルールが追加され、外国人旅行者の利便性を向上させるものとなりました。
また、免税対象となる物品には、事業用または販売用として購入されることが明らかな物品や、金または白金の地金は含まれません。

(4) 輸出物品販売場を経営する事業者の手続要件

輸出物品販売場を経営する事業者が、輸出物品販売場制度の規定の適用を受ける場合には、国税庁長官に提供した「購入記録情報」を整理して、免税販売を行った日の属する課税期間の末日の翌日から2月を経過した日から7年間、その納税地又は免税販売を行った輸出物品販売場の所在地に保存することが必要になります。

輸出物品販売場制度については、条文で次のとおり規定されています。

> **条文**
>
> ### 輸出物品販売場における輸出物品の譲渡に係る免税（法8①）
>
> ◆輸出物品販売場における輸出物品の譲渡に係る免税
>
> 輸出物品販売場を経営する事業者が、**非居住者**に対し、**免税対象物品**で輸出するため一定の方法により購入されるものの譲渡（**非課税**とされるものを除く。）を行った場合には、その物品の譲渡については、**消費税を免除する。**

 最近、街でこんなマークを見かけませんか？
これは、観光庁が認定した免税店シンボルマークです。

また、これまで以上に外国人旅行者に日本の各地を訪れてもらい、日本のモノをたくさん買ってもらうため、新たに臨時販売場制度が創設されました。これにより、様々な場所で輸出物品販売場を設置することができるようになり、免税販売を行う機会が増えることとなりました。まとめると、次のとおりです。

臨時販売場制度

(1) 臨時販売場とは

臨時販売場

臨時販売場とは、7月以内の期間を定めて設置する販売場のこと。

(2) 臨時販売場制度の仕組み

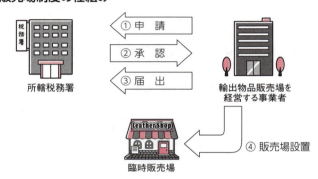

（7月以内の期間を定めて設置する販売場）

> これまでは事前承認港湾施設内に設置する臨時販売場についてのみ免税販売が認められていましたが、この制度は令和元年6月30日をもって廃止され、港湾施設に限らず、様々な場所で臨時販売場を設置できるようになりました。具体的には、輸出物品販売場を経営する事業者のうち、あらかじめ臨時販売場を設置するために税務署長の承認を受けている事業者が、その設置日の前日までに納税地の所轄税務署長に「臨時販売場設置届出書」を提出したときは、その臨時販売場を輸出物品販売場とみなして、免税販売を行うことができるようになりました。
> なお、新たに創設された臨時販売場制度については、令和元年7月1日以後に適用されています。

問題 ▶▶▶ 問題編の**問題7**に挑戦しましょう！

4 取引分類のまとめ

● 取引分類と消費税額計算の関係

ここまで見てきたように、事業者は消費税の納付税額を正しく計算する等のために、国内で行われる取引について取引分類をします。ここで改めて、消費税の納付税額の計算方法を見てみましょう。

預かった消費税額 − 支払った消費税額 = 納付税額

消費税の納付税額の計算に使用する金額は、7.8％課税取引の金額です。国内取引の取引分類でもう一度確認してみましょう。

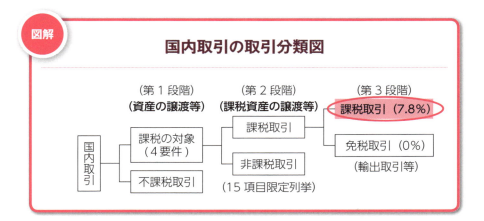

● 売り手と買い手の関係

ここまでは、消費税を納める義務があるモノやサービスの売り手側の目線で、取引分類を見てきました。ここからは、買い手側の目線でも見てみましょう。

取引の売り手と買い手の関係を示すと、次のとおりです。

 売り手がモノやサービスを売ったときは、買い手がそれを買ったことになりますよね。

また、市場の流通過程における取引の売り手と買い手の関係を示すと、次のようになります。

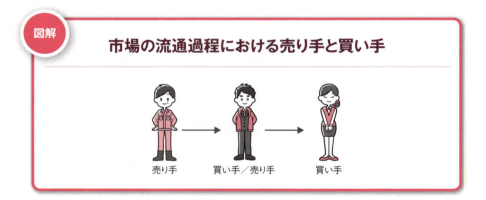

つまり、消費税の納付税額を正しく計算するためには、モノやサービスを売る取引とモノやサービスを買う取引の両方を、きちんと取引分類する必要があるのです。

売上げと仕入れの関係

次に、売り手が行う売上げ取引と、買い手が行う仕入れ取引の関係を示すと、次のとおりです。

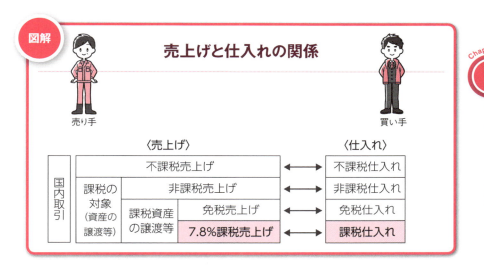

上の図解からもわかるように、売り手の取引分類と買い手の取引分類は、概ね表裏の関係となります。

ここまで学習してきたChapter4までの取引分類を丁寧に復習し、売上げと仕入れの関係についてもイメージできるようになりましょう。
　次のChapter5では預かった消費税額の計算の基礎となる7.8％課税売上げについて詳しく説明します。

問題 >>> 問題編の**問題8**に挑戦しましょう！

Chapter

5

課税標準と税率

Chapter 5 課税標準と税率

超重要　重要

Section

Sec1	国内取引の課税標準	2h
Sec2	輸入取引の課税標準	0.5h
Sec3	税率	0.5h
Sec4	軽減税率制度の概要	1h

「預かった消費税額」を計算するもとになる課税標準額は、どのように計算するのでしょうか。

Point Check

①課税標準とは	税金を課税する基準となるもの	②消費税の課税標準	売り手の立場： 課税資産の譲渡等の対価の額 買い手の立場： 特定課税仕入れに係る支払対価の額
③低額譲渡とは	法人が資産を自社役員に著しく低い価額で譲渡すること	④低額譲渡があった場合の課税標準額	譲渡時の価額
⑤みなし譲渡とは	・個人事業者が資産を家事用に消費等したこと ・法人が資産を自社役員に贈与したこと	⑥みなし譲渡があった場合の課税標準額	〈棚卸資産以外の資産の場合〉 譲渡時の価額 〈棚卸資産の場合〉 仕入価額と通常の販売価額の50％のいずれか大きい価額

国内取引の課税標準

国内取引の課税標準

(1) 国内で行われる取引

　課税標準とは、税金を課税する基準となるものです。

　消費税法において、課税標準は大きく二つに分類することができます。一つは、売り手の立場でモノを売ったり、貸したり、サービスを提供して受け取った対価の額を課税標準とするものです。もう一つは、買い手の立場で特定のサービスの提供を受けて支払った対価の額を課税標準とするものです。

　まず、Chapter5では、売り手側の事業者から見た課税標準について取り上げます。買い手側の事業者から見た課税標準である「特定課税仕入れに係る支払対価の額」についてはChapter19電気通信利用役務の提供及び特定役務の提供 にて説明します。

　ここで改めて、国内で事業者が事業として行う資産の売買や賃貸借、サービスの提供を行う又は受けるなどの取引のイメージを確認してみましょう。

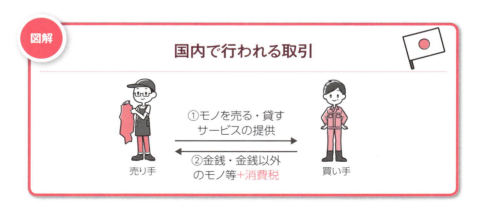

図解　国内で行われる取引
①モノを売る・貸す　サービスの提供
②金銭・金銭以外のモノ等+消費税
売り手　買い手

　この取引では、売り手は買い手に対してモノを売ったり、貸したり、サービスを提供して金銭等を受け取っています。一方、買い手は売り手からモノを買ったり、

借りたり、サービスの提供を受けて金銭等を支払っています。もちろん、ここでやり取りされる代金には消費税が含まれています。消費税は買い手が代金を負担する力に担税力を見出して課税されるため、売り手は消費税を含んだ代金を受け取ることになるわけです。

モノを売ったり、貸したり、サービスを提供した事業者が、消費税を納める義務がある場合、消費税を申告・納付するのは売り手側の事業者です。したがって、売り手側の事業者は、買い手から受け取った金額をもとに預かった消費税額を計算することとなります。

(2) 預かった消費税額の計算

次の例で、売り手の預かった消費税額の計算方法について見てみましょう。

図解　預かった消費税額の計算方法

(例) 事業者はバッグを33,000円（税込）で販売した。

税込価額　33,000円

売り手　　買い手

〈売り手の預かった消費税額の計算過程〉

　　　　　　30,000円
　消費税10%　3,000円
　　　　　　33,000円　→ 受け取った金額

$33,000円（税込）\times \dfrac{100}{110} = 30,000円（税抜）$　→ 受け取った金額を税抜きにする

30,000円 × 7.8% = 2,340円
課税標準額　　　　預かった消費税額

→ 国税7.8%を乗じて預かった消費税額を計算する

　売り手側の事業者は、モノを売って受け取った金額を税抜き処理した金額を**課税標準額**とします。消費税法上、**課税標準額**とは、消費税を課税する基準となる金額のことです。
　売り手側の事業者は消費税の納付税額を正しく計算する等のために、課税資産の譲渡等につき受け取った金額をもとに預かった消費税額を計算します。

課税標準額に対する消費税額

(1) 課税標準額に対する消費税額の計算

　消費税の納付税額は、預かった消費税額から支払った消費税額を控除して求めます。

> **預かった消費税額 － 支払った消費税額 ＝ 納付税額**

　「預かった消費税額」を求めるときは、まず、その「預かった消費税額」を計算するもとになる「受領した金額」、つまり7.8%課税売上高を明らかにする必要があります。

　要するに、売り手は、いったん買い手から受け取った金額を把握してから預かった消費税額を計算することになるんですね。

　「預かった消費税額」は、当期の7.8%課税売上高の合計額（税抜）に消費税率を乗じて求めます。消費税法ではこの「預かった消費税額」を**課税標準額に対する消費税額**といい、計算式を示すと次のとおりです。

〈課税標準額に対する消費税額〉

> ① 当課税期間中の7.8%課税売上高（税込） × $\dfrac{100}{110}$ ＝ 課税標準額（千円未満切捨）
> ② 課税標準額 × 7.8% ＝ 課税標準額に対する消費税額

7.8％課税売上高（税込）を税抜処理した金額が「課税標準額」となり、この「課税標準額」に消費税率7.8％を乗じた金額が、「預かった消費税額」つまり、「課税標準額に対する消費税額」となります。

　　　　売上高の名称は取引分類図をイメージしながら整理するとスッキリするでしょう。

(2) 申告書の様式

　それでは、なぜ、このような形式で二段階に分けて「課税標準額に対する消費税額」を計算するのでしょうか。それは、消費税の税額の計算式が、申告書の形式になぞらえて作られているからです。

　消費税の申告書の様式で課税標準額、課税標準額に対する消費税額の記載箇所を見てみましょう。

この申告書による消費税の税額の計算		
課税標準額	①	０ ０ ０　03
消費税額	②	06
控除過大調整税額	③	07
控除税額	控除対象仕入税額 ④	08
	返還等対価に係る税額 ⑤	09
	貸倒れに係る税額 ⑥	10
	控除税額小計 (④+⑤+⑥) ⑦	
控除不足還付税額 (⑦-②-③)	⑧	13

　　　　□で囲んだところが、申告書上、課税標準額に対する消費税額を計算する箇所です。

　申告書を見ると、「課税標準額」を求めてから、「課税標準額に対する消費税額」を計算していることがわかります。

🔴 課税標準額とは

消費税法において課税標準額を計算する目的は、事業者が課税標準額に対する消費税額を正しく計算するためです。

課税標準額とは、売り手側の事業者から見ると、原則として収入金額、つまり、取引の対価の額として収受した金額のことをいいます。

したがって、課税標準額に算入すべき金額は、原則的には対価として相手から**受領した金額**となりますが、例外的に**時価**とすることがあります。

課税標準の学習のポイントをまとめると、次のとおりです。

国内取引の課税標準の学習のポイント

課税標準額に対する消費税額 − 控除税額 ＝ 納付税額

→「課税標準額」をもとに「課税標準額に対する消費税額」を計算
「課税標準額」に算入する金額
① 原則：**受領した金額**
② 例外：時価

課税標準額に対する消費税額を正しく計算するために、どの金額を課税標準額に算入するのかを意識して学習しましょう。
また、買い手側の事業者から見た課税標準額についてはChapter19電気通信利用役務の提供及び特定役務の提供 にて説明します。

🔴 取引分類図による7.8％課税売上高

売り手側の事業者は、7.8％課税売上高（税込）を税抜処理した金額を「課税標準額」に算入します。売り手の立場から国内取引の取引分類の全体像をもう一度見ておきましょう。

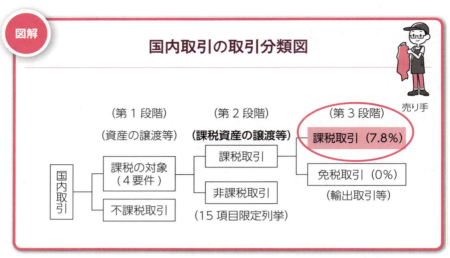

売り手側の事業者は、国内において行った取引について取引分類を行うときに、7.8％課税取引となる金額を「課税標準額」に算入します。その際、免税取引はそもそも消費税が免除されているため、「課税標準額」の計算に算入しません。

課税標準の原則

(1) 対価の額とは

「課税標準額」に算入すべき金額は、売り手側の事業者から見た場合、原則として、その**課税資産の譲渡等の対価の額**とされます。**対価の額**とは、相手から受領した金額のことをいいます。つまり、その課税資産の譲渡等において、売り手と買い手の当事者間で収受することとした金額のことです。

「対価の額」として、金銭以外の物や権利その他の経済的利益などを受けた場合には、そのときの時価相当額を課税標準額に含めます。

また、「対価の額」は、消費税を含まない金額（税抜）となります。

課税資産の譲渡等のポジションを、取引分類図で確認しましょう。また、受領した金額とは、定価ではなく、実際に販売したときに受け取った金額のことです。

消費税の課税標準の原則についてまとめると、次のとおりです。

消費税の課税標準の原則

● 消費税の課税標準

> 課税資産の譲渡等の対価の額

※ 対価の額とは
① 対価として収受し、又は収受すべき一切の金銭の額
② 対価として金銭以外の物、権利その他経済的な利益を受けた場合には、その時における価額（時価）とする。
③ 課税資産の譲渡等について課されるべき**消費税額 (7.8%)** 及び**地方消費税額 (2.2%)** に相当する額を**含まない**ものとする。

● 課税標準額に算入すべき金額の原則

> 受領した金額（当事者間で収受することとした金額）

● 課税標準額の計算方法

> **課税標準額**(税抜) = **受領した金額**(税込) × $\dfrac{100\%}{100\%+10\%}$ $\left(\dfrac{100}{110}\right)$

つまり、売り手側の事業者から見て7.8％課税売上げとなる取引をした際に対価として受領した金額を税抜処理したものが、原則的に「課税標準額」に算入すべき金額となります。この「課税標準額」に消費税率7.8％を乗じて「課税標準額に対する消費税額」を求める流れになります。

令和元年（2019年）10月1日から消費税の税率が10％となり、その内訳は国税7.8％と地方税2.2％です。税理士試験消費税法では、国税7.8％分の消費税額を計算することとなります。税率について詳しくは後述します。

（2）経済的な利益を受けた場合

　対価として経済的な利益を受けた場合とは、例えば、資産を譲渡して金銭を受け取る代わりに、借金を棒引きしてもらった等です。この時の対価の額は、借金という債務の免除を受けた額となります。
　課税標準の原則は、条文では次のように規定されています。

条文

消費税の課税標準の原則（法28①）

　課税資産の譲渡等に係る**消費税の課税標準**は、**課税資産の譲渡等の対価の額**（注1）とする。

（注1）対価として収受し、又は収受すべき一切の金銭又は金銭以外の物、権利その他**経済的な利益の額**（注2）とし、課税資産の譲渡等につき課されるべき**消費税額**及び**地方消費税額**に相当する額を**含まない**ものとする。

（注2）金銭以外の物、権利その他**経済的な利益の額**は、その物、権利を取得し、又はその利益を享受する時における価額とする。

　条文上（注1）「対価として収受すべき額」という表現は、時価ではなく取引の当事者間で収受することとした対価の額という意味です。
　また、上記（注2）の「価額」とは時価相当額のことをいいます。

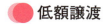

低額譲渡

(1) 低額譲渡とは

低額譲渡とは、法人が商品などの棚卸資産や固定資産を、自社役員に対して著しく低い価額で譲渡することをいいます。

低額譲渡の取引のイメージは次のとおりです。

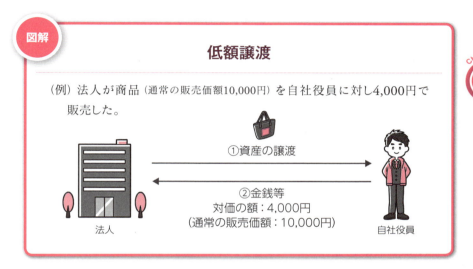

この場合、法人は通常の販売価額10,000円のものを4,000円で販売したわけですから、低い価額で譲渡していることは明らかです。消費税法上、判断が求められるのは、この譲渡が著しく低い価額により行われたかどうかです。著しく低い価額により譲渡した場合には、この取引は低額譲渡となり、課税標準額に算入すべき金額は受領した金額ではなく、その資産の譲渡時の価額(通常の販売価額)となります。

低額譲渡に関する規定は、法人についてのみ適用されます。
個人事業者には適用されませんので注意しましょう。

(2) 著しく低い価額による譲渡の判定

　法人から自社役員への譲渡が著しく低い価額により行われたかどうかの判定は、時価等を基準にして行います。

図解　著しく低い価額による譲渡の判定

次の要件に該当する場合には、その譲渡は低額譲渡に該当します。

① 棚卸資産以外の資産の場合　（例）器具備品、絵画など

譲渡時の価額×50％＞譲渡金額（対価の額）

② 棚卸資産の場合　（例）商品、製品など

仕　入　価　額＞譲渡金額（対価の額）
又は
通常の販売価額×50％＞譲渡金額（対価の額）

　固定資産などは、対価の額が譲渡時の価額の50％の金額より低い場合には、著しく低い価額により譲渡したことになります。

　販売することを目的として保有する商品などは、販売したときの対価の額が仕入れたときの価額よりも低い場合、または、対価の額が通常の販売価額の50％の金額より低い場合に、著しく低い価額により譲渡したことになります。

　このように著しく低い価額による譲渡のことを低額譲渡といい、資産の種類によって判定方法を分けています。

棚卸資産の低額譲渡の判定は、まず、受領した対価の額が仕入価額より低いかどうかチェックするとよいでしょう。

　低額譲渡に該当する場合についてまとめると、次のとおりです。

> **図解** 低額譲渡に該当する場合
>
> 法人が資産をその社の役員に対し著しく低い価額により譲渡した場合

(3) 課税標準額に算入すべき金額

低額譲渡があった場合に課税標準額に算入すべき金額は、譲渡時の価額（＝時価）となります。

> **図解** 低額譲渡があった場合に課税標準額に算入すべき金額
>
> ① 棚卸資産以外の資産の場合　（例）器具備品、絵画など
>
> | 譲渡時の価額（＝時価） |
> |---|
>
> ② 棚卸資産の場合　（例）商品、製品など
>
> | 通常の販売価額 |
> |---|

商品や製品などの棚卸資産は、通常販売することを目的として保有されます。したがって、棚卸資産を譲渡するときは「販売する」といいます。
このような理由から、棚卸資産の場合、「譲渡時の価額」ではなく「通常の販売価額」という表現を使います。

なお、著しく低い価額の判定をして、その取引が「低額譲渡」に該当しない場合には、原則どおり「受領した金額」を課税標準額に算入します。

低額譲渡については、条文では次のように規定されています。

> **条文**
>
> ## 低額譲渡（法28①）
>
> **法人**が資産を**その役員**に譲渡した場合において、対価の額が譲渡時の資産の価額に比し著しく低いときは、その**価額**に相当する金額を対価の額と**みなす**。

● みなし譲渡

(1) みなし譲渡とは

　みなし譲渡とは、個人事業者が商売で使っている資産を家事のために消費又は使用したこと、又は、法人が資産を自社役員に贈与したことをいいます。みなし譲渡に該当する取引を国内取引の課税の対象から考えてみると、資産の譲渡に対して対価を得ていないため、本来は課税の対象となりません。しかし、みなし譲渡に該当する取引については、対価を得て行われた資産の譲渡とみなすことになります。

図解

みなし譲渡

● 個人事業者が資産を家事用に消費等した場合

①資産の譲渡
②金銭等なし

個人事業者　　　　　　家事用

●法人が資産を自社役員に贈与した場合

①資産の譲渡
②金銭等なし
法人　　自社役員

　このように、みなし譲渡に該当する取引を行った場合、事業者は実際には対価を得ていませんが、消費税法上、対価を得て行われた資産の譲渡とみなして課税の対象に含めます。
　この場合、課税標準額に算入すべき金額は、金銭等を受け取っておらず、受領した金額はないため、棚卸資産の仕入価額など適正な金額や、その資産の譲渡時の価額（時価）となります。

贈与とは、自分の持っている資産を相手方にタダであげることです。また、みなし譲渡に関する規定は、個人事業者と法人の両方について適用されます。

　みなし譲渡に該当する場合について、まとめると次のとおりです。

図解

みなし譲渡に該当する場合

① **個人事業者**が**棚卸資産**又は**棚卸資産以外の事業用資産**を**家事のために消費**又は**使用**した場合
② **法人**が資産を**その社の役員**に対して**贈与**した場合

個人事業者が保有する資産は、商品などの棚卸資産のほか、車や絵画など家事用と区別がつきにくい資産があります。事業用資産を家事のために使ったことが明らかな場合には、事業として対価を得て行われた資産の譲渡とみなして、消費税の税額計算の対象に含めます。

(2) 課税標準額に算入すべき金額

みなし譲渡があった場合に課税標準額に算入すべき金額は、譲渡した資産の種類によって分けられます。

固定資産など棚卸資産以外の資産の場合は、**譲渡時の価額**（＝時価）となります。商品や製品など棚卸資産の場合は、**仕入価額又は通常の販売価額の50％**とのいずれか大きい金額となります。

図解　みなし譲渡があった場合に課税標準額に算入すべき金額

① 棚卸資産以外の資産の場合　（例）器具備品、絵画など

> 譲渡時の価額(＝時価)

② 棚卸資産の場合　（例）商品、製品など

> 仕　入　価　額
> 通常の販売価額×50%
> }　いずれか**大きい方**

棚卸資産を販売した場合の課税標準額に算入すべき金額の考え方について具体例を挙げて説明すると、次のとおりです。

図解　棚卸資産を販売した場合の課税標準額に算入すべき金額の考え方

〈仕入価額の方が大きい場合〉

（例）仕入価額 70円、通常の販売価額100円のケース

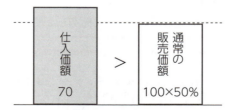

仕入70円＞販売100円×50％＝50円　であるため、仕入価額70円を課税標準額に算入します。

〈通常の販売価額×50%の方が大きい場合〉

（例）仕入価額 40円、通常の販売価額 100円のケース

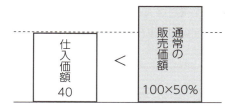

仕入40円＜販売100円×50％＝50円 であるため、通常の販売価額×50％の50円を課税標準額に算入します。

 これは棚卸資産を譲渡した場合、最低限、仕入価額を売上げに計上しましょう、という考え方によるものです。あまりにも仕入価額が低いときは、通常の販売価額の50％を売上げに計上することになります。

資産の譲渡とみなす行為については、条文では次のように規定されています。

条文

資産の譲渡とみなす行為（法28③）

それぞれに相当する金額を対価の額と**みなす**。
① **個人事業者**が棚卸資産又は棚卸資産以外の事業用資産を**家事**のために消費又は使用した場合には、その**消費又は使用の時の資産の価額**
② **法人**が資産を**その役員**に対して贈与した場合には、その**贈与時の資産の価額**

問題 ▶▶▶ 問題編の**問題1**に挑戦しましょう！

● 一括譲渡

(1) 一括譲渡とは

一括譲渡とは、土地付建物の譲渡などのように、建物などの課税資産の譲渡等

と土地などの非課税資産の譲渡等を同時に行うことをいいます。

　一括譲渡は、課税資産と非課税資産が同時に譲渡されるため、7.8％課税売上げと非課税売上げが同時に発生することになります。

　一括譲渡の取引のイメージは次のとおりです。

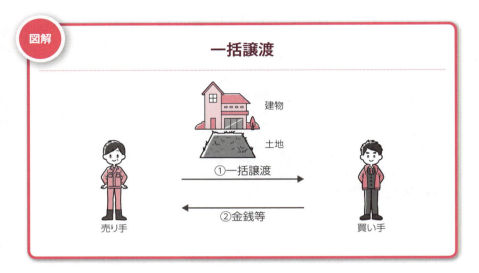

　土地付建物の譲渡など一括譲渡により受け取った対価の額が、課税資産の譲渡等の対価の額と非課税資産の譲渡等の対価の額とに合理的に区分されている場合には、課税資産の譲渡等の対価の額として区分された金額を課税標準額に算入します。

　一方、合理的に区分されていない場合には、一括譲渡により受け取った対価の額を課税資産と非課税資産の譲渡時の価額（＝時価）の比によって按分し、課税資産の譲渡等の対価の額として計算された金額を課税標準額に算入します。

　課税資産の譲渡等の金額を「課税売上高」といい、非課税資産の譲渡等の金額を「非課税売上高」といいます。

(2) 課税標準額に算入すべき金額

　一括譲渡があった場合に課税標準額に算入すべき金額についてまとめると、次のとおりです。

図解 一括譲渡があった場合に課税標準額に算入すべき金額

● 課税資産と非課税資産のそれぞれの譲渡等の対価の額が
合理的に区分されている場合

> 課税資産の譲渡等の対価の額

（例）事業者は土地付建物を一括譲渡した。譲渡金額は1億円であり、
その内訳は建物4,000万円、土地6,000万円である。

課税売上高　4,000万円　　建物

非課税売上高　6,000万円　　土地

> 建物の譲渡に係る4,000万円を課税標準額に算入します。

● 課税資産と非課税資産のそれぞれの譲渡等の対価の額が
合理的に区分されていない場合

$$\text{一括譲渡の対価の額} \times \frac{\text{課税資産の譲渡時の価額}}{\text{課税資産の譲渡時の価額}+\text{非課税資産の譲渡時の価額}}$$

（例）事業者は土地付建物を一括譲渡した。譲渡金額は8,000万円であり、
建物と土地の譲渡時の時価の比は4：6である。

一括譲渡の対価の額 8,000万円 $\times \dfrac{4}{4+6}$ = 3,200万円　課税売上高（建物）

$\times \dfrac{6}{4+6}$ = 4,800万円　非課税売上高（土地）

> 一括譲渡の対価の額を課税資産と非課税資産の譲渡時の価額の割合で按分して算出し、課税資産である建物の譲渡に係る課税売上高3,200万円を課税標準額に算入します。

土地と建物の譲渡対価を合理的に区分する際には時価を基に按分します。時価として用いられるものには、固定資産税評価額などがあります。

一括譲渡について、条文では次のように規定されています。

> **条文**
>
> ## 一括譲渡（令45③）
>
> 事業者が課税資産と非課税資産とを同一の者に対して同時に譲渡した場合において、これらの資産の譲渡対価の額が課税資産に係るものと非課税資産に係るものとに**合理的に区分されていないとき**は、**各資産の価額の割合**に応じて課税標準を計算する。

それでは、次の例題で課税標準額に算入すべき金額を確認してみましょう。

例題

課税標準額の計算

問題

次の各取引について、課税標準額に算入すべき課税売上げの金額を求めなさい。なお、商品は非課税とされるものではない。
(1) 定価20,000円の商品を19,800円で販売した。
(2) 通常の販売価額20,000円、仕入価額12,000円の商品を、当社の役員Aには13,000円で、当社の役員Bには11,000円で譲渡した。
(3) 個人事業者が販売用商品（通常の販売価額150,000円、仕入価額100,000円）を家事のために使用した。
(4) 法人が会社のロビーにある絵画（時価1,000,000円、購入価額900,000円）を、当社の役員に対して贈与した。
(5) 土地付建物（帳簿価額45,000,000円）を80,000,000円で売却した。

なお、土地と建物の時価の比率は 7 対 3 とする。

解答

(1) 原則どおり受領した金額　19,800円

(2) 役員A・Bに対するそれぞれの取引について、著しく低い価額の判定を行う。

① 役員Aに対する商品の譲渡

仕入12,000円 ≦ 対価13,000円

販売20,000円×50％＝10,000円 ≦ 対価13,000円

∴ 低額譲渡に該当しないため、原則どおり、受領した金額

13,000円

② 役員Bに対する商品の譲渡

仕入12,000円 ＞ 対価11,000円

∴ 低額譲渡に該当するため、通常の販売価額　20,000円

(3) 個人事業者が棚卸資産を家事のために使用したためみなし譲渡に該当。

仕入100,000円 ＞ 販売150,000円×50％＝75,000円

∴ 棚卸資産のみなし譲渡に該当するため、大きい方の価額

100,000円

(4) 法人が棚卸資産以外の資産をその社の役員に対して贈与したためみなし譲渡に該当。

∴ 棚卸資産以外の資産のみなし譲渡に該当するため、

譲渡時の価額　　　　　　　　　　　　　　1,000,000円

(5) 土地付建物の一括譲渡であり、土地と建物の対価の額について合理的に区分されていない。したがって、土地と建物の時価の比率で対価の額を按分する。

$$80,000,000円 \times \frac{3}{7+3} = 24,000,000円$$

∴ 建物の譲渡に係る課税売上高　24,000,000円

低額譲渡について著しく低い価額の判定を行う際、譲渡した資産が棚卸資産の場合、まず対価の額が仕入価額より低いかどうかをチェックしましょう。低い場合は、すぐに低額譲渡と判定できます。この場合、通常の販売価額の50％との比較は必要ありません。
　また、答案用紙の計算過程欄には、きちんと判定プロセスを書き、判定の結果、低額譲渡になる場合には、低額譲渡に該当するためいくらを課税標準額に算入するのか明記しましょう。

問題 >>> 問題編の**問題2**に挑戦しましょう！

課税売上高と非課税売上高

(1) 課税売上高・非課税売上高とは

　課税売上高とは、売り手が受け取る課税資産の譲渡等の対価の額をいいます。また、非課税売上高とは、売り手が行った資産の譲渡等のうち、国内取引の非課税の規定により消費税を課さない取引の対価の額をいいます。
　取引分類図で示すと次のとおりです。

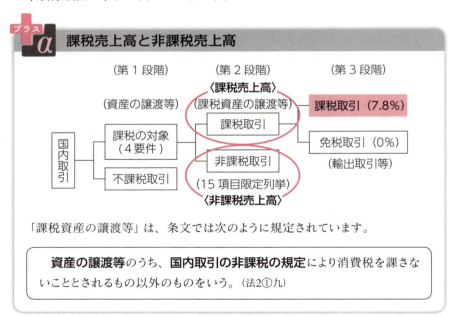

「課税資産の譲渡等」は、条文では次のように規定されています。

　資産の譲渡等のうち、**国内取引の非課税の規定**により消費税を課さないこととされるもの以外のものをいう。(法2①九)

「資産の譲渡等」、「課税資産の譲渡等」の定義は、しっかり押さえましょう。また、非課税売上高はChapter8（2分冊目）で学習する課税売上割合の計算で使用します。

(2)「課税標準額に算入すべき金額」と「課税売上高」の違い

　「課税標準額」は、7.8％課税売上高（税込）を税抜処理した金額のことです。「課税標準額に対する消費税額」を求めるため課税標準額に消費税率7.8％を乗じます。その際、免税売上高はそもそも消費税が免除されているため、課税標準額の計算に含めないことになります。

　一方、「課税売上高」は、取引分類図からもわかるように「7.8％課税売上高」と「免税売上高」の合計額です。免税売上高が含まれている点に注意しましょう。

Chapter8（2分冊目）で学習する控除対象仕入税額の計算、Chapter15（3分冊目）で学習する納税義務の判定で、この課税売上高を使った公式が出てきますので、ここで整理しておきましょう。

● 課税標準額の計算の留意点

　消費税法において「課税標準額」を計算する目的は、事業者が課税標準額に対する消費税額を正しく計算するためです。したがって、事業者が7.8％課税売上げを行った場合には、実際に対価として収受した金額等を合計して課税標準額を計算することになります。

　また、事業者は日々さまざまな取引を行っています。例えば、所有している土地を売却したり、独立開業している税理士が顧問先から顧問料を受け取ったりなどです。このような取引についていくらを課税標準額の計算に含めるのかが問題となります。課税標準額の計算上の留意すべき点について項目を挙げると、次のとおりです。

図解　課税標準額の計算の留意すべき点

(1)	個別消費税の取扱い★
(2)	未経過固定資産税等の取扱い★
(3)	印紙税等の取扱い
(4)	源泉所得税がある場合の取扱い
(5)	外貨建取引に係る対価の取扱い
(6)	資産の下取りと資産の販売を同時に行った場合の取扱い
(7)	資産の貸付けに伴う共益費の取扱い

★印は、本試験を想定した際に特に重要度の高いものです。

(1) 個別消費税の取扱い

　私たちが買い物をしたときに負担する消費税は、様々なモノやサービスの消費に広く課税されるため**一般消費税**といいます。

　これに対して、**個別消費税**は、特定のモノやサービスのみを対象として課税されます。個別消費税に分類される具体的な税目としては、酒税、ゴルフ場利用税、入湯税などがあります。個別消費税は、その税目によって、課税標準額の計算に含まれるものと含まれないものに分けられます。

　個別消費税の取扱いについてまとめると、次のとおりです。

図解 個別消費税の取扱い

	具体例	取扱い
本体価格と税金が区分されていないもの	酒税、たばこ税、揮発油税等	課税資産の譲渡等の対価の額に含まれるため、課税標準額の計算に含まれる。
本体価格と税金が区分されているもの	**ゴルフ場利用税、入湯税**、軽油引取税	課税資産の譲渡等の対価の額に含まれないため、**課税標準額の計算に含まれない。**

ゴルフ場利用税とは、ゴルフ場の利用について都道府県が課税する税金です。
入湯税とは、鉱泉浴場の入湯について市町村が課税する税金です。

税理士試験の受験対策においては、「一般消費税」が学習の中心となります。

(2) 未経過固定資産税等の取扱い

① 固定資産税

固定資産税とは、土地・家屋などの固定資産の所有者に課税される地方税です。

賦課期日は毎年1月1日とされ、1月1日に固定資産課税台帳に所有者として登録されている者がその年度の税を納付します。

土地・家屋などを年の中途に売却等した場合には、所有者の変更に伴い、所有期間に応じて固定資産税の精算処理を行う慣行があります。このときに発生するのが「未経過固定資産税」です。

「未経過固定資産税」については、売主が土地・建物などを売却等したときに、いまだ経過していない期間に係る固定資産税分相当額を買主から譲渡対価の額に含めて受け取ることにより、課税標準額の計算に含まれることになります。

未経過固定資産税等の取扱いについて例を挙げて示すと、次のとおりです。

未経過固定資産税等の取扱い

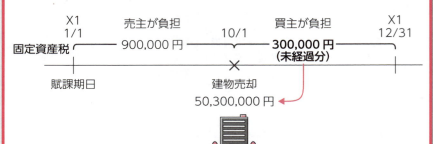

(例) 甲社は当期（X1年1月1日～12月31日）の10月1日に事務所用建物を50,300,000円で売却した。この金額には未経過固定資産税300,000円が含まれている。

　売主は賦課期日(X1年1月1日)に建物を所有しているため、X1年度の固定資産税1,200,000円について全額を納付します。その後10月1日に建物を売却する際、未経過固定資産税300,000円を買主に負担させるため売却価額に上乗せして販売します。
　したがって、未経過固定資産税300,000円は建物の譲渡対価の額の一部を構成しているため、課税売上高となり、課税標準額の計算に含まれることになります。

② 自動車税

自動車税とは、その自動車の主たる定置場の所在する都道府県においてその所有者に課税される税金です。賦課期日は4月1日とされています。

未経過自動車税等も前述した未経過固定資産税等と同じ考え方で課税標準額の計算に含まれます。

(3) 印紙税等の取扱い

① 印紙税

印紙税とは、印紙税法に基づき一定の課税文書に対して課される国税です。課税文書とされるのは、たとえば、不動産売買契約書や土地賃貸借契約書、金

銭消費貸借契約書、売上代金に係る金銭受取書などです。
　印紙税の取扱いについて、例を挙げて示すと、次のとおりです。

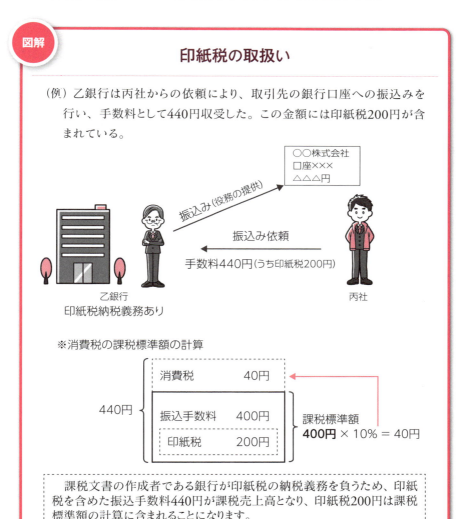

印紙税の取扱い

（例）乙銀行は丙社からの依頼により、取引先の銀行口座への振込みを行い、手数料として440円収受した。この金額には印紙税200円が含まれている。

※消費税の課税標準額の計算

440円 ｛ 消費税　　40円
　　　　振込手数料　400円　課税標準額
　　　　印紙税　　200円　**400円** × 10% = 40円

　課税文書の作成者である銀行が印紙税の納税義務を負うため、印紙税を含めた振込手数料440円が課税売上高となり、印紙税200円は課税標準額の計算に含まれることになります。

② 登録免許税、自動車重量税

登録免許税とは、不動産や会社などの登記や登録に対して課される国税です。
自動車重量税とは、検査自動車などに対して課される国税です。

登録免許税、自動車重量税などの税金は、課税標準額には含まれません。これは、取得者側に納税義務が課されるため、譲渡対価の額の一部として受け取ったとしても、受け取った側は単なる預り金となるからです。

今後、車体課税についてはエコカー減税などの見直しが図られる予定です。また、税金については、誰が納税義務を負うのか、どの期間の税額を負担するのかなどに注意して、いくらを課税標準額の計算に含めるのか慎重に判断しましょう。

(4) 源泉所得税がある場合の取扱い

所得税とは、個人の所得に対して課税される国税です。

事業者が人を雇って給与を支払ったり、税理士などに報酬を支払ったりする場合には、支払いの都度、支払金額に応じた所得税及び復興特別所得税を差し引くことになっています。その際、差し引かれた所得税のことを「源泉所得税」といいます。

事業者は役務の提供を行い、対価として収受した金額が、源泉所得税相当額を差し引かれた残額である場合でも、源泉徴収前の金額によって課税標準額の計算を行います。

源泉所得税がある場合の取扱いについて例を挙げて示すと、次のとおりです。

図解

源泉所得税がある場合の取扱い

（例）個人事業者である税理士が、顧問先に対して報酬110,000円（税込）を請求し、源泉所得税等11,231円を差し引かれて98,769円を収受した。

税務相談（役務の提供）

報酬手取額98,769円
（源泉所得税等11,231円控除後）

税理士　　　　　　　　　　顧問先

※ 消費税の課税標準額の計算

源泉所得税等11,231円	┐ 課税標準額の計算に算入すべき金額
報酬手取額98,769円	┘ （税込110,000円）

> 税理士が顧問先から受領した金額は、報酬手取額98,769円であるが、源泉所得税等控除前の金額(110,000円)が課税標準額の計算に含まれることになります。

所得税は個人の所得に対して課税されます。一方、消費税はサービスの消費に対して課税されます。1つの取引でも「所得」として捉えるのか、「サービスの消費」として捉えるのかによって、課税される税目が異なります。
上の例では、消費税の課税標準額の計算にいくら含めるのか、という観点から説明しています。

(5) 外貨建取引に係る対価の取扱い

外貨建取引とは、外国通貨で支払が行われる資産の販売及び購入、役務の提供、金銭の貸付け及び借入れ、剰余金の配当その他の取引のことをいいます。外貨建取引を行った場合には、その都度、その取引を行った時の外国為替相場により、日本円に換算します。その際に生じる為替差損益は課税標準額には含まれません。

外貨建取引に係る対価の取扱いについては、次のとおりです。

図解

外貨建取引に係る対価の取扱い

> 外貨建ての取引に係る売上金額その他の収入金額につき円換算して計上すべきこととされている金額を資産の譲渡等の対価の額とする。

※**為替差損益は、資産の譲渡等の対価の額に含まれない。**

外貨建取引を行った場合には、原則として、その取引時のレートによって換算され、その円換算額が課税標準額の計算に含まれます。
為替差損益は、課税の対象には含まれませんので注意してください。

(6) 資産の下取りを行った場合の取扱い

買い手側の事業者が資産の買換えを行う場合、それまで使っていた資産を下取りに出して（売却して）、新しい資産を購入することになりますが、売り手側の事業者は資産を下取りして新しい資産を販売することになります。

消費税法では、資産の下取りを行った場合、課税標準額の計算においては下取価額を控除した後の金額を用いるのではなく、販売価額、下取価額のそれぞれの総額を用いて売上げと仕入れを両方計上します。

資産の下取りを行った場合の取扱いについて、販売店と購入した事業者の両方の立場から例を挙げて示すと、次のとおりです。

図解　資産の下取りを行った場合の取扱い

（例）自動車販売店は1,900,000円の新型車両を販売した。

その際、丁社が所有していた旧型車両を200,000円で下取りしたため差額1,700,000円を収受した。

新型車両の販売　1,900,000円
旧型車両の下取り　200,000円

自動車販売店
課税売上高　1,900,000円
課税仕入高　200,000円

丁社
課税売上高　200,000円
課税仕入高　1,900,000円

　自動車販売店では、販売価額1,900,000円が課税売上高となり、下取価額200,000円が課税仕入高となります。
　一方、丁社では、自動車販売店に下取りしてもらって収受した200,000円が課税売上高となり、新型車両の購入代金1,900,000円が課税仕入高となります。

1つの取引を、売り手と買い手の両方から考えてみると、理解が深まるでしょう。消費税の課税標準額を計算する際には、総額で課税売上高の計算を行うことがポイントです。また、課税仕入れについてはChapter8(2分冊目)で説明します。

(7) 資産の貸付けに伴う共益費の取扱い

土地付建物の貸付けの場合は、土地を含めた全体を1つの「施設の貸付け」として考えます。また、建物等の貸付けに伴う共益費等は、原則として家賃と同様に取り扱います。したがって、「施設の貸付け」の利用目的に応じて課税か非課税かを分類することとなります。

資産の貸付けに伴う共益費の取扱いについては、次のとおりです。

資産の貸付けに伴う共益費の取扱い

(例)賃貸人は建物を、一棟は事務所用として、別の一棟は住宅として賃借人に貸し付けた。収受した家賃には共益費等が含まれている。

その施設の貸付けに係る利用目的が事務所等であれば共益費等と家賃の合計額が課税売上高となり、利用目的が住宅であれば共益費等と家賃の合計額が非課税売上高となります。

土地付建物の貸付け、共益費等についてはChapter 4を参照してください。

問題 >>> 問題編の**問題3**に挑戦しましょう！

これまでの知識をもとに、次の例題で課税標準額に対する消費税額の計算方法を確認してみましょう。

例題

課税標準額に対する消費税額

問題

取引等の状況は次のとおりである。
これに基づき、当期の課税標準額に対する消費税額を求めなさい。
なお、金額は税込である。なお、国内取引の要件は満たしているものとする。

(1) 事務所用賃貸ビルを貸し付けたことにより、家賃34,800,000円及び共用部分の共益費1,680,000円を収受した。
(2) 居住用マンションを貸し付けたことにより、家賃7,440,000円及び共益費780,000円を収受した。
(3) 新型車両（販売価額2,400,000円）を販売したことに伴い、旧型車両を330,000円で下取りし、販売価額と下取り額の差額2,070,000円を収受した。
(4) 当社が保有していた建物（帳簿価額28,350,000円）を売却し、売却代金29,000,000円及び未経過分の固定資産税180,000円を収受した。
(5) 非居住者に対して商品（課税資産）を輸出販売し、1,000,000円を収受した。

解答

● 「課税標準額の計算に算入すべき金額」の拾出し

まず、7.8％課税売上高として拾い出した金額を合計し、税抜処理をして課税標準額を求めます。次に、課税標準額に7.8％を乗じて消費税額を求めます。

<ポイント>
- 建物等の貸付けに伴う共益費等は、原則として家賃と同様に取り扱う。したがって、その建物の利用目的によって課税・非課税を分類する。
  - 事務所の貸付けに係る家賃・共益費 ………………▶課税売上高
  - 居住用マンションの貸付けに係る家賃・共益費 ………▶非課税売上高
- 資産の販売と資産の下取りを同時に行った場合には、販売価額と下取り額を相殺せずに販売価額を総額で課税売上高として計上する。
- 未経過分の固定資産税は、建物の譲渡対価の一部を構成し、課税売上高として計上する。

● 課税標準額

（34,800,000円 ＋ 1,680,000円）＋ 2,400,000円
　　　　　　　＋（29,000,000円 ＋ 180,000円）＝ 68,060,000円

$68,060,000円 \times \dfrac{100}{110} = 61,872,727円 \rightarrow 61,872,000円$（千円未満切捨）

● 課税標準額に対する消費税額

61,872,000円 × 7.8％ ＝ 4,826,016円

「千円未満切捨」のコメントを忘れないようにしましょう。
与えられた資料から自分で必要な数値を拾い出して計算するときは、資料にマークを付けるなどの工夫をすると、正確でスピーディーに処理できます。
本書では、売上げ項目に◯、仕入れ項目に▢のマークを付けて資料を整理しています。

問題 ▶▶▶ 問題編の**問題4～7**に挑戦しましょう！

資産の譲渡等に類する行為などの課税標準額の計算

資産の譲渡等に類する行為とは、一見すると対価性のない取引であっても、実質的には対価性のある取引として「資産の譲渡等」に含まれる取引のことをいいます。

対価性のない取引は、対価を得て行う取引ではないため、課税の対象となるための要件を満たさず、本来、課税の対象から外れることになります。しかし、借金を肩代わりしてもらうなど見返りがあるものは、対価性のある取引として「資産の譲渡等」に含まれます。この場合、課税標準額の計算に含まれる金額は、実質的になんらかの経済的利益を受けた金額とされます。

資産の譲渡等に類する行為のイメージは、次のとおりです。

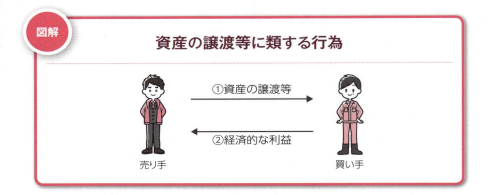

「経済的利益を受けた」とは、債務を免除してもらったり、自分の代わりに他者に借金を返済してもらったなどのことをいいます。

ここからは、資産の譲渡等に類する行為などについて、具体的な取引の取扱いを見てみましょう。

(1) 代物弁済による資産の譲渡の取扱い

代物弁済とは、借入金等の返済に金銭ではなくモノを充てる行為をいいます。

① 金銭の授受がない場合

代物弁済による資産の譲渡の場合、消滅する債務の額を課税標準額に算入します。

代物弁済による資産の譲渡の取扱いについては、次のとおりです。

> **図解**
>
> ## 代物弁済による資産の譲渡
>
> （例）当社は、借入金1,000,000円の返済にあたり、当社の商品（時価1,000,000円）をA社に引き渡した。
>
> 資産(商品)の譲渡　1,000,000円　→　
>
> ← 借入金の消滅　1,000,000円
>
> **債務の消滅**
>
> 当社(債務者)　　　　　　　　　　　　　　A社(債権者)
>
> 〈会計上の仕訳〉
> 　借　入　金　1,000,000／資　　　産　1,000,000
> 〈税務上の仕訳〉
> ①現　　　金　1,000,000／資　　　産　1,000,000
> ②借　入　金　1,000,000／現　　　金　1,000,000
>
> 　税務上、当社は資産（商品）を譲渡したことにより取得したお金（対価）で借入金を返済したと考えます。したがって、「消滅する債務の額」1,000,000円を課税標準額に算入します。

② 金銭の授受がある場合

　債務者が借入金の返済などを行う場合に、その債務の額と同額の資産を債権者に引き渡せるとは限りません。その場合には、その差額部分について金銭のやり取りをすることがあります。

　消費税は、もともと買い手が代金を負担する力に担税力を見出して課税されるため、支払う対価の額がそのまま売り手がモノを売って受け取る対価の額となり、この金額をもとに課税標準額に対する消費税額を計算することになります。上記の例で、借入金の消滅に加えて債務者である当社が金銭を受け取った場合には、その分担税力が増すため、受け取った金銭の額を加算して課税標準額を計算します。逆に、金銭を支払った場合には、その分担税力が減るため、

支払った金銭の額を控除して課税標準額を計算します。

　実際に対価として受け取った金銭以外の経済的な価値が対価の額として課税標準額の計算に含まれることに注意しましょう。

(2) 負担付き贈与による資産の譲渡の取扱い

　負担付き贈与とは、借金を肩代わりしてもらうなど、相手先に負担を付けてモノを贈与する行為をいいます。負担付き贈与による資産の譲渡の場合、負担付き贈与に係る負担の価額を課税標準額に算入します。

　負担付き贈与による資産の譲渡の取扱いについては、次のとおりです。

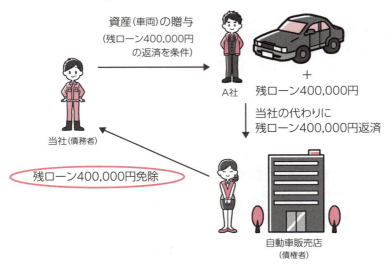

負担付き贈与による資産の譲渡

（例）当社の車両（時価500,000円）を、取引先A社にその残りのローン（400,000円）を負担してもらうことを条件に贈与した。

　税務上、当社は資産（車両）を譲渡したことにより取得したお金（対価）で借入金を返済したと考えます。したがって、「負担付き贈与に係る負担の価額」400,000円を課税標準額に算入します。

(3) 金銭以外の資産の出資(現物出資)の取扱い

現物出資とは、金銭以外の資産(現物)を出資して株式を取得する行為をいいます。現物出資による資産の譲渡の場合、出資により取得する株式の取得の時における価額を課税標準額に算入します。

金銭以外の資産の出資の取扱いについては、次のとおりです。

図解

金銭以外の資産の出資(現物出資)

(例) 当社は、子会社の設立にあたり、建物(簿価30,000,000円)を現物出資し、1株あたり時価70,000円の株式を450株取得した。

当社(株主)

資産(建物)の譲渡
(簿価30,000,000円)
→

株式の取得
(取得時における価額70,000円×450株)
←

子会社

〈税務上の仕訳〉

① 現　　　金　31,500,000 ／ 建　　　物　30,000,000
　　　　　　　　　　　　　　　譲　渡　益　 1,500,000

② 子会社株式　31,500,000 ／ 現　　　金　31,500,000

　税務上、当社は資産(建物)を譲渡したことにより取得したお金(対価)で株式を取得したと考えます。したがって、「出資により取得する株式の取得の時における価額」70,000円×450株＝31,500,000円を課税標準額に算入します。

現物出資をすると、当社は株主になります。

(4) 資産の交換の取扱い

資産の交換とは、自己の所有している資産と相手の所有している資産を取り替えることをいいます。資産の交換は、税務上、原則として等価交換を前提としています。

① 金銭の授受がない場合

交換による資産の譲渡の場合、交換により取得する資産の取得の時における価額を課税標準額に算入します。

② 金銭の授受がある場合

交換する資産の価額が異なる場合には、差額を補うため交換差金の授受が行われます。交換差金を受け取った場合には、受け取った金銭の額を加算して課税標準額を計算します。逆に、交換差金を支払った場合には、支払った金銭の額を控除して課税標準額を計算します。

資産の交換の取扱いについては、次のとおりです。

図解　資産の交換

（例）当社の機械 a（簿価100,000,000円　時価65,000,000円）と得意先が所有する機械 b（簿価120,000,000円　時価64,500,000円）を交換し、交換差金500,000円を受け取った。

税務上、当社は自己が所有していた資産（機械 a）をいったん譲渡し、その後新たに資産（機械 b）を取得したと考えます。したがって、「交換により取得する資産の取得の時における価額（＋受け取った金銭の額）」64,500,000円＋500,000円＝65,000,000円を課税標準額に算入します。

これらの資産の譲渡等に類する行為などは、「一定の行為」として、条文では次のように規定されています。

条文　一定の行為（令45②）

それぞれに相当する金額を対価の額とする。
① 代物弁済による資産の譲渡
　代物弁済により**消滅する債務の額**（代物弁済により譲渡される資産の価額が債務の額を超える額に相当する金額につき支払を受ける場合は、その金額を加算した金額）
② 負担付き贈与による資産の譲渡
　負担付き贈与に係る**負担の価額**
③ 金銭以外の資産の出資
　出資により**取得**する株式（出資を含む。）の**取得時の価額**
④ 資産の交換
　交換取得資産の**取得時の価額**（交換差金を取得する場合はその額を加算した金額とし、支払う場合はその額を控除した金額）
⑤ 特定受益証券発行信託又は一定の法人課税信託の委託者が金銭以外の資産の信託をした場合の資産の移転等
　資産の**移転等の時における価額**

問題 >>> 問題編の**問題8〜問題9**に挑戦しましょう！

　資産の譲渡等に類する行為については、応用論点となります。まずは、資産の譲渡等の範囲に含まれるかどうかを判定し、次に、いくらを課税標準額の計算に含めるかを考えましょう。

2 輸入取引の課税標準

● 輸入取引の課税標準

　国外からモノを輸入する場合、税関に対して輸入に係る消費税を納めなければなりません。このとき、まず、税関に消費税を申告・納付してから輸入許可を得て外国貨物を引き取ることになります。

　輸入取引の課税貨物に係る消費税の申告・納付のイメージは、次のとおりです。

図解 **輸入取引の課税貨物に係る消費税の申告・納付**

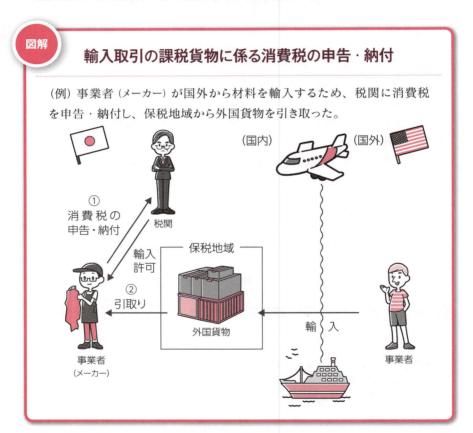

（例）事業者（メーカー）が国外から材料を輸入するため、税関に消費税を申告・納付し、保税地域から外国貨物を引き取った。

 輸入取引については、消費税を申告・納付した後、保税地域から外国貨物を引き取ることが特徴ですね。

輸入取引は、国内で事業者が商品を販売する取引のように「預かった消費税額」から「支払った消費税額」を控除した税額を納付する仕組みとは異なります。
　外国貨物を保税地域から引き取る者は、課税貨物につき税関に納めた消費税額を「支払った消費税額」として税額控除することができます。

「支払った消費税額」については、詳しくはChapter 8（2分冊目）で説明します。また、本試験においては、税関に納付した消費税額は問題資料に与えられます。

● 輸入取引の課税標準に算入すべき金額

　輸入取引においても、納付すべき消費税額は、税額計算の基礎となる課税標準額に税率を乗じて算出されます。
　輸入取引の課税標準は、課税貨物の引取価額に個別消費税等の額及び関税の額を加えた金額となります。引取価額とは、外国貨物が海を渡って国内に輸入され、輸入者が引き取るまでに要したすべての費用を含めた金額です。

輸入取引の課税標準に算入すべき金額については、次のとおりです。

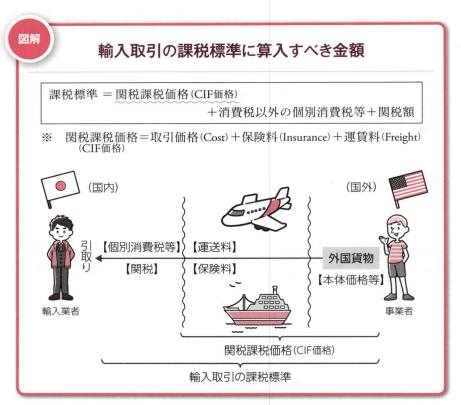

関税課税価格とは、取引価格（Cost）と保険料（Insurance）と運賃（Freight）を合計した金額をいいます。頭文字をとってCIF価格と略されることもあります。

なお、本試験において、計算に必要な消費税額は問題資料として与えられるため、輸入取引の課税標準から税関に納付すべき消費税額を自分で計算することはありません。

税率

税率とは

税率とは、税額を算定するために課税標準額に対して掛ける比率のことをいいます。消費税法では、取引金額に対して税金を課す割合のことです。

令和元年（2019年）10月1日より、消費税の税率は引上げられ10%（内訳は国税7.8%と地方税2.2%）となりました。また、税理士試験の消費税法の受験において用いる税率は、国税7.8%です。

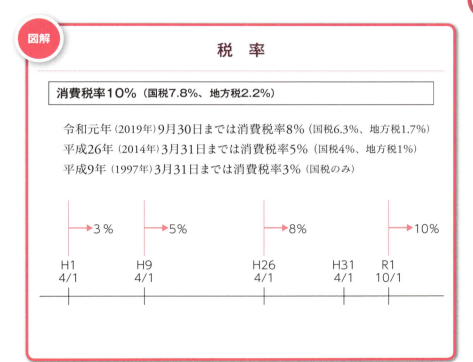

今後の受験対策上、課税標準額の計算においては、消費税の税率は10％を前提として説明していきます。
つまり、その取引が行われた時に適用されていた税率に係る国税分の税額を使って、当課税期間の納付すべき消費税額を計算することになります。

🇯🇵 国税と地方税

現行の消費税額の計算システムでは、最初に国税額を計算し、その消費税額をもとに地方消費税額を算出します。国税と地方税についてまとめると、次のとおりです。

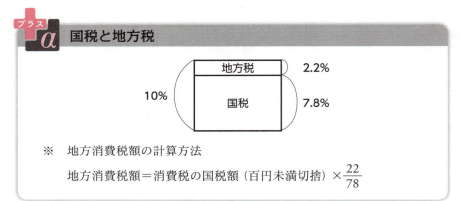

※ 地方消費税額の計算方法

地方消費税額＝消費税の国税額（百円未満切捨）$\times \dfrac{22}{78}$

ここでは、消費税の標準税率10％（国税7.8％、地方税2.2％）を前提として説明しています。Chapter15（3分冊目）で学習する納税義務の判定の際に、旧税率8％を用いる計算式が出てきます。基本的には同じ考え方なので、このBOX図をイメージするとわかりやすいでしょう。

軽減税率制度の概要

趣旨

令和元年（2019年）10月1日から消費税の税率は10％に引上げられましたが、同時に、低所得者への配慮の観点から、一定の品目には軽減税率8％（国税6.24％、地方税1.76％）が導入されました。これを**軽減税率制度**といいます。

軽減税率の対象品目

軽減税率の対象とされる取引は、外食及び酒類を除く飲食料品の売上げと仕入れ、週2回以上発行される新聞（定期購読契約によるもの）の売上げと仕入れとなります。軽減税率の対象品目についてまとめると、次のとおりです。

軽減税率制度の概要については、本書の「消費税法のガイダンス」でも紹介しています。
　今後、軽減税率の対象品目について取引を行った場合は、軽減税率（8％）が適用されますが、受験上は国税6.24％部分の税額を使って、当課税期間の納付すべき消費税額を計算することになります。
　また、詳しくは、Chapter20（3分冊目）で説明します。

問題 >>> 問題編の**問題10**に挑戦しましょう！

Chapter 6

売上げに係る対価の返還等

Chapter 6 売上げに係る対価の返還等

超重要　重要

Section

- **Sec1** 売上げに係る対価の返還等とは ……… 1h
- **Sec2** 売上げに係る対価の返還等に係る税額の計算 ……… 1h
- **Sec3** 手続要件 ……… 0.5h

いったん売り上げたものが返品等された場合に、消費税はどういう取扱いをするのでしょうか？

Point Check

①売上げに係る対価の返還等とは	売上返品、売上値引、売上割戻、売上割引、販売奨励金等により、代金の返金などを行うこと	②控除する目的	返品等された場合に、事業者が実際には預かっていない消費税額を控除することにより、正しい納付税額を計算するため
③控除時期	返還等をした日の属する課税期間	④税額控除しないもの	・不課税売上げに係る返還等 ・非課税売上げに係る返還等 ・輸出免税売上げに係る返還等
⑤手続要件	・帳簿の保存 ・帳簿の閉鎖の日の属する課税期間の末日の翌日から2月を経過した日から7年間保存		

1 売上げに係る対価の返還等とは

● 売上げに係る対価の返還等をした場合

事業者がいったん販売した商品などについて、後日得意先から返品されたり、販売代金を値引きしたり、また、売掛金が早期に回収されたため掛代金の一部を免除したりすることがあります。

このような取引を消費税法上、**売上げに係る対価の返還等**といい、取引のイメージは、次のとおりです。

図解　売上げに係る対価の返還等

（例1）事業者は、01年に1つ2,200円（税込）のバッグを5つ販売した。

課税資産の譲渡等

税込価額　11,000円
2,200円（税込）×5つ=11,000円

売り手　　　　　買い手

〈売り手の仕訳〉

現　金　11,000／売　上　11,000

〈売り手の預かった消費税額の計算過程〉

11,000円（税込）× $\dfrac{100}{110}$ ＝10,000円（税抜）

10,000円　×　7.8％　＝　780円

> 事業者は課税資産の譲渡等の税込価額をもとに、預かった消費税額を計算します。仮に01年度にこの取引しかなかった場合、780円が納付税額となります。

(例2) 事業者は、01年に販売したバッグのうち1つが02年に返品されたため、商品代金を返金した。

〈売り手の仕訳〉
　　売　上　2,200／現　金　2,200
〈売り手の返金した商品代金に係る消費税額の計算過程〉

$$2,200円（税込）\times \frac{7.8}{110}=156円$$

> 事業者が返金した商品代金に係る消費税額分156円は、実際には預かっていないことになります。仮に02年度にこの取引しかなかった場合、01年〜02年を通じた正しい納付税額は624円（780−156＝624）となります。

　つまり、事業者が販売した商品について、後日返品された場合には、販売した商品代金の一部を返金しているため、そのままだと実際には預かっていない消費税額を預かったものとして計算しているわけです。本来なら販売したときに戻って消費税額を計算し直すべきですが、事務手続きが煩雑になるため、返品された期に、申告書上、預かった消費税額をマイナスする形で修正が行われることになります。

要するに、課税標準額に対する消費税額に含まれているままなので、その部分を修正するため控除するのですね。
　この考え方は、売上返品のみならず、売上値引、売上割戻、売上割引及び金銭により支払う販売奨励金についても同様です。

売上げに係る対価の返還等の取扱い

(1) 取扱い

売上げに係る対価の返還等があった場合には、売り手側の事業者は返品等があった商品代金については返金しており、結果的に対価を受け取っていないことになるため、その代金に含まれている「預かった消費税額」つまり、「課税標準額に対する消費税額」を減額修正します。

課税標準額に対する消費税額 − 控除税額 = 納付税額

↳ 売上返品などがあった税額分が含まれます。

 販売した事業者が対価を受け取っていないということは、その分の「預かった消費税額」も受け取っていないことになります。つまり、売上返品などがあった場合には、売上げのマイナスとして捉えます。

(2) 税額控除項目

消費税額の計算上、売上げのマイナス項目は、「課税標準額に対する消費税額」から直接控除するのではなく、「税額控除項目」の1つとして他の控除項目と合わせて控除します。売上返品などの売上げのマイナス項目を「売上げに係る対価の返還等に係る消費税額の控除」といいます。

消費税法における税額控除項目は、次のとおりです。

図解 税額控除項目（課税標準額に対する消費税額から控除する項目）

控除対象仕入税額 ＋ 返還等対価に係る税額 ※ ＋ 貸倒れに係る税額 ＝ 控除税額

※ 売上げ返還等＋特定課税仕入れ返還等

 「特定課税仕入れに係る対価の返還等を受けた場合の消費税額の控除」はChapter19（3分冊目）で説明します。

(3) 申告書の様式

　この売上げに係る対価の返還等に係る消費税額は、消費税の申告書上、「返還等対価に係る税額」として表記され、その記載箇所は次のとおりです。

\multicolumn{2}{c	}{この申告書による消費税の税額の計算}		
課　税　標　準　額	①	０　０　０	03
消　費　税　額	②		06
控除過大調整税額	③		07
控除税額	控除対象仕入税額	④		08
	返還等対価に係る税額	⑤		09
	貸倒れに係る税額	⑥		10
	控除税額小計（④+⑤+⑥）	⑦		
控除不足還付税額（⑦-②-③）	⑧		13

申告書の記載箇所をイメージしながら知識を整理すると、全体像がつかめます。

● 売上げに係る対価の返還等の意義及び範囲

(1) 売上げに係る対価の返還等とは

　消費税法における**売上げに係る対価の返還等**とは、売上返品・売上値引・売上割戻のほか、売上割引のような債権金額の減額や金銭により支払われる販売奨励金などのことをいいます。

売上げに係る対価の返還等の具体的範囲

```
                                    （損益計算書）
(1) 売上返品★ ・・・・・・・・・・・・・・・・・ 売上からの控除項目
(2) 売上値引★ ・・・・・・・・・・・・・・・・・ 売上からの控除項目
(3) 売上割戻  ・・・・・・・・・・・・・・・・・ 売上からの控除項目
(4) 売上割引  ・・・・・・・・・・・・・・・・・ 営業外費用の項目
(5) 販売奨励金・・・・・・・・・・・・・・・・・ 販売費の項目
(6) 事業分量配当金
```

★印は、本試験を想定した際に特に重要度の高いものです。
　上の図解で、なぜ損益計算書の表示箇所を載せているのかというと、本試験では損益計算書や付記事項から売上げに係る対価の返還等の処理をする金額を自分で拾い出して計算するからです。売上げに係る対価の返還等の意義及び範囲のみならず、損益計算書の表示箇所も覚えておくと、処理のスピードが上がります。

それではここで、返品等の意義について簡単におさらいしておきましょう。
ここでは、すべての取引につき現金で決済を行ったものとして説明します。

返品・値引・割戻・割引について

(1) 返品……品違い等を理由に商品が戻され、商品代金を返金すること

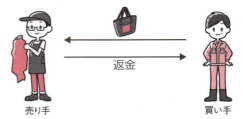

売上側の処理	仕入側の処理
売　　上　××　／　現　　金　××	現　　金　××　／　仕　　入　××

(2) 値引……汚損等を理由に商品代金を減額すること

売上側の処理	仕入側の処理
売　　上　××　／　現　　金　××	現　　金　××　／　仕　　入　××

(3) 割戻……大量に仕入れてくれた取引先に対して、リベートとして代金の一部を還元すること

売上側の処理	仕入側の処理
売　　上　××　／　現　　金　××	現　　金　××　／　仕　　入　××

（4）割引……掛代金の早期決済につき、掛代金の一部を減額すること

売上側の処理	仕入側の処理
売上割引 ×× ／ 売 掛 金 ×× 現　　金 ×× ／	買 掛 金 ×× ／ 仕入割引 ×× 　　　　　　／ 現　　金 ××

（5）販売奨励金……事業者が販売高等に応じて取引先に対して金銭等を支払うこと

売上側の処理	仕入側の処理
売　　上 ×× ／ 現　　金 ××	現　　金 ×× ／ 仕　　入 ××

※金銭により支払いを受けるもののみ、対価の返還等の対象となります。

販売奨励金は、事業者が販売促進の目的で取引先に対して金銭で支払うもので、いわゆるリベートの一種です。インセンティブとしても用いられます。また、得意先や顧客に対して「キャッシュバック」を実施している場合も販売奨励金の支払いと同様の処理をします。

つまり、「売上げに係る対価の返還等」とは、課税資産の譲渡等の税込価額の返還又は売掛金等の債権の減額のことをいい、条文では次のように規定されています。

条文

売上げに係る対価の返還等（法38①）

売上げに係る対価の返還等とは、国内において行った課税資産の譲渡等の税込価額の全部若しくは一部の**返還**又はその税込価額に係る売掛金等の全部若しくは一部の**減額**をいう。

(2) 売上げに係る対価の返還等の位置付け

「売上げに係る対価の返還等」の取引の位置付けを取引分類図で示すと、次のとおりです。

図解

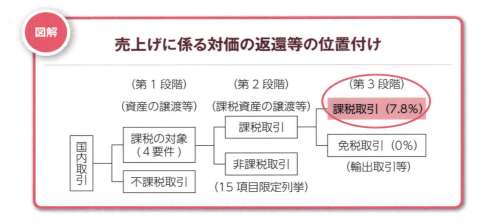

売上げに係る対価の返還等の位置付け

事業者がすでに行った7.8％課税売上げについて返還等があった場合には、その返還等があった当期に課税標準額に対する消費税額について修正計算を行います。

不課税取引・非課税取引・免税取引については、消費税が課税されていないため処理不要となります。
たとえば、前期に販売した車イスが当期に返品されたとします。車イスの販売は身体障害者用物品の譲渡であり取引分類では非課税取引とされます。したがって、このような取引は、売上げに係る対価の返還等の処理を行いません。

問題 ≫≫ 問題編の**問題1**〜**問題2**に挑戦しましょう！

売上げに係る対価の返還等に係る税額の計算

● 売上げに係る対価の返還等に係る税額の計算

売上げに係る対価の返還等に係る消費税額は、売上げに係る税込対価の返還等の金額に直接 $\frac{7.8}{110}$ を乗じて求めます。

〈売上げに係る対価の返還等に係る税額の計算方法〉

| 売上げに係る税込対価の返還等の金額 | × $\frac{7.8}{110}$※ = | 売上げに係る対価の返還等に係る消費税額 |

※ 平成26年（2014年）4月1日から令和元年（2019年）9月30日までの間に行った課税資産の譲渡等について、令和元年（2019年）10月1日以後に売上げに係る対価の返還等をした場合には、$\frac{6.3}{108}$ を乗じて税額計算を行う。

 1円未満の端数があるときは、その端数を切り捨てます。

● 売上げに係る対価の返還等に係る税額の控除時期

売上げに係る対価の返還等に係る消費税額は、その事業者が返還等をした日の属する課税期間に課税標準額に対する消費税額から控除します。

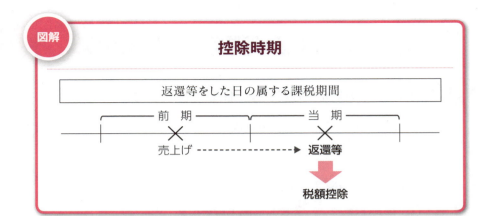

図解 **控除時期**

本来なら前期に売り上げているので、前期に預かった消費税額を修正すべきなのですが、前期に遡って計算し直すのは大変なので返還等があった当期に修正計算をするんですね。

　売上げに係る対価の返還等をした場合の消費税額の控除について、条文では次のように規定されています。

条文 **売上げに係る対価の返還等をした場合の消費税額の控除（法38①）**

　事業者（免税事業者を除く。）が、国内において行った**課税資産の譲渡等**（**輸出免税等**により消費税が免除されるものを除く。）(注3)につき、**返品を受け**、又は**値引き**若しくは**割戻し**をしたことにより、**売上げに係る対価の返還等**(注1)をした場合には、その売上げに係る対価の返還等をした日の属する課税期間の**課税標準額に対する消費税額**から売上げに係る対価の返還等の金額に係る消費税額(注2)の合計額を控除する。

　(注1) **売上げに係る対価の返還等**とは、国内において行った課税資産の譲渡等の税込価額の全部若しくは一部の**返還**又はその税込価額に係る売掛金等の全部若しくは一部の**減額**をいう。
　(注2) その税込価額に**110分の7.8**を乗じて算出した金額
　(注3) 「課税資産の譲渡等」からは「特定資産の譲渡等」を除く。

「国内において行った課税資産の譲渡等（輸出免税等により消費税が免除されるものを除く。）」とは、取引分類図上の「7.8％課税売上げ」のことです。売上げに係る対価の返還等に係る消費税額の計算を行うのは、そもそも消費税が含まれている取引であるため、消費税が免除されている輸出免税等に係る取引については計算対象から除かれます。

免税事業者とは、消費税を納めなくてよい事業者のことです。免税事業者について、詳しくはChapter15（3分冊目）で説明します。

● 税額控除しないもの

　事業者がいったん販売した商品などについて後日返品等があった場合でも、不課税・非課税・免税取引に係るものについては、そもそも売り上げた時において消費税が課税されていないため、売上げに係る対価の返還等に係る消費税額の控除の処理を行いません。

売上返還等対価に係る税額（税額控除しないもの）

① 不課税売上げに係る返還等（例：国外での売上げに係る値引き等）
② 非課税売上げに係る返還等（例：土地の売却に係る割戻し等）
③ 輸出免税売上げに係る返還等（例：輸出免税売上げに係る値引き等）

売り上げた時に課税されていた7.8％課税売上げについてのみ、売上げに係る対価の返還等に係る消費税額の控除の処理をするんですね。

　それでは、次の例題で売上げに係る対価の返還等に係る消費税額の計算方法を確認してみましょう。

例題

売上げに係る対価の返還等に係る消費税額

問題

取引等の状況は次のとおりである。

これに基づき、当期（令和3年4月1日〜令和4年3月31日）の売上げに係る対価の返還等に係る消費税額を求めなさい。なお、金額は税込である。また、国内取引の要件は満たしているものとする。

損 益 計 算 書　　　　　（単位：円）

```
1  売  上  高
      総売上高                              100,000,000
      売上戻り              540,000
      売上値引              432,000
      売上割戻              324,000
        ⋮
3  販売費及び一般管理費
      販売奨励金             216,000
        ⋮
5  営業外費用
      売上割引              108,000
```

【付記事項】

(1) 売上戻り、売上値引、売上割戻は、すべて当期の課税商品の売上げに係るものである。

(2) 販売奨励金は、当期の課税商品の販売数量に応じ得意先に金銭で支払ったものである。

(3) 売上割引は、当期の課税商品の売掛金に係るものである。

解答

● **売上げに係る対価の返還等の拾出し**

540,000円＋432,000円＋324,000円＋216,000円＋108,000円＝1,620,000円

● **売上げに係る対価の返還等に係る消費税額の計算**

$1,620,000円 \times \dfrac{7.8}{110} = 114,872円$

本試験では、損益計算書や付記事項などから売上げに係る対価の返還等の金額を自分で探して計算します。
また、納付税額を算出するプロセスの中での計算は、円未満切捨てとなります。

ここまでの知識を計算パターンでまとめると、次のようになります。

(1) 課税標準額

当課税期間中の7.8%課税売上高(税込) × $\dfrac{100}{110}$ = ××× → ×××(千円未満切捨)

(2) 課税標準額に対する消費税額

課税標準額 × 7.8%

(3) 控除対象仕入税額

国内課税仕入れの合計額(税込) × $\dfrac{7.8}{110}$

(4) 売上げに係る対価の返還等に係る消費税額

対価の返還等の合計額(税込) × $\dfrac{7.8}{110}$ ※

※ 平成26年(2014年)4月1日から令和元年(2019年)9月30日までの間に行った課税資産の譲渡等については $\dfrac{6.3}{108}$ を乗じて税額計算を行う。

(5) 差引税額

(2) − ((3)+(4)) = ××× → ×××(百円未満切捨)

(6) 納付税額

(5) − 中間納付消費税額

問題 ▶▶▶ 問題編の**問題3〜問題6**に挑戦しましょう！

手続要件

税額控除制度の手続要件

ここまで説明してきたように、売上げに係る対価の返還等は税額控除項目の1つです。つまり、この規定は、事業者の納付すべき消費税額を減らすことになるため、納税者にとって有利な規定です。したがって、無条件に税額控除を認めるわけにはいかないため手続要件が定められています。

売上げに係る対価の返還等をした場合の消費税額の控除を受けるためには、帳簿を7年間保存することが必要になります。

条文

手続要件

(1) 帳簿の保存（法38②）

「売上げに係る対価の返還等」の規定は、事業者がその対価の返還等の明細を記録した**帳簿を保存**しない場合には、適用しない。

※ 宥恕（ゆうじょ）規定あり

(2) 保存期間

(1)の帳簿を、その閉鎖の日の属する課税期間の末日の翌日から2月を経過した日から7年間保存する方法による。

 売上げに係る対価の返還等に係る手続要件は、帳簿の保存のみです。
宥恕規定とは、一部寛大な取扱いを認める規定です。災害その他やむを得ない事情により、その保存をすることができなかったことを証明した場合は、帳簿を保存しなくても適用されます。

税額控除制度のまとめ

消費税法では、正しい納付税額を算定するために、課税標準額に対する消費税額から控除対象仕入税額などの税額控除項目を控除します。

また、返品などを理由とした売上げの取消し項目である「売上げに係る対価の返還等に係る消費税額」は、課税標準額に対する消費税額から直接控除するのではなく、別に計算して他の控除税額と合わせて、課税標準額に対する消費税額から控除する形をとっています。

| 課税標準額に対する消費税額 − 控除税額 = 納付税額 |

→ 売上げに係る対価の返還等に係る消費税額が含まれます。

税額控除の全体像についてまとめると、次のとおりです。

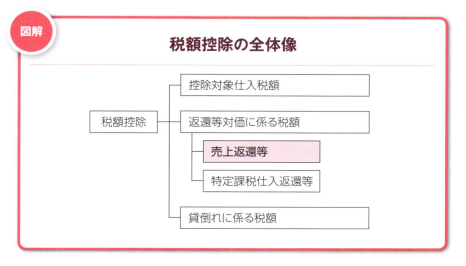

これからさまざまな税額控除を学びますが、全体の中の位置付けを常に意識して学習しましょう。

● 売上げに係る対価の返還等に係る消費税額の計算の留意点

最後に、事業者が土地付建物などを一括譲渡して、後日、譲渡対価の一部を返還した場合の取扱いについて見てみましょう。

ここでのポイントは、売上げに係る対価の返還等の額を「課税資産」と「非課税資産」の時価の比によって按分するという点です。

一括譲渡の場合の売上割戻し

（例）当社は、当期に土地付建物を5億円で譲渡したが、その後金銭を支払うことにより、2,750万円の割戻しを行った。なお、課税資産と非課税資産それぞれの譲渡等の対価の額が合理的に区分されておらず、譲渡時の建物と土地の時価比率は4対6である。

〈売り手の仕訳〉

売　上　2,750万／現　金　2,750万

〈売り手の返金した売上割戻しに係る消費税額の計算過程〉

$$2,750万円（税込）\times \frac{4}{4+6} = 1,100万円（税込）$$

$$1,100万円（税込）\times \frac{7.8}{110} = 780,000円$$

一括譲渡を行ったとき、売り手が受け取る対価の額が合理的に区分されていない場合には、課税資産と非課税資産の譲渡時の価額（＝時価）によって按分し、課税資産の譲渡等の対価の額として計算された金額を課税標準額に算入します。
　売上割戻しを行ったときは、資産の譲渡等に係る割戻金額を「課税資産」と「非課税資産」の時価比率によって按分し、課税資産である建物に係る部分の金額について売上げに係る対価の返還等に係る消費税額の計算を行うことになります。

この論点は、Chapter8（2分冊目）で学習する仕入税額控除の計算で課税売上割合を求める際にも出てくることがあります。消費税法の基本的な考え方を理解するようにしましょう。

Chapter 7

貸倒れ

Chapter 7 貸倒れ

超重要 重要

Section

- **Sec1** 貸倒れとは ……………………………………… 1h
- **Sec2** 貸倒れに係る消費税額の計算 …………………… 1h
- **Sec3** 手続要件 …………………………………………… 0.5h
- **Sec4** 控除過大調整税額 ………………………………… 0.5h

得意先が倒産して売掛金が貸し倒れてしまった場合、消費税はどういう取扱いをするのでしょうか?
また、いったん貸倒れとして処理したものが回収できた場合は、どうするのでしょうか?

Point Check

①貸倒れとは	更生計画認可の決定、再生計画認可の決定等により、債権の切捨てがあった等のこと	②控除する目的	貸倒れがあった場合に、事業者が実際には預かっていない消費税額を控除することにより、正しい納付税額を計算するため
③控除時期	貸倒れとなった日の属する課税期間	④税額控除しないもの	・不課税売上げに係る債権の貸倒れ ・非課税売上げに係る債権の貸倒れ ・貸付金の貸倒れ ・輸出免税売上げに係る債権の貸倒れ
⑤手続要件	・書類を保存 ・貸倒れとなった日の属する課税期間の末日の翌日から2月を経過した日から7年間保存	⑥控除過大調整税額とは	いったん貸倒れとなった債権に係る代金を領収し、課税標準額に対する消費税額に加算すること

貸倒れとは

● 売掛金等に貸倒れがあった場合

　事業者がいったん販売した商品などについて、得意先の倒産などの理由により得意先に対する売掛金等が回収できず、実際に対価を受け取ることができなくなることがあります。これを**貸倒れ**といいます。

　また、いったん貸倒れとして処理したものが、回収できることがあります。これを**償却債権取立益**といいます。

　これらの貸倒れに関する取引のイメージは、次のとおりです。

> **図解**　　　　　　　　　　貸倒れ
>
> （例1）事業者は、01年に1つ2,200円（税込）のバッグを5つ掛販売した。
>
>
>
> 課税資産の譲渡等
>
> 税込価額　11,000円
> 2,200円（税込）×5つ＝11,000円
>
> 売り手　　　　　　　　　　　　得意先
>
> 〈売り手の仕訳〉
> 　　　売掛金　11,000／売　上　11,000
>
> 〈売り手の預かった消費税額の計算過程〉
>
> 　　11,000円（税込）× $\dfrac{100}{110}$ ＝10,000円（税抜）
>
> 　　10,000円　×　7.8％　＝　780円
>
> > 　事業者は課税資産の譲渡等の税込価額をもとに、預かった消費税額を計算します。仮に01年度にこの取引しかなかった場合、780円が納付税額となります。

(例2) 02年において、得意先の倒産により、事業者が01年に販売したバッグに係る売掛債権のうち2つ分が貸倒れた。

貸倒れ
@2,200円（税込）×2つ＝4,400円

売り手　　　　　　　　得意先

〈売り手の仕訳〉
　　貸倒損失　4,400／売掛金　4,400
〈売り手の貸倒れに係る消費税額の計算過程〉

$$4,400円（税込）\times \frac{7.8}{110}＝312円$$

> 事業者が販売して貸倒れた商品代金に係る消費税額分312円は、実際には預かっていないことになります。仮に02年度にこの取引しかなかった場合、01年〜02年を通した正しい納付税額は468円（780−312＝468）となります。

　つまり、事業者が販売した商品について、得意先が倒産したために商品代金の全部又は一部が回収できなくなった場合には、そのままだと実際には預かっていない消費税額分を預かったものとして計算しているわけです。本来なら販売したときに戻って消費税額を計算し直すべきですが、事務手続きが煩雑になるため、貸倒れた期に、申告書上、預かった消費税額をマイナスする形で修正が行われることになります。

さらに、いったん貸倒れた売掛債権が回収できた場合の取引のイメージは、次のとおりです。

償却債権取立益

（例3）03年において、02年に貸倒れとした売掛債権のうち、バッグ1つ分の代金を現金で回収した。

〈売り手の仕訳〉
現　金　2,200／償却債権取立益　2,200

〈売り手の償却債権取立益に係る消費税額の計算過程〉

$$2,200円（税込）\times \frac{7.8}{110} = 156円$$

事業者がいったん貸倒れた売掛債権に係る代金を回収した場合には、実際に金銭を受け取っているため、商品代金に係る消費税額分156円を預かっていることになります。

つまり、事業者はいったん貸倒れた売掛債権について、すでに一度預かった消費税額をマイナス修正していたものを、申告書上、再び預かった消費税額として計上するために、課税標準額に対する消費税額とは別に控除過大調整税額としてプラスの調整を行います。

本書では、まず貸倒れに係る消費税額について説明し、次に償却債権取立益に係る消費税額について説明していきます。

● 貸倒れに係る消費税額の取扱い

(1) 取扱い

事業者が商品販売などをした際に生じた売掛債権等について貸倒れがあった場合には、課税の対象の要件の1つである「対価を得て」という項目を満たさなくなるため、課税の対象から外れることとなります。

また、販売した事業者が対価を受け取ることができないということは、その分の預かった消費税額も受け取ることができません。したがって、将来金銭を受け取るはずだった売掛金を取り消すとともに、「預かった消費税額」つまり、「課税標準額に対する消費税額」のマイナス項目として処理することとなります。

(2) 税額控除項目

消費税額の計算上、対価を得ていない売掛金等債権の貸倒れに係る税額については、「課税標準額に対する消費税額」から直接控除するのではなく、「税額控除項目」の1つとして他の控除項目と合わせて控除します。貸倒れによる預かった消費税額のマイナス項目を「貸倒れに係る消費税額の控除」といいます。

消費税法における税額控除項目は、次のとおりです。

図解　税額控除項目（課税標準額に対する消費税額から控除する項目）

控除対象仕入税額 ＋ 返還等対価に係る税額 ※ ＋ 貸倒れに係る税額 ＝ 控除税額

※　売上げ返還等＋特定課税仕入れ返還等

「特定課税仕入れに係る対価の返還等に係る消費税額の控除」はChapter19（3分冊目）で説明します。

(3) 申告書の様式

この貸倒れに係る消費税額は、消費税の申告書上、「貸倒れに係る税額」として表記され、その記載箇所は次のとおりです。

この申告書による消費税の税額の計算			
課税標準額	①	０　０　０	03
消費税額	②		06
控除過大調整税額	③		07
控除税額 控除対象仕入税額	④		08
返還等対価に係る税額	⑤		09
貸倒れに係る税額	⑥		10
控除税額小計 (④+⑤+⑥)	⑦		
控除不足還付税額 (⑦-②-③)	⑧		13

申告書の記載箇所をイメージしながら知識を整理すると、全体像がつかめます。

● 貸倒れの原因及び貸倒損失額

(1) 貸倒れとは

消費税法における**貸倒れ**とは、取引の相手方に対する売掛金等の債権について会社更生法等の規定により債権の切捨てがあったこと、又は、その相手方（債務者）の弁済能力がなくなったため債権が回収不能になったことをいいます。貸倒れの原因となる相手方の「事由」と、対価を受け取ることができなくなったものとして課税標準額に対する消費税額から控除される「貸倒損失額」についてまとめると、次のとおりです。

貸倒れの原因と貸倒損失額

区分	原因となる事由	貸倒損失の額
法律上の貸倒れ	・更生計画**認可の決定**(会社更生法) ・再生計画**認可の決定**(民事再生法) ・特別清算に係る協定の**認可の決定**(会社法) ・債権者集会の協議**決定** 等	切捨額
法律上の貸倒れ	債務超過の状態が相当期間継続し弁済不能	書面による債務免除額
事実上の貸倒れ	債務者の財産状況・支払能力等からみて**債務の全額が回収不能**(担保物処分後)	**売掛金等の全額**
形式上の貸倒れ	債務者との継続的取引停止以後1年以上経過(担保物処分後)	売掛金等の額－備忘価額(1円以上)
形式上の貸倒れ	同一地域の当該債権の総額が取立費用に満たない場合で、支払の督促にもかかわらず弁済なし	売掛金等の額－備忘価額(1円以上)

※ 消費税法における貸倒れの認識は、所得税法や法人税法と同じです。

取引の相手方とは、得意先のことです。また、弁済能力とは、借りたお金を返す能力のことです。問題を解くときは、貸倒れの「原因となる事由」に関係するキーワードが出てきたら「貸倒れ」と判断します。

　つまり、**貸倒れ**とは、事業者が行った課税資産の譲渡等の相手方に対する売掛金等の債権につき貸倒れの事実が生じたため、債権金額の全部又は一部を受け取ることができなくなったことをいいます。

事業者の取引先などに貸倒れの事実が生じると、売掛金などの債権が回収できなくなり、その結果、対価を受け取ることができなくなるんですね。

(2) 債権の貸倒れの位置付け

「売掛金等の債権の貸倒れ」の取引の位置付けを取引分類図で示すと、次のとおりです。

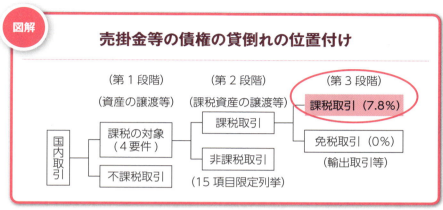

事業者がすでに行った7.8％課税売上げに係る売掛金等の債権について貸倒れの事実があった場合には、その貸倒れの事実があった当期に課税標準額に対する消費税額について修正計算を行います。

問題 ▶▶▶ 問題編の**問題1**に挑戦しましょう！

2 貸倒れに係る消費税額の計算

● 貸倒れに係る消費税額の計算

貸倒れに係る消費税額は、その売掛金等の債権のうち貸倒れの事実が生じた分の金額に直接 $\frac{7.8}{110}$ を乗じて求めます。

〈貸倒れに係る消費税額の計算方法〉

$$貸倒れの金額 \times \frac{7.8}{110}^{※} = 貸倒れに係る消費税額$$

※ 平成26年（2014年）4月1日から令和元年（2019年）9月30日までの間に行った課税資産の譲渡等について、令和元年（2019年）10月1日以後に、貸倒れの事実が生じた場合には、その貸倒れの事実が生じた売掛債権等の金額に $\frac{6.3}{108}$ を乗じて税額計算を行う。

1円未満の端数があるときは、その端数を切り捨てます。

● 貸倒れに係る消費税額の控除時期

貸倒れに係る消費税額は、事業者の取引の相手方に貸倒れの事実が生じた日の属する課税期間に課税標準額に対する消費税額から控除します。

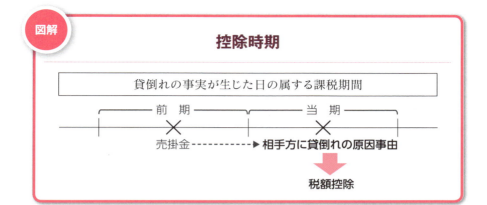

 本来なら、前期に売り上げているので、前期に預かった消費税額を修正すべきなのですが、前期に遡って計算し直すのは大変なので貸倒れがあった当期に修正計算をするんですね。

貸倒れに係る消費税額の控除については、条文では次のように規定されています。

貸倒れに係る消費税額の控除（法39①）

事業者（免税事業者を除く。）が国内において**課税資産の譲渡等**（**輸出免税等**により消費税が免除されるものを除く。）（注1）を行った場合において、その課税資産の譲渡等の相手方に対する売掛金その他の債権につき**貸倒れの事実**が生じたため、その課税資産の譲渡等の税込価額の全部又は一部の領収をすることができなくなったときは、そのできないこととなった日の属する課税期間の**課税標準額に対する消費税額**から、その領収をすることができなくなった課税資産の譲渡等の税込価額に係る消費税額（注2）の合計額を控除する。

（注1）「課税資産の譲渡等」からは「特定資産の譲渡等」を除く。
（注2）その税込価額に**110分の7.8**を乗じて算出した金額

「国内において課税資産の譲渡等（輸出免税等により消費税が免除されるものを除く。）を行った」とは、取引分類図上の「7.8％課税売上げ」を行ったということです。貸倒れに係る消費税額の計算を行うのは、そもそも消費税額が含まれている取引であるため、消費税が免除されている輸出免税等に係る取引については計算対象から除かれます。

免税事業者とは、消費税を納めなくてよい事業者のことです。免税事業者について詳しくはChapter15（3分冊目）で説明します。

● 税額控除しないもの

事業者が商品販売などをした際に生じた売掛債権等について貸倒れがあった場合でも、不課税・非課税・免税取引に係るものについては、そもそも売り上げた時において消費税が課税されていないため、貸倒れに係る消費税額の控除の処理を行いません。

図解

貸倒れに係る税額（税額控除しないもの）

① 非課税売上げである土地の売却に係る未収金の貸倒れ
② 貸付金の貸倒れ
③ 輸出免税売上げに係る売掛債権の貸倒れ

売り上げた時に課税されていた7.8％課税売上げについてのみ、貸倒れに係る消費税額の控除の処理をします。
また、貸付金は消費税法上、有価証券に類するものとして、その譲渡については非課税とされています。たとえば、現金の貸付け取引について、会計上の仕訳で示すと、貸付金××／現金××となります。7.8％売上げは計上されず、預かった消費税額はありませんので、この貸付金が貸し倒れた場合にも、消費税額の計算は行いません。

それでは、次の例題で貸倒れに係る消費税額の計算方法を確認してみましょう。

貸倒れに係る消費税額

問題

取引等の状況は次のとおりである。

これに基づき、当期（令和3年4月1日～令和4年3月31日）の貸倒れに係る消費税額を求めなさい。なお、金額は税込である。また、国内取引の要件は満たしているものとする。

(1) 当期に行った国内課税売上げの売掛金625,000円が貸し倒れた。
(2) 当期に行った輸出免税売上げの売掛金600,000円が貸し倒れた。
(3) 当期に貸し付けた貸付金1,000,000円が貸し倒れた。
(4) 当期に売却した国内の建物の未収金52,500,000円が貸し倒れた。
(5) 当期に売却した国内の土地の未収金105,000,000円が貸し倒れた。

解答

● 税額控除の対象となる貸倒れの拾出し

625,000円＋52,500,000円＝53,125,000円

※ 輸出免税売上げに係る売掛金、貸付金、土地の売却に係る未収金は消費税が課税されていないため、税額控除の処理はありません。

● 貸倒れに係る消費税額の計算

$$53,125,000円 \times \frac{7.8}{110} = \underline{3,767,045円}$$

税額控除しないものを覚えてしまうのがポイントです。

譲り受けた金銭債権に貸倒れが生じた場合

他者が保有している金銭債権を購入し、その債権について貸倒れの事実があった場合について見てみましょう。

譲り受けた金銭債権に貸倒れが生じた場合

（例）甲社が取引先乙社から購入した債権について貸倒れの事実が生じたため、貸倒損失1,000円を計上した。
当該債権は、乙社が取引先丙社に対して有していた売掛債権である。

②〈甲社の仕訳〉
乙社の売掛債権の譲受け
債　権　1,000／現　金　1,000
実質的貸付金

新債権者 甲社

債権者 乙社

①〈乙社の仕訳〉
商品の掛販売
売 掛 金　1,000／
売　　上　　　　1,000

③〈甲社の仕訳〉
債権の回収不能
貸倒損失 1,000／債　権　1,000
貸倒れに係る消費税額の処理なし

債務者 丙社

> 　甲社が購入した乙社の売掛債権（乙社から譲り受けた金銭債権）は、実質的に丙社に対する貸付金と考えられます。
> 　したがって、この譲り受けた金銭債権に貸倒れの事実が生じたとしても、甲社は貸倒れに係る消費税額の控除処理を行いません。

　他者からお金を払って債権を購入することを「債権の譲受け」といいます。この場合、他者は債権を譲り渡していることになります。
　税法は、取引当事者の双方の取扱いを考えると理解が深まります。

問題 ▶▶▶ 問題編の**問題2〜問題3**に挑戦しましょう！

3 手続要件

税額控除制度の手続要件

ここまで説明してきたように、貸倒れに係る税額は、税額控除項目の1つです。つまり、この規定は事業者の納付すべき消費税額を減らすことになるため、売上げに係る対価の返還等と同様に納税者にとって有利な規定です。したがって、無条件に税額控除を認めるわけにはいかないため、手続要件が定められています。

貸倒れに係る消費税額の控除を受けるためには、書類を7年間保存することが必要になります。

条文

手続要件

(1) 書類の保存（法39②）

> 「貸倒れに係る消費税額の控除」の規定は、事業者が債権の切捨ての事実を証する書類その他貸倒れの事実を証する**書類を保存**しない場合には、適用しない。

※ 宥恕（ゆうじょ）規定あり

(2) 保存期間

> (1)の書類を、その貸倒れとなった日の属する課税期間の末日の翌日から2月を経過した日から7年間保存する方法による。

貸倒れは、取引の相手方に貸倒れの原因となる事由が生じたときに認識します。したがって、貸倒れに係る手続要件には、その貸倒れの事実を証する書類が必要になります。

宥恕規定とは、一部寛大な取扱いを認める規定です。災害その他やむを得ない事情により、その保存をすることができなかったことを証明した場合は、書類を保存しなくても適用されます。

● 税額控除制度のまとめ

　消費税法では、正しい納付税額を算定するために、課税標準額に対する消費税額から控除対象仕入税額などの税額控除項目を控除します。

　売掛金などの債権が貸し倒れた場合には、商品などの販売時に7.8％課税売上げが計上されていても、実際には対価を得ていないため課税標準額に対する消費税額はありません。しかし、消費税法では7.8％課税売上高をもとに課税標準額に対する消費税額を計算するため、貸倒れに係る税額を別に計算して他の控除税額と合わせて課税標準額に対する消費税額から控除する形をとっています。

課税標準額に対する消費税額 － 控除税額 ＝ 納付税額

→ 貸倒れに係る税額の控除が含まれます。

税額控除の全体像についてまとめると、次のとおりです。

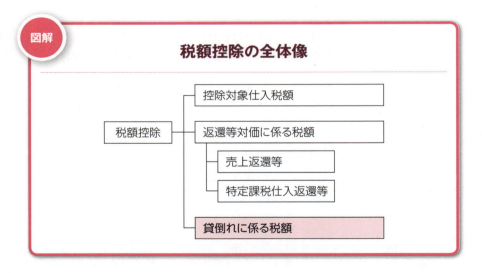

控除過大調整税額

● 控除過大調整税額とは

　前期以前に貸倒れとして処理した売掛債権等について、当期にその代金が回収されることがあります。この場合の会計上の処理は、償却債権取立益として収益に計上します。

　一方、消費税法では、貸し倒れた売掛債権等に係る税額は、すでに貸倒れに係る消費税額の控除として税額控除を受けているので、課税標準額に対する消費税額として計上している金額はありません。そこで、<u>回収された代金（償却債権取立益）に含まれている消費税額を再計上するため</u>、申告書上、**控除過大調整税額**として課税標準額に対する消費税額とは別に加算します。

　控除過大調整税額の申告書の記載箇所は、次のとおりです。

この申告書による消費税の税額の計算		
課 税 標 準 額	① ……000	03
消 費 税 額	②	06
控除過大調整税額	③	07
控除税額 / 控除対象仕入税額	④	08
/ 返還等対価に係る税額	⑤	09
/ 貸倒れに係る税額	⑥	10
/ 控除税額小計（④+⑤+⑥）	⑦	
控除不足還付税額（⑦-②-③）	⑧	13

● 償却債権取立益に係る消費税額の計算

償却債権取立益に係る消費税額は、いったん貸倒れて税額控除した売掛債権等について、その代金が回収されたときに、その回収された売掛債権等の金額（税込）に直接 $\frac{7.8}{110}$ を乗じて求めます。

〈償却債権取立益に係る税額の計算方法〉

領収した売掛債権等の金額（税込） × $\frac{7.8}{110}$※ ＝ 貸倒回収に係る消費税額

※ 平成26年（2014年）4月1日から令和元年（2019年）9月30日までの間に行った課税資産の譲渡等について、令和元年（2019年）10月1日以後に、いったん貸倒れて税額控除した売掛債権等について、その代金が回収された場合には、その回収された売掛債権等の金額に $\frac{6.3}{108}$ を乗じて税額計算を行う。

領収とは、売掛金等の債権を回収し、代金として金銭を受け取ることです。

● 償却債権取立益に係る消費税額の加算時期

貸倒れ回収に係る消費税額は、事業者の領収日の属する課税期間の課税標準額に対する消費税額に加算します。

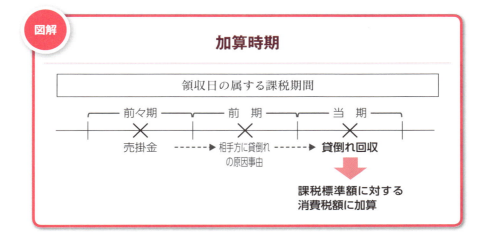

償却債権取立益に係る消費税額について、条文では次のように規定されています。

償却債権取立益に係る消費税額（法39③）

　貸倒れに係る消費税額の控除の適用を受けた事業者が貸倒れとなった課税資産の譲渡等の税込価額の全部又は一部の領収をしたときは、その領収をした税込価額に係る消費税額を**課税資産の譲渡等に係る消費税額**とみなして、その領収日の属する課税期間の**課税標準額に対する消費税額**に加算する。

※　「課税資産の譲渡等」からは、「特定資産の譲渡等」を除く。

条文では「課税標準額に対する消費税額に加算する」とありますが、申告書上は、別枠で加算します。

ここまでの知識を計算パターンでまとめてみます。

(1) 課税標準額

当課税期間中の7.8%課税売上高（税込）× $\dfrac{100}{110}$ ＝ ×××→×××（千円未満切捨）

(2) 課税標準額に対する消費税額

課税標準額 × 7.8%

(3) 控除過大調整税額

領収した売掛債権等の金額（税込）× $\dfrac{7.8^※}{110}$

(4) 控除対象仕入税額

国内課税仕入れの合計額（税込）× $\dfrac{7.8}{110}$

(5) 売上げに係る対価の返還等に係る消費税額

対価の返還等の合計額（税込）× $\dfrac{7.8^※}{110}$

(6) 貸倒れに係る消費税額

貸倒れの合計額（税込）× $\dfrac{7.8^※}{110}$

(7) 差引税額

(2) ＋ (3) － ((4)＋(5)＋(6)) ＝ ×××→×××（百円未満切捨）
　　　　　　　　控除税額

(8) 納付税額

(7) － 中間納付消費税額

※　平成26年（2014年）4月1日から令和元年（2019年）9月30日までの間に行った課税資産の譲渡等については $\dfrac{6.3}{108}$ を乗じて税額計算を行う。

貸倒れに関する項目は得点しやすいので、本試験では早めに解答することをおすすめします。

それでは、次の例題で貸倒れに関する消費税額の計算方法を確認してみましょう。

例題 貸倒れに係る消費税額の計算

問題

取引等の状況は次のとおりである。
これに基づき、当期（令和3年4月1日～令和4年3月31日）の納付税額を求めなさい。なお、金額は税込であり、開業以来課税事業者である。

(1) 課税売上高　　216,000,000円
(2) 課税仕入高　　97,200,000円
(3) 売上返還等　　21,600,000円（当期の課税売上高に係るもの）
(4) 貸倒れ　　　　4,320,000円（前々期（平成31年4月1日から令和2年3月31日まで）の課税売上高（令和元年5月1日の売上げ分）に係るもの）
(5) 償却債権取立益　6,615,000円（前々期（平成31年4月1日から令和2年3月31日まで）の課税売上高（令和元年8月6日の売上げ分）につき前期（令和2年4月1日から令和3年3月31日まで）において貸倒れの税額控除の適用を受けたもので当期に回収したもの）
(6) 中間納付消費税額　2,600,000円

解答

● 課税売上高の拾出し ⇒ 課税標準額

$$216,000,000円 \times \frac{100}{110} = 196,363,636円 \rightarrow 196,363,000円$$

（千円未満切捨）

● 課税標準額に対する消費税額

$196,363,000円 \times 7.8\% = 15,316,314円$

● 償却債権取立益の拾出し ⇒ 控除過大調整税額

$$6,615,000円 \times \frac{6.3}{108} = 385,875円$$

● 課税仕入高の拾出し ⇒ 控除対象仕入税額

$$97,200,000円 \times \frac{7.8}{110} = 6,892,363円$$

● 売上げに係る対価の返還等に係る消費税額

$$21,600,000円 \times \frac{7.8}{110} = 1,531,636円$$

● 貸倒れに係る消費税額

$$4,320,000円 \times \frac{6.3}{108} = 252,000円$$

● 差引税額

$15,316,314円 + 385,875円 - (6,892,363円 + 1,531,636円$
$+ 252,000円) = 7,026,190円 \rightarrow 7,026,100円$　（百円未満切捨）

● 納付税額

$7,026,100円 - 2,600,000円 = \underline{4,426,100円}$

問題 ▶▶▶ 問題編の**問題4**～**問題6**に挑戦しましょう！

問題集

Chapter 1 消費税の概要

問題 1 消費税とは

重要度 A 2分 解答 44P

消費税とはどのような税なのかについて説明した次の文章のかっこの中に適当な語句又は数字を記入しなさい。

所得税や法人税のように税の負担者と納税者が同一である税金を直接税というが、消費税は税の負担者と納税者が異なるため税金であるため【 ① 】という。消費税の標準税率は10%であるが、この内訳は国税【 ② 】%と地方税【 ③ 】%となっている。なお、一定の飲食料品や新聞の譲渡などについては【 ④ 】が適用される。【 ④ 】は8%であるが、この内訳は国税6.24%と地方税1.76%となっている。消費税の計算では、商品などが生産者から消費者に行きつくまでの流通の各段階で二重・三重に税が課されることがないように多段階累積控除という仕組みが採用されており、「預かった消費税額」から「【 ⑤ 】消費税額」を控除することによって納付税額を計算する。

問題 2 納付税額の計算 (1)

重要度 A 2分 解答 45P

次の資料から、当期（令和3年4月1日から令和4年3月31日まで）の納付税額を計算しなさい。

(1) 課税標準額に対する消費税額（預かった消費税額）………………… 1,019,000円
(2) 控除対象仕入税額（支払った消費税額）………………………………… 834,720円

問題 3 納付税額の計算 (2)

重要度 A 3分 解答 45P

次の資料から、(1)預かった消費税額、(2)支払った消費税額及び(3)納付税額を計算しなさい。なお、当期は令和3年4月1日から令和4年3月31日までの期間とし、軽減税率が適用される取引は行っていないものとする。

2

当期商品売上高（課税売上げ）……………………………… 30,000,000円（税込）
当期商品仕入高（課税仕入れ）……………………………… 21,000,000円（税込）

問題 4　納付税額の計算 (3)　　重要度 A　5分　解答 47P

　甲株式会社（以下「甲社」という。）は電化製品の卸売業と貨物運送事業を営んでおり、当期（令和3年4月1日から令和4年3月31日まで）の取引等の状況は次のとおりである。これに基づき甲社が当期に納付すべき消費税額を求めなさい。なお、金額はすべて税込金額であり、商品は課税資産に該当するものとし、取引はすべて課税取引であるものとする。また、甲社は軽減税率が適用される取引は行っていないものとする。

〈収入項目〉
　当期商品売上高 ……………………………………………………… 35,000,000円
　貨物運送事業に係る収入 …………………………………………… 28,000,000円
　配送用車両の売却収入 ………………………………………………… 1,400,000円
〈支出項目〉
　当期商品仕入高 ……………………………………………………… 30,000,000円
　倉庫用建物の購入代金 ……………………………………………… 17,000,000円
　燃料費及び高速道路料金 …………………………………………… 12,000,000円
　事務用消耗品の購入高 ………………………………………………… 400,000円
　修繕費 ……………………………………………………………………… 2,500,000円

問題 5　税抜経理方式　　重要度 B　3分　解答 48P

　次の資料から、(1)預かった消費税額、(2)支払った消費税額及び(3)納付税額を計算しなさい。なお、当社は消費税等の会計処理については税抜経理方式を採用しており、当期は令和3年4月1日から令和4年3月31日までの期間とする。また、当社は軽減税率が適用される取引は行っていないものとする。

当期商品売上高（課税売上げ）……… 58,372,600円（仮受消費税等 5,837,260円）
当期商品仕入高（課税仕入れ）……… 34,549,290円（仮払消費税等 3,454,929円）

Chapter 2 課税の対象の概要

問題1 課税の対象の4要件　　重要度A　2分　解答50P

　国内で行われる取引が、消費税法が適用される「課税の対象」となるための4要件について、次のかっこの中に適当な語句を記入しなさい。

1. 【　①　】において行うものであること
2. 【　②　】が【　③　】として行うものであること
3. 【　④　】を得て行うものであること
4. 資産の【　⑤　】及び【　⑥　】並びに【　⑦　】であること

問題2 課税の対象の判定　　重要度A　5分　解答51P

　次の取引について、課税の対象（消費税法の適用を受けるもの）となるものには○を、課税の対象とならないものには×を付しなさい。

(1)　法人が商品を国内の顧客に販売（有償の譲渡）した。
(2)　法人が商品を国内の取引先に贈与（無償の譲渡）した。
(3)　アメリカにおいて法人が商品をアメリカの得意先に販売した。
(4)　法人が商品をイギリスの得意先に輸出販売した。
(5)　法人が国内に所有する土地を取引先に売却した。
(6)　法人が国内に所有する土地を取引先に有償で貸し付けた。
(7)　法人が国内に所有する建物を従業員に無償で貸し付けた。
(8)　法人がドイツに所有する建物をドイツの取引先に有償で貸し付けた。
(9)　法人が国内において貨物の運送を請け負い、運送料を収受した。
(10)　法人が国内において無償で広告宣伝を請け負った。
(11)　法人がフランスにおいて広告宣伝を行い、宣伝料を収受した。
(12)　個人事業者が国内において事業用に所有する車両を売却した。
(13)　個人事業者が国内において事業とは無関係の自家用車を売却した。
(14)　日本の小説作家が国内において事業活動の一環として講演を行い、講演料を収受した。

⒂ 事業者でない個人が趣味の盆栽についての記事を国内の雑誌社に寄稿し、原稿料を収受した。

問題3 国内取引の分類の全体像　　重要度A　3分　解答53P

国内取引の全体像について説明した次の文章のかっこの中に適当な語句を記入しなさい。なお、記入する語句は次の**【語　群】**の中から選ぶこと。

国内取引のうち「課税の対象」の4要件を満たさない取引は【　①　】として消費税法の適用を受けない。「課税の対象」となった国内取引のうち別表第一に限定列挙されている15項目については【　②　】として、税の性格や政策的な配慮から消費税を課さないこととされている。また、「課税の対象」となった国内取引のうち【　②　】以外の取引で輸出取引等に該当するものは【　③　】として消費地課税主義の観点から消費税が免除され、【　②　】にも【　③　】にも該当しないものは【　④　】に分類され、「預かった消費税額」の計算に使用される。

【語　群】

非課税取引　　免税取引　　7.8%課税取引　　不課税取引　　輸入取引

問題4 課税の対象のまとめ　　重要度A　3分　解答54P

国内取引と輸入取引の課税の対象に関する規定について、次のかっこの中に適当な語句を記入しなさい。

消費税法第4条第1項では、国内取引の課税の対象について次のように規定されている。
『【　①　】において【　②　】が行った【　③　】には、消費税を課する。』
なお、【　③　】とは、【　④　】として【　⑤　】を得て行われる資産の【　⑥　】及び【　⑦　】並びに【　⑧　】をいう。
また、同法第4条第2項では、輸入取引の課税の対象について次のように規定されている。
『【　⑨　】から引き取られる【　⑩　】には、消費税を課する。』

5

Chapter 3 国内取引と輸入取引の課税の対象

問題 1 国内取引の判定（原則的な取扱い）　重要度 A　5分 ▶　解答 55P

次の取引について、国内取引となるものに○を、ならないものに×を付しなさい。

(1)　内国法人が国内に所有する土地を取引先（外国法人）に売却した。

(2)　内国法人がアメリカに所有する建物を取引先（外国法人）に売却した。

(3)　内国法人が日本にある商品を中国の得意先（外国法人）に輸出販売した。

(4)　内国法人がイギリスの支店にある商品をイギリスの得意先（外国法人）に売却した。

(5)　外国法人がニューヨークにある商品を日本の得意先（内国法人）に販売した。

(6)　個人事業者が国内に所有する建物を取引先（個人事業者）に貸し付けた。

(7)　個人事業者がハワイに所有する建物を国内の取引先（内国法人）に貸し付けた。

(8)　内国法人（運送会社）が東京から名古屋に荷物を輸送した。

(9)　外国法人（イベント会社）が日本国内で音楽のイベントを開催した。

(10)　内国法人（広告代理店）が韓国企業のCM放送の依頼を受けて、韓国で広告宣伝をした。

(11)　日本人のピアニストがフランスでピアノの演奏をした。

(12)　日本人のサッカー選手が日本国内のテレビ番組に出演した。

(13)　個人事業者が国内の事務所で取引先（個人事業者）に金銭の貸付けを行い、利息を収受した。

(14)　内国法人がイタリアの支店において取引先（外国法人）と金銭消費貸借契約を締結し、金銭を貸し付けて利息を収受した。

(15)　内国法人が本社財務部でスイスの銀行（外国法人）に預金を預け入れ、利息を収受した。

問題2　国内取引の判定（例外の細目）　重要度 B　4分　解答 56P

次の取引について、国内取引となるものに○を、ならないものに×を付しなさい。

(1)　内国法人が特許権（日本で登録されている）を取引先（内国法人）に売却した。
(2)　内国法人が特許権（ドイツで登録されている）をドイツの取引先（外国法人）に貸し付けた。
(3)　内国法人が特許権（日本とフランスの両国で登録されている）を取引先（内国法人）に貸し付けた。
(4)　外国法人（ニューヨークに本店を有する）が内国法人に著作権を譲渡した。
(5)　内国法人（国外に支店を有しない）が金銭債権を外国法人に譲渡した。
(6)　内国法人（運送会社）がパリからロンドンへ荷物を輸送した。
(7)　内国法人（電話会社）が東京からロサンゼルスへの国際電話料金を収受した。
(8)　内国法人が日本国内及びアメリカ合衆国内で広告宣伝を行った（広告宣伝に係る事務所は日本国内にある）。

問題3　事業者が事業として行うものの判定　重要度 A　4分　解答 57P

次の取引について、「事業者が事業として行うもの」に該当するものに○を、しないものに×を付しなさい。

(1)　法人が商品を販売した。
(2)　法人が事業の用に供していない建物を貸し付けた。
(3)　個人事業者が趣味で所有している絵画を売却した。
(4)　個人事業者が事業用車両を売却した。
(5)　個人事業者が事業用資金を銀行に預け入れ、利息を収受した。
(6)　個人事業者が自家用車（事業用に使用したことはない）を売却した。
(7)　個人事業者が商品を友人に販売した。
(8)　会社員が賞与を受け取った。
(9)　事業者でない個人がフリーマーケットで私服を売却した。
(10)　日本人映画俳優がテレビコマーシャルに出演した。

問題 4 対価を得て行うものの判定 重要度 B 8分 ✓ 解答 59P

次の取引について、「対価を得て行うもの」に該当するものに○を、しないものに×を付しなさい。

(1) 法人が商品を販売し販売代金を収受した。

(2) 法人が取引先に備品を贈与した。

(3) 法人が新店舗を開店した際に取引先から祝金を収受した。

(4) 個人事業者が土地を貸し付けて賃貸料を収受した。

(5) 個人事業者が出資した法人(株式会社)から配当金を受領した。

(6) 法人が所有する倉庫で火災が発生し、保険会社から保険金を受け取った。

(7) 法人が所有する営業用車両が交通事故で損傷し、加害者から損害賠償金を収受した。

(8) 法人が所有する商品が交通事故で損傷してしまい、加害者から損害賠償金を収受した(その商品は加害者に引き渡され、軽微な修理を加えることで使用可能である)。

(9) 法人が特許権を有する製品製造技術を他の法人に無断で使用されたため損害賠償金を収受した。

(10) 個人事業者が事務所用に賃借していた建物の取壊しが決定したことにより賃貸借契約が解除され立退料を収受した。

(11) 個人事業者が病気で入院した際に取引先から見舞金を収受した。

(12) 法人が地方公共団体から助成金の交付を受けた。

(13) 法人が居住用建物を賃貸した際に権利金(返還義務のないもの)を受け取った。

(14) 法人が居住用建物を賃貸した際に権利金(返還義務のあるもの)を受け取った。

(15) 法人が社宅を無償で従業員に貸し付けた。

(16) 法人(旅行会社)がツアーを予約していた団体からキャンセル料(逸失利益を補填するための損害賠償金)を収受した。

(17) 法人(不動産会社)が賃貸している建物の明渡し遅滞に伴い賃借人から損害賠償金を収受した。

(18) 法人が所有する土地が国に収用され、国から対価補償金を収受した。

8

(19)　法人が所有する土地が国に収用され、国から収益補償金を収受した。
(20)　法人が所有する土地が国に収用され、国から移転補償金を収受した。

問題 5　資産の譲渡等の判定　　重要度 A　4分　解答 61P

次の取引について、「資産の譲渡等（資産の譲渡及び貸付け並びに役務の提供）」に該当するものに○を、しないものに×を付しなさい。

(1)　個人事業者が商品を販売した。
(2)　法人が著作権を貸し付けた。
(3)　法人の所有する建物が火災で全焼した。
(4)　法人が決算に際して為替差益を計上した。
(5)　法人が不動産売買契約の仲介を行った。
(6)　税理士が税務相談を行った。

問題 6　みなし譲渡の判定　　重要度 A　4分　解答 62P

次の取引について、事業として対価を得て行われた資産の譲渡とみなされる行為（みなし譲渡）に該当するものに○を、しないものに×を付しなさい。

(1)　法人が営業用車両を自社の取締役に贈与した。
(2)　法人が備品を自社の従業員に贈与した。
(3)　法人が保養所を自社の取締役に無償で貸し付けた。
(4)　法人が自社の取締役に無償で役務の提供をした。
(5)　法人が消費者に試供品を贈与した。
(6)　個人事業者が販売用の商品を家事のために消費した。
(7)　個人事業者が家事用に購入した応接セットを事業の用に供した。
(8)　個人事業者が事業用の備品を家事のためにのみ使用することとした。

問題 7 課税の対象の判定（まとめ）　　**重要度 A**　**8分**　解答 63P

　次の取引について、課税の対象（消費税法の適用を受けるもの）となるものに○を、課税の対象とならないものに×を付しなさい。

(1)　内国法人が国内にある土地を外国法人に有償で譲渡した。

(2)　内国法人が特許権（アメリカで登録されている）を他の内国法人に有償で貸し付けた。

(3)　内国法人が国から補助金の交付を受けた。

(4)　内国法人が自社の取締役に乗用車を贈与した。

(5)　内国法人が決算に際して減価償却費を計上した。

(6)　個人事業者が事業用の備品を日常生活のためだけに使用することとした。

(7)　内国法人が国内にある建物を他の内国法人に貸し付け、権利金（返還義務のないもの）を受け取った。

(8)　内国法人が国内にある社宅を従業員に貸し付け、社宅使用料を収受した。

(9)　会社員が定年退職した際に退職金を受け取った。

(10)　内国法人が国内において株券を発行し、金銭の払込みを受けた。

(11)　内国法人が国内において広告宣伝を行い、広告料を収受した。

(12)　外国法人の国内支店が国内の銀行のその支店名義の口座に預金を預け入れ、利息を収受した。

(13)　内国法人が貸し付けている国内の土地の明渡し遅滞に伴い賃借人から損害賠償金を受け取った。

(14)　内国法人が外国貨物を保税地域から引き取った。

(15)　内国法人がスイスから輸入した貨物を、税関で輸入許可を受ける前に消費した。

(16)　内国法人が大阪からパリへのエアメールを配達し、配達料を受け取った。

(17)　個人事業者が国内において趣味で所有している骨董品を売却し、売却代金を事業用資金に充当した。

(18)　外国法人が国内で株式売買契約の仲介をし、仲介手数料を収受した。

10

問題 8 輸入取引の課税の対象の判定 重要度 B 4分 解答 65P

次の取引について、輸入取引の課税の対象となるものに○を、課税の対象とならないものに×を付しなさい。

(1) 法人が商品（課税貨物）をアメリカから日本国内に輸入し、保税地域から引き取った。
(2) 法人が車椅子（非課税貨物）をスイスから日本国内に輸入し、保税地域から引き取った。
(3) フランスに工場を有する法人が木材をイギリスからフランスに輸入し、港から引き取った。
(4) 事業者でない個人が趣味のためにオートバイをイタリアから日本国内に輸入し、保税地域から引き取った。
(5) 法人が中国の子会社で製造した製品を無償で日本国内に輸入し、保税地域から引き取った。
(6) 法人がアメリカに輸出しようとする貨物を保税地域内に持ち込んだが、事情により急遽輸出を取りやめることにし、税関の輸出許可を受ける前に保税地域から運び出した。
(7) 個人事業者がフィリピンから輸入したバナナを、税関で輸入許可を受ける前に食べた。
(8) 法人がカナダから木材を輸入して、保税地域内の工場で当該木材を原材料として家具に加工した。

Chapter 4 非課税取引と免税取引

問題1 国内取引の非課税

重要度 A　7分　解答 67P

国内取引の非課税について記した次の文章のかっこの中に適当な語句を記入しなさい。

国内において行われる資産の譲渡等のうち、次のものには、消費税を【 ① 】。

(1) 【 ② 】(【 ② 】の上に存する権利を含む。)の譲渡、貸付け(貸付期間が【 ③ 】未満の場合及び【 ④ 】に伴って【 ② 】が使用される場合を除く。)

(2) 【 ⑤ 】(ゴルフ場利用株式等を除く。)、【 ⑥ 】(収集品、販売用のものを除く。)その他これらに類するものの譲渡

(3) 【 ⑦ 】を対価とする金銭の貸付け、【 ⑧ 】としての役務の提供、公社債投資信託等に係る【 ⑨ 】を対価とする役務の提供及び保険料を対価とする役務の提供その他これらに類するもの

(4) 次の資産の譲渡
   ① 日本郵便株式会社等が行う【 ⑩ 】、印紙の譲渡
   ② 地方公共団体又は売りさばき人が行う証紙の譲渡
   ③ 【 ⑪ 】の譲渡

(5) 次の役務の提供
   ① 国等が行うもので、その料金の徴収が法令に基づくもの
   ② 裁判所の執行官又は公証人の手数料を対価とするもの
   ③ 【 ⑫ 】に係るもの

(6) 【 ⑬ 】等の規定に基づく資産の譲渡等

(7) 次の資産の譲渡等
   ① 【 ⑭ 】に基づく居宅サービス
   ② 社会福祉事業、更生保護事業として行われる資産の譲渡等(生産活動に基づくものを除く。)

(8) 医師等による【 ⑮ 】に係る資産の譲渡等

12

⑼　埋葬料又は【　⑯　】を対価とする役務の提供
⑽　【　⑰　】の譲渡、貸付けその他の資産の譲渡等
⑾　学校教育法等に規定する教育として行う役務の提供
⑿　学校教育法に規定する【　⑱　】の譲渡
⒀　【　⑲　】の貸付け（契約において人の居住の用に供することが明らかにされている場合（契約において貸付けに係る用途が明らかにされていない場合にその貸付け等の状況からみて人の居住の用に供されていることが明らかな場合を含む。）に限るものとし、貸付期間が【　⑳　】未満の場合等を除く。）

問題2　非課税取引（1）　

次の取引について、非課税取引となるものに○を、ならないものに×を付しなさい。なお、すべて国内取引に該当するものとし、譲渡及び貸付けについてはそれぞれ対価を収受している。

⑴　法人が土地を譲渡した。
⑵　法人が借地権を譲渡した。
⑶　法人が契約期間3週間で土地を貸し付けた。
⑷　法人が契約期間1年で土地を貸し付けた。
⑸　法人が時間貸立体駐車場（管理用の建物施設が備わったもの）を貸し付けた。
⑹　法人が売買目的で保有する株式を譲渡した。
⑺　法人が金銭債権（他の法人に対して所有する貸付金）を譲渡した。
⑻　法人がゴルフ場利用株式を譲渡した。
⑼　法人（証券会社）が株式売却手数料を収受した。
⑽　法人が銀行預金の利子を収受した。
⑾　法人が国債の利子を収受した。
⑿　法人が出資している株式会社から配当金を収受した。
⒀　法人（日本郵便株式会社）が郵便切手を販売した。
⒁　法人（医療法人）が社会保険医療等以外の自由診療を行い診察代を収受した。

(15) 法人（医療法人）が健康保険法に基づく医療として医薬品を販売した。

(16) 法人が車椅子（身体障害者用物品に該当する）を販売した。

(17) 法人が事務所用建物を貸し付けた（契約期間は2年間）。

(18) 法人が従業員に社宅を貸し付けた（契約期間は1年間）。

(19) 法人が居住用マンションを貸し付けた（契約期間は1週間）。

(20) 法人が居住用マンションを売却した。

問題3 非課税取引（2）　　　重要度 B　8分 ▶　解答 70P

　次の取引について、7.8％課税取引となるものには「課」を、非課税取引となるものには「非」を、不課税取引となるものには「不」を付しなさい。なお、特に指示があるものを除き、すべて国内取引の要件を満たすものとし、譲渡及び貸付けについてはそれぞれ対価を収受しているものとする。

(1) 法人が取引先に無償で土地を貸し付けた。

(2) 法人が自社の従業員に野球場（フェンス、照明、スコアボードなどの設備が備わったもの）を貸し付け、施設利用料を収受した。

(3) 法人が自社の取締役に国債を無償で譲渡した。

(4) 法人が公社債投資信託の信託報酬を収受した。

(5) 法人が集団投資信託の収益分配金を収受した。

(6) 法人が信用保証料を収受した。

(7) 法人（保険会社）が保険料を収受した。

(8) 法人が損害保険会社から保険金を収受した。

(9) 法人が他店商品券を販売した。

(10) 個人事業者（医師）が健康診断（社会保険診療等には該当しない）の報酬を受け取った。

(11) 法人（医療法人）が出産に係る入院費用を収受した。

(12) 法人（葬儀会社）が火葬に係る火葬料を収受した。

(13) 法人が介護保険法の規定に基づく居宅サービスを提供した。

(14) 法人（学校教育法に規定する大学法人）が授業料を収受した。

(15) 法人が数学の教科書（学校教育法に規定する教科用図書に該当する。）を販売した。

(16) 法人が学校指定の参考書（学校教育法に規定する教科用図書に該当しない。）を販売した。

(17) 法人が保養所を貸し付けた。

(18) 法人（不動産会社）が貸付期間2年の住宅の貸付けに係る共益費を収受した。

(19) 法人（不動産会社）が他の法人に契約期間1年で建物を貸し付けた。なお、当該建物は事務所として使用されているが、契約書では居住の用に供することとされている。

(20) 法人（不動産会社）が契約期間2年の住宅を貸し付けた際に保証金（返還義務がある）を収受した。

(21) 法人（不動産会社）が賃貸している契約期間2年の居住用マンションの明け渡し遅滞に伴い賃借人から損害賠償金を収受した。

(22) 法人（建設会社）が住宅の建設予定地の造成費用を収受した。

問題 4 **非課税取引（3）** 重要度 **C** **3分** ▶ 解答 **72P**

次の取引について、7.8％課税取引となるものには「課」を、非課税取引となるものには「非」を、不課税取引となるものには「不」を付しなさい。なお、特に指示があるものを除き、国内取引の要件を満たすものとし、譲渡及び貸付けについてはそれぞれ対価を収受しているものとする。なお、取引はすべて令和3年4月1日から令和4年3月31日までの間に行われたものとする。

(1) 法人が借地権に係る更新料を収受した。

(2) 法人が合同会社の持分を譲渡した。

(3) 法人が身体障害者用物品の部分品を販売した。

(4) 法人（暗号資産交換業者）がビットコイン（資金決済法に規定する暗号資産に該当する。）を譲渡した。

(5) 法人（医療法人）が美容整形手術に係る手術代を収受した。

(6) 法人（コイン販売店）が「10万円記念硬貨」を販売した。

(7) 区役所が住民票の発行手数料を収受した。

(8) 法人（銀行）が海外送金手数料を収受した。

(9) 法人が外国法人A社の株式を内国法人B社に譲渡した。なお、A社は株券

15

を発行しておらず、A社の株式を取り扱う振替機関の所在地は国外である。

問題5 輸出免税等（1）

重要度A **4分** 解答73P

輸出免税等について記した次の文章のかっこの中に適当な語句を記入しなさい。

1．輸出免税等

　　事業者（免税事業者を除く。）が国内において行う[①]のうち、[②]に該当するものについては、消費税を[③]。

2．[②]の範囲

(1) [④]として行われる資産の譲渡、貸付け

(2) [⑤]の譲渡、貸付け（(1)を除く。）

(3) 国内及び国外にわたって行われる旅客、貨物の輸送、[⑥]

(4) 専ら(3)の輸送の用に供される船舶又は航空機の譲渡、貸付け、修理で船舶運行事業者等に対するもの

(5) (1)～(4)の資産の譲渡等に類するもの

　① 外航船舶等の譲渡、貸付け、修理等で船舶運行事業者等に対するもの

　② [⑤]の荷役、運送、保管、検数、鑑定その他これらに類する[⑤]に係る役務の提供（[⑦]における[⑧]に係るこれらの役務の提供を含み、特例輸出貨物に係る役務の提供にあっては、一定のものに限る。）

　③ 国内及び国外にわたって行われる[⑨]、信書便

　④ [⑩]の譲渡、貸付けで[⑪]に対するもの

　⑤ [⑪]に対する役務の提供で次のもの以外のもの

　　イ　国内に所在する資産に係る運送、保管

　　ロ　国内における飲食、宿泊

　　ハ　イ及びロに準ずるもので、国内において直接[⑫]するもの

問題6 輸出免税等（2）

重要度A **7分** 解答74P

　次の取引について、消費税法第7条《輸出免税等》の対象となるものに〇を、ならないものに×を付しなさい。なお、特段の指示がある場合を除きすべて国内取引に該当するものとし、また、資産の譲渡及び貸付け並びに役務の提供につい

16

てはそれぞれ対価を収受している。

(1) 内国法人が商品を外国法人に輸出販売した。

(2) 内国法人がニューヨーク支店において商品をアメリカの得意先（外国法人）に販売した。

(3) 外国法人が日本国内において商品を内国法人に販売した。

(4) 内国法人が国内に所有する建物（事務所）を外国法人に貸し付けた。

(5) 内国法人がフランスの取引先（非居住者であり、国内に支店等を有していない）に対して日本国内の市場の情報を提供した。

(6) 内国法人が外国貨物を他の内国法人に譲渡した。

(7) 内国法人が保税地域内の倉庫で外国貨物を保管し保管料を受け取った。

(8) 内国法人（飲食店）がイギリス人旅行客（非居住者）に飲食物を提供した。

(9) 内国法人（運送会社）が外国法人（非居住者であり、国内に支店等を有していない）の東京にある商品を大阪まで運送した。

(10) 内国法人が特許権（日本で登録されている）を外国法人に対して貸し付けた。

(11) 内国法人が香港で購入した貨物を国内の保税地域に陸揚げせずに台湾の得意先（外国法人）に譲渡した。

(12) 内国法人がアメリカで購入した貨物を国内の保税地域に陸揚げし、輸入手続を経ないで他の内国法人に譲渡した。

(13) 内国法人（電話会社）がパリからモスクワへの国際電話料金を収受した。

(14) 内国法人（運送会社）が名古屋港からロサンゼルス港まで商品を輸送した。

(15) 内国法人が指定保税地域で輸出許可を受ける前の貨物の荷役を行い、荷役料を収受した。

(16) 内国法人が指定保税地域内にある貨物保管用倉庫を外国法人に貸し付けた。

(17) 内国法人（ホテル会社）が中国人旅行客（非居住者）を宿泊させ、宿泊料を収受した。

(18) 内国法人（広告会社）が外国法人（非居住者であり、国内に支店等を有していない）の依頼を受けて日本国内で広告宣伝を行った。

(19) 内国法人（製造業者）が得意先が輸出する物品を製造するために国内で下請加工を行った。

(20) 内国法人（卸売業者）が国内の輸出業者に対して商品を販売した。

問題 7 **輸出物品販売場制度**　　重要度 B　4分　解答 76P

輸出物品販売場制度について述べた次の文章のかっこの中に適当な語句を記入しなさい。

　輸出物品販売場を経営する事業者が【　①　】に対し、【　②　】で輸出するために一定の方法により購入されるものの譲渡（非課税とされるものを除く。）を行った場合には、その物品の譲渡については、消費税を【　③　】。

　免税販売の対象となるのは、【　④　】(家電、バッグ、衣料品などの【　⑤　】以外のもの)については、同一の非居住者に対する同一店舗における1日の販売価額の合計が税抜【　⑥　】以上のもの、【　⑤　】(食品類、飲料類、薬品類、化粧品類その他の【　⑤　】)については、同一の【　①　】に対する同一店舗における1日の販売価額の合計が税抜【　⑥　】以上【　⑦　】以下の範囲内のものであり、金又は白金の地金その他【　⑧　】に供しないものは【　②　】から除かれる。

　なお、平成30年度税制改正により、平成 30 年 7 月 1 日以後に行う免税販売については、【　④　】と【　⑤　】の販売価額（税抜）が【　⑥　】未満であったとしても、合計額が【　⑥　】以上であれば、【　④　】を【　⑤　】と同様の指定された方法により包装することで、免税販売することができることとされた。この場合、当該【　④　】は【　⑤　】として取り扱うこととなる。

　この規定は、事業者が書類等（【　⑨　】）を保存しない場合は適用されない。

問題 8 **取引の分類**（まとめ）　　重要度 A　20分　解答 78P

次の取引について、7.8%課税取引となるものには「課」を、免税取引（輸出免税等）となるものには「免」を、非課税取引となるものには「非」を、不課税取引となるものには「不」を付しなさい。なお、特に指示があるものを除き、与えられた取引は国内取引の要件を満たしているものとする。

(1)　法人が土地を売却した。
(2)　法人が土地を有償で貸し付けた（契約による貸付期間は 1 週間）。
(3)　法人が株式配当金を受け取った。

(4) 法人（不動産会社）が建物の売却についての仲介手数料を収受した。

(5) 法人が土地の売買契約を締結したが、その契約が破棄されたことにより違約金を収受した。

(6) 法人が土地を自社の取締役に贈与した。

(7) 法人が郵便貯金の利子を収受した。

(8) 法人（信用保証協会）が信用の保証料を受け取った。

(9) 法人が駐車場（管理用建物その他の施設が備わったもの）を有償で貸し付けた。

(10) 法人が土地収用法の規定により土地を収用され、国から対価補償金を収受した。

(11) 法人が事務所用建物を貸し付けた際に権利金（返還義務のないもの）を収受した。

(12) 法人が誹謗中傷により自社の名誉を著しく毀損されたことにつき、加害者から損害賠償金を収受した。

(13) 個人事業者が商品（課税資産）を家事のために消費した。

(14) 法人が商品（課税資産）をイギリスの得意先（外国法人）に輸出販売した。

(15) 法人が売買目的有価証券を売却した。

(16) 法人がハワイに所有する土地をハワイの取引先に譲渡した。

(17) 法人（製造業者）が製品の製造過程で生じた作業屑を売却した。

(18) 個人事業者が趣味で所有する楽器を売却した。

(19) サラリーマンが給与を収受した。

(20) 法人が外国法人（非居住者であり、国内に支店等を有していない）に対して日本の政治情勢の情報を提供し、情報料を収受した。

(21) 法人が視覚障害者安全つえ（身体障害者用物品に該当する）を中国の得意先（外国法人）に輸出販売した。

(22) 法人が特許権（日本で登録されている）を非居住者に対して貸し付けた。

(23) 法人（銀行）が円をドルに両替し、手数料を収受した。

(24) 個人事業者（医師）が健康保険法に基づく社会保険診療に係る診療報酬を収受した。

(25) 法人（葬儀会社）が墓地の永代使用料を収受した。

(26) 法人が建物を保養所として従業員に貸し付け施設利用料を収受した。

(27) 法人がシドニー国際空港から中部国際空港へ貨物を輸送した。

(28) 法人が営業用車両を自社の従業員に無償で譲渡した。

(29) 法人が著作権を無断で使用されたことにつき、加害者（非居住者）から損害賠償金を収受した。

(30) 法人（建設業者）が住宅の修理代を収受した。

(31) 日本人プロ野球選手が国内のテレビ番組に出演し、出演料を収受した。

(32) 法人が韓国人旅行客（非居住者）に対して飲食物を提供し、飲食代を収受した。

(33) 法人が券面額より低い金額で購入した社債が満期を迎え、券面額で償還されたことにより生じた償還差益（購入金額と券面額の差額）を有価証券利息として収益計上した。

(34) 法人（運送業者）が指定保税地域内で内国貨物の運送をし、運送料を収受した。

(35) 法務局が土地の登記簿謄本の手数料を受け取った。

(36) 法人が証券投資信託に係る収益分配金を受け取った。

(37) 法人（保険代理店）が保険業務に係る代理事務手数料を収受した。

(38) 法人（不動産会社）が土地付き建物を他の法人に事務所用として貸し付け、建物部分と土地部分とに区分して賃貸借契約を締結し、賃貸料を収受した。

(39) 法人が決算に際して有価証券評価益を計上した。

(40) 地方公共団体が証紙を譲渡した。

(41) 法人（医療法人）が入院時の差額ベッド代を収受した。

(42) 法人がゴルフ会員権を売却した。

(43) 法人（不動産会社）がリゾートマンションを貸し付け、賃貸料を収受した。

(44) 法人がカナダから輸入した貨物を国内の保税地域に陸揚げし、輸入許可を受ける前に他の内国法人に売却した。

(45) 法人が他の内国法人から金銭の寄付を受けた。

(46) 法人（不動産会社）が２年契約の住宅の更新料を収受した。

(47) 法人が約束手形を譲渡した。

(48) 法人が自動車保険の保険金を収受した。

(49) 法人が製品の耐久性テストのために製品を自社使用した。

(50) 法人が受託販売に係る手数料を受け取った。

(51) 法人が売掛金をクレジット会社に譲渡した。

(52) 法人が事務所用建物を貸し付けた際に借家保証金（返還義務があるもの）

を受け取った。
⑸₃ 法人が火災による被害を受け、所有する商品が滅失した。
⑸₄ 法人が保税地域内に所有する貨物運送用フォークリフトを貸し付け、賃貸料を収受した。
⑸₅ 法人が、取引先A社が銀行から金銭を借り入れる際に信用保証のために担保資産を提供し、A社から物上保証料を受け取った。
⑸₆ 個人事業者が自宅の敷地（事業の用に供したことはない）を売却した。
⑸₇ 法人が地方公共団体に対して商品（課税資産）を販売した。
⑸₈ 法人がアメリカにおいて音楽イベントを行い、公演料を収受した。
⑸₉ 法人が取引先にビール券を販売した。
⑹₀ 法人（本社事務所は国内に有する）が商標権（日本とイギリスで登録されている）をフランスの取引先（非居住者）に貸し付け、商標権使用料を収受した。

Chapter 5 課税標準と税率

問題 1 国内取引の課税標準

重要度 A　6分　解答 83P

　国内取引の課税標準について説明した次の文章のかっこの中に適当な語句を記入しなさい。なお、記入する語句は次の**[語　群]**の中から選ぶこと。

　課税資産の譲渡等に係る消費税の課税標準は、原則として、課税資産の譲渡等の**[　①　]**とされ、受領した金額（当事者間で収受することとした金額）が課税標準額に算入される。ただし、対価として金銭以外の物、権利その他経済的な利益を受けた場合には、その物、権利を取得し、又はその利益を享受する時における**[　②　]**が課税標準額に算入される。

　なお、法人が資産を自社の**[　③　]**に対して著しく低い価額で譲渡し、「低額譲渡」に該当する場合には**[　④　]**が課税標準額に算入されることとなる。「低額譲渡」に該当するかどうかの判定は、次の要件を満たすかどうかにより行う。

---

(1)　棚卸資産以外の資産の場合
　　　[　⑤　]＞譲渡金額
(2)　棚卸資産の場合
　　　[　⑥　]＞譲渡金額　又は　**[　⑦　]**＞譲渡金額

また、みなし譲渡があった場合には、次の金額を課税標準額に算入する。

---

(1)　棚卸資産以外の資産の場合
　　　[　⑧　]
(2)　棚卸資産の場合
　　　[　⑨　]　又は　**[　⑩　]**　のうちいずれか大きい方

[語　群]

対価の額	価額	譲渡時の価額	譲渡時の価額×50%
仕入価額	仕入価額×50%	通常の販売価額×50%	
株主	役員	従業員	

22

問題2 **課税標準額の計算（1）**　　重要度 A　8分　解答 84P

　次の各取引について、課税標準額の計算に算入すべき課税売上げの金額を求めなさい。なお、商品は課税資産である。

(1)　法人が定価10,000円の商品を10,000円で得意先に販売した。

(2)　法人が定価15,000円の商品を12,000円で得意先に販売した。

(3)　法人が商品（仕入価額50,000円、通常の販売価額70,000円）を自社の役員に40,000円で販売した。

(4)　法人が商品（仕入価額90,000円、通常の販売価額160,000円）を自社の役員に100,000円で販売した。

(5)　法人が商品（仕入価額30,000円、通常の販売価額45,000円）を自社の従業員に28,000円で販売した。

(6)　法人が乗用車（時価500,000円）を自社の役員に対して200,000円で譲渡した。

(7)　法人が備品（時価250,000円）を自社の役員に対して150,000円で譲渡した。

(8)　個人事業者が商品（仕入価額20,000円、通常の販売価額60,000円）を家事のために消費した。

(9)　個人事業者が備品（時価40,000円）を家事のためにのみ使用した。

(10)　法人が商品（仕入価額50,000円、通常の販売価額80,000円）を自社の役員に対して贈与した。

(11)　法人が骨董品（時価250,000円）を自社の役員に対して贈与した。

(12)　法人が乗用車（時価400,000円）を自社の役員に対して無償で貸し付けた。

(13)　法人が分譲マンション（土地付建物）を120,000,000円で売却した。なお、譲渡価額の内訳は建物部分が50,000,000円、土地部分が70,000,000円である。

(14)　法人が事務所（土地付建物）を90,000,000円で売却した。なお、譲渡対価の内訳は合理的に区分されておらず、譲渡時における土地と建物の時価の比率は 6：4 である。

(15)　法人が事務所（土地付建物）を150,000,000円で売却した。なお、譲渡対価の内訳は合理的に区分されておらず、譲渡時における土地と建物の時価はそれぞれ130,000,000円と70,000,000円である。

問題3 課税標準額の計算（2）　　重要度 **B**　**6分** ▶　解答 **89P**

　次の各取引について、課税標準額の計算に算入すべき課税売上げの金額を求めなさい。

(1)　法人がたばこ1箱を480円で販売した。なお、販売価格にはたばこ1箱あたりのたばこ税に相当する金額300円が含まれているが、本体価格とたばこ税相当額は明確に区別されていない。

(2)　ゴルフ場を経営している法人が、ゴルフのプレー代金38,960円（うち1,660円はゴルフ場利用税である）を収受した。

(3)　温泉施設を経営する法人が入浴料1,500円（うち100円は入湯税である。）を収受した。

(4)　法人（バイクの買取販売業者）が1,200,000円のバイクを販売し、その際に販売先から中古のバイクを400,000円で下取りし、差額の800,000円を現金で収受した。

(5)　法人が600,000円の備品を購入し、その際に、これまで所有していた中古の備品を150,000円で下取りに出し、差額の450,000円を現金で支払った。

(6)　個人事業者（デザイナー）が企業のロゴデザインを2,000,000円で請け負い、所得税額及び復興特別所得税額306,300円を差し引いた手取額1,693,700円を収受した。

(7)　法人が所有していた車両を売却し、売却代金2,000,000円及び未経過の自動車税相当額17,000円を収受した。

(8)　法人が事務所用建物を貸し付け、家賃2,400,000円及び共益費180,000円を収受した。

(9)　法人が事務所（土地付建物）を貸し付ける際に、賃貸料につき建物部分150,000円と土地部分200,000円とに区分して収受する賃貸借契約を締結し、賃貸料350,000円を収受した。

(10)　銀行が法人からの依頼により振込みを行い、手数料として660円を収受した。なお、この金額には印紙税300円が含まれており、印紙税の納税義務者は銀行である。

問題 4 課税標準額に対する消費税額の計算（1） 重要度 A 8分 ▶ 解答91P

小売業を営む甲株式会社（以下「甲社」という。）の当期（令和3年4月1日から令和4年3月31日まで）の取引等の状況は次のとおりである。これに基づき甲社の当期の課税標準額及び課税標準額に対する消費税額を求めなさい。なお、金額はすべて税込金額であり、商品は非課税とされるものではない。また、与えられた取引はすべて国内取引の要件を満たすものとし、甲社は軽減税率が適用される取引は行っていないものとする。

(1) 消費者に対する商品売上高 ⋯⋯⋯⋯⋯⋯⋯⋯⋯⋯⋯⋯⋯ 520,750,000円
(2) 商品を甲社の役員に対して販売して収受した金額 ⋯⋯⋯⋯ 90,000円
    上記商品の仕入価額は100,000円、通常の販売価額は150,000円である。
(3) 土地付建物を取引先に売却して収受した金額 ⋯⋯⋯⋯⋯⋯ 80,000,000円
    上記土地付建物の売却時の土地と建物の時価の比率は7対3である。
(4) 備品を甲社の役員に対して譲渡して収受した金額 ⋯⋯⋯⋯ 200,000円
    上記備品の譲渡時の時価は300,000円である。
(5) 営業用車両を購入した際に支払った金額 ⋯⋯⋯⋯⋯⋯⋯⋯ 3,000,000円
    上記営業用車両の購入金額は3,600,000円であり、購入の際にこれまで所有していた中古の営業用車両を600,000円で下取りに出している。

問題 5 課税標準額に対する消費税額の計算（2） 重要度 A 8分 ▶ 解答94P

次の【資料】に基づいて、小売業を営む甲株式会社（以下「甲社」という。）の当期（令和3年4月1日から令和4年3月31日まで）の課税標準額及び課税標準額に対する消費税額を求めなさい。なお、金額はすべて税込金額であり、商品は課税資産に該当するものとする。また、与えられた取引はすべて国内取引の要件を満たすものとし、甲社は軽減税率が適用される取引は行っていないものとする。

【資　料】
1．営業収益に関する収入 ⋯⋯⋯⋯⋯⋯⋯⋯⋯⋯⋯⋯⋯⋯⋯ 709,310,000円
    上記金額は商品の売上高であるが、そのうち200,000円は甲社の役員A
   に対して商品（仕入価額230,000円、通常の販売価額420,000円）を販売し

Chapter
5
課税標準と税率

た際に計上したものである。

2．営業外収益に関する収入
(1) 株式投資信託の収益分配金 350,000円
(2) 店舗の賃貸料収入 1,500,000円
(3) 土地の貸付けに係る受取地代（貸付期間は1年間） 3,000,000円

3．特別利益に関する収入 2,500,000円
　　上記金額は社債の売却収入であり、売却時の帳簿価額は2,400,000円である。

4．その他の事項
(1) 甲社の役員Bに対して商品（仕入価額180,000円、通常の販売価額380,000円）を贈与した。
(2) 取引先の役員Cに対して備品（時価150,000円）を贈与した。

問題6 課税標準額に対する消費税額の計算（3）　重要度A　10分　解答96P

次の【資料】に基づいて、不動産業を営む甲株式会社（以下「甲社」という。）の当期（令和3年4月1日から令和4年3月31日まで）の課税標準額及び課税標準額に対する消費税額を求めなさい。なお、金額はすべて税込金額である。また、与えられた取引はすべて国内取引の要件を満たすものとし、甲社は軽減税率が適用される取引は行っていないものとする。

【資　料】

1．営業収益に関する事項
(1) 居住用建物を売却し、売却代金82,400,000円及び未経過固定資産税1,280,000円を収受した。
(2) 事務所（土地付建物）を貸し付け、賃貸料につき建物部分30,260,000円と土地部分42,800,000円とに区分して収受する賃貸借契約を締結し、賃貸料73,060,000円を収受した。なお、当該事務所用建物の契約による貸付期間は2年間である。
(3) 居住用アパートを貸し付け、家賃172,240,000円及び共用部分の共益費12,440,000円を収受した。なお、当該居住用マンションの契約による貸付期間は2年間である。

(4) 居住用ウィークリーマンションを貸し付け、家賃38,910,000円及び共用部分の共益費1,240,000円を収受した。なお、当該居住用ウィークリーマンションの契約による貸付期間は1週間である。
2．営業外収益に関する事項
(1) 預金利息250,000円を収受した。
(2) 出資株式に係る受取配当金3,800,000円を収受した。
(3) 甲社の従業員に保養所を貸し付け、施設利用料2,400,000円を収受した。
3．特別利益に関する事項
(1) 当期に甲社の建物で火災が発生し、火災保険金1,500,000円を収受した。
(2) ゴルフ場利用株式を4,000,000円で売却した。
(3) 子会社株式を60,000,000円で売却した。
4．その他の事項
(1) 甲社の取締役Aに対して絵画（時価1,850,000円）を贈与した。
(2) 甲社の取締役Bに対して建物（時価32,420,000円）を無償で貸し付けた。

問題7　課税標準額に対する消費税額の計算（4）　重要度A　10分　解答99P

次の【資料】に基づいて、電化製品の卸売業を営む甲株式会社（以下「甲社」という。）の当期（令和3年4月1日から令和4年3月31日まで）の課税標準額及び課税標準額に対する消費税額を求めなさい。なお、金額はすべて税込金額である。また、与えられた取引はすべて国内取引の要件を満たすものとし、甲社は軽減税率が適用される取引は行っていないものとする。

【資　料】

1　甲社の当課税期間（事業年度）の損益計算書の内容は次のとおりである。

Ⅳ 営 業 外 収 益			
受 取 利 息		609,800	
受 取 配 当 金		1,225,000	
受 取 家 賃		2,200,000	
雑 収 入		600,000	4,634,800
経 常 利 益			17,755,500
Ⅴ 特 別 利 益			
投資有価証券売却益		321,000	321,000
Ⅵ 特 別 損 失			
固 定 資 産 売 却 損		805,500	805,500
税 引 前 当 期 純 利 益			17,271,000

2　損益計算書に関して付記すべき事項は次のとおりである。

(1)　「総売上高」の内訳は、次のとおりである。

　① 国内における商品売上高 ……………………………… 415,320,000円

　② 輸出免税となる売上高 ………………………………… 52,686,900円

(2)　「受取利息」の内訳は、預金利息221,300円と貸付金利息388,500円である。

(3)　「受取配当金」は、出資株式に係る配当金の受領額である。

(4)　「受取家賃」は、甲社の所有する倉庫建物を他の法人に貸し付けたことにより収受した賃貸料であり、物件の明渡し遅滞に伴い収受した損害賠償金400,000円を含む金額である。

(5)　「雑収入」は、取引先（内国法人）から収受した甲社のホームページに掲載したバナー広告による収入である。

(6)　「投資有価証券売却益」は、満期保有目的で所有していた社債（帳簿価額4,179,000円）を4,500,000円で売却した際に計上したものである。

(7)　「固定資産売却損」は、甲社の所有する事務所用建物（帳簿価額4,800,000円）を3,994,500円（未経過の固定資産税相当額144,500円を含む。）で売却した際に計上したものである。

3　その他の事項

　甲社の取締役に対して商品（通常の販売価額80,000円、仕入価額45,000円）を贈与している。

問題8 資産の譲渡等に類する行為の判定　重要度 **C**　5分　解答 **101P**

　次の取引について、消費税法施行令第2条第1項に掲げる「資産の譲渡等に類する行為」に該当するものに○を、該当しないものに×を付しなさい。

(1)　法人が他の法人から事業用資金に充てるために借り入れた借入金について、現金で返済することに代えて商品を引き渡した。

(2)　法人が自社製品の広告宣伝用車両を他の法人に贈与した。

(3)　法人が銀行からの借入金の肩代わりをしてもらうことを条件として、他の法人に車両を贈与した。

(4)　法人が子会社を設立するために現金による出資を行った。

(5)　法人が子会社を設立するために土地の現物出資を行った。

(6)　A社が、B社がC社に対して有していた貸付債権を譲り受け、C社から元本の弁済及び利息の支払いを受けた。

(7)　A社が、B社を吸収合併したことによりB社がC社に対して有していた貸付債権を承継し、C社から元本の弁済及び利息の支払いを受けた。

(8)　日本放送協会（NHK）が受信料を収受した。

問題9 課税標準額の計算 (3)　重要度 **C**　4分　解答 **102P**

　次の各取引について、課税標準額の計算に算入すべき課税売上げの金額を求めなさい。

(1)　A社から借り入れた借入金2,500,000円の返済にあたり、当社の商品（時価2,500,000円）をA社に引き渡した。

(2)　A社から借り入れた借入金3,000,000円の返済にあたり、当社の商品（時価3,600,000円）をA社に引き渡し、商品の時価が借入金の金額を超える600,000円については、現金で支払いを受けた。

(3)　当社の建物（帳簿価額2,400,000円）を、取引先に対して銀行からの借入金（3,000,000円）を負担してもらうことを条件に贈与した。

(4)　子会社の設立にあたり、建物（帳簿価額25,000,000円）を現物出資し、1株あたり時価9,000円の株式3,000株の交付を受けた。

29

(5) 当社の所有する建物A（取得価額110,000,000円、時価85,000,000円）と取引先が所有する建物B（取得価額130,000,000円、時価90,000,000円）を交換し、交換差金5,000,000円を支払った。

問題 10 税率の推移

重要度 A　　2分　　解答 103P

消費税率及び地方消費税率の推移についてまとめた次の表のかっこの中に適当な数字を記入しなさい。

適用開始日	税率区分	消費税率	地方消費税率	合計
平成元年4月1日	―	3 %	―	3 %
平成9年4月1日	―	[①] %	[②] %	[③] %
平成26年4月1日	―	[④] %	[⑤] %	[⑥] %
令和元年10月1日	標準税率	[⑦] %	[⑧] %	[⑨] %
	軽減税率	[⑩] %	[⑪] %	[⑫] %

売上げに係る対価の返還等

問題 1 売上げに係る対価の返還等の範囲（1） 重要度 A 5分 解答 105P

次の各取引について、消費税法第38条「売上げに係る対価の返還等をした場合の消費税額の控除」の規定の適用を受けるものに○を、受けないものに×を付しなさい。なお、商品は非課税とされるものではない。

(1) 法人が国内で販売した商品につき、納品した商品の一部に品違いがあったため返品を受け、当該商品の販売代金を払い戻した。

(2) 法人が国内において掛で販売した商品につき、納品した商品の一部に損傷があったため売掛金の減額を行った。

(3) 法人が国内で販売した商品につき、大量に購入した取引先にリベートとして売上代金の一部の割戻しを行った。

(4) 法人が国外において掛で販売した商品につき、納品した商品の一部に品質不良が見つかったため売掛金の減額を行った。

(5) 法人が国内で販売した商品につき、売掛金が予定された決済日よりも早期に決済されたため、掛代金の2％（支払日から決済日までの金利に相当する金額）を免除した。

(6) 法人が国内で販売した商品につき、特定の地域の得意先に対し商品の販売数量に応じて「販売奨励金」の名目で金銭を支払った。

(7) 法人が国内から国外へ掛で輸出販売した商品につき、一部の商品の注文のキャンセルにより返品を受けたため、売掛金の減額を行った。

(8) 法人が国内で売却した土地につき、買い手との価格交渉により売却代金の値引きを行い、支払いを受けた売却代金の一部を払い戻した。

問題2 売上げに係る対価の返還等の範囲（2）　**重要度 C**　**3分**　解答 106P

　次の各取引について、消費税法第38条「売上げに係る対価の返還等をした場合の消費税額の控除」の規定の適用を受けるものに○を、受けないものに×を付しなさい。なお、商品及び製品は非課税とされるものではない。

(1)　協同組合が国内で販売した商品につき、販売した商品の分量に応じて事業者に対して事業分量配当金を支払った。

(2)　法人が国内で販売した商品につき、販売促進のために顧客に対して販売数量に応じてキャッシュバックを行った。

(3)　法人が国内で販売した商品につき、販売促進のために顧客に対して販売数量に応じて景品を贈呈した。

(4)　製造業を営む法人が、国内の販売代理店を経由して製品を納品した小売店に対して、販売数量に応じてリベートを直接支払った。

問題3 売上げに係る対価の返還等に係る消費税額の計算（1）　**重要度 A**　**5分**　解答 107P

　次の【資料】に基づいて、小売業を営む甲株式会社（以下「甲社」という。）の当期（令和3年4月1日から令和4年3月31日まで）の売上げに係る対価の返還等に係る消費税額を求めなさい。なお、金額はすべて税込金額であり、与えられた取引はすべて国内取引の要件を満たすものとする。また、商品は課税資産に該当するものとし、甲社は軽減税率が適用される取引は行っていないものとする。

【資　料】

　1　甲社の当課税期間（事業年度）の損益計算書の内容は次のとおりである。

損　益　計　算　書

自令和3年4月1日　至令和4年3月31日　　　　（単位：円）

Ⅰ　売　　上　　高		
総　売　上　高	314,159,200	
売　上　戻　り	620,000	
売　上　値　引	391,000	
売　上　割　戻	418,000	312,730,200

32

Ⅲ　販売費及び一般管理費
　　　販　売　促　進　費　　　　　　　1,225,000

Ⅴ　営　業　外　費　用
　　　売　　上　　割　　引　　　　　　　321,000

2　損益計算書に関して付記すべき事項は次のとおりである。
(1)　「売上戻り」「売上値引」「売上割戻」はすべて当期の商品売上げに係るものである。
(2)　「販売促進費」は、当期の商品の販売数量に応じて得意先に金銭により支払った販売奨励金の金額445,000円と、新商品の紹介のために開催したイベントの会場設営費780,000円の合計額である。
(3)　「売上割引」は、当期に販売した商品の売掛金が早期決済されたことに伴い計上したものである。

問題 4 売上げに係る対価の返還等に係る消費税額の計算(2)　重要度 A　5分　解答 108P

　次の【資料】に基づいて、電動駆動機械の製造・販売業を営む甲株式会社（以下「甲社」という。）の当期（令和3年4月1日から令和4年3月31日まで）の売上げに係る対価の返還等に係る消費税額を求めなさい。なお、金額はすべて税込金額である。また、与えられた取引はすべて国内取引の要件を満たすものとし、甲社は軽減税率が適用される取引は行っていないものとする。

【資　料】
1　甲社の当課税期間（事業年度）の損益計算書の内容は次のとおりである。

　　　　　　　　　損　益　計　算　書
　　　　　　　自令和3年4月1日　至令和4年3月31日　　　　（単位：円）
Ⅰ　売　　上　　高
　　総　売　上　高　　　　　834,727,100
　　売上値引及び戻り高　　　　3,140,000　　　　　831,587,100

Ⅲ　販売費及び一般管理費

　　　：

販　売　奨　励　金　　　　　　　　492,000

　　　：

Ⅴ　営　業　外　費　用

　　　：

売　　上　　割　　引　　　　　　　322,000

2　損益計算書に関して付記すべき事項は次のとおりである。

(1)　「総売上高」の内訳は次のとおりである。

① 当期中に国内で販売した電動アシスト自転車（課税資産に該当する）の売上高 ………………………………………………………… 517,899,000円

② 当期中に国外へ輸出販売した電動アシスト自転車の売上高 …………………………………………………………………… 204,570,000円

③ 当期中に国内で販売した電動車椅子（身体障害者用物品に該当する）の売上高 ……………………………………………………… 112,258,100円

(2)　「売上値引及び戻り高」の内訳は次のとおりである。

① 上記(1)①の売上高に係るもの ………………………… 2,008,800円

② 上記(1)②の売上高に係るもの ………………………… 678,900円

③ 上記(1)③の売上高に係るもの ………………………… 452,300円

(3)　「販売奨励金」は、すべて上記(1)①の売上高に係る得意先に対して販売数量に応じて金銭により支払ったものである。

(4)　「売上割引」は、すべて上記(1)③の売上高に係る売掛金が早期決済されたことに伴い計上したものである。

問題5　旧税率が適用される場合　　重要度 A　3分　解答 109P

　次の資料から、当期（令和3年4月1日から令和4年3月31日まで）の売上げに係る対価の返還等に係る消費税額を求めなさい。なお、金額はすべて税込金額であり、商品は課税資産に該当するものとする。また、軽減税率が適用される取引は行っていないものとする。

(1) 平成31年4月17日に販売した商品に品質不良があったことが発覚した
ため、当該商品の値引きに応じ、70,000円を現金で支払った。
(2) 令和元年12月20日に販売した商品につき、大量に購入した取引先にリ
ベートとして150,000円の割戻しを行った。
(3) 令和3年5月15日に販売した商品について品違いがあったことを理由
に返品を受け、当該商品の販売代金170,000円を払い戻した。

問題6 売上げに係る対価の返還等をした場合　重要度B　3分　解答111P

売上げに係る対価の返還等をした場合の消費税額の控除の規定について記し
た次の文章のかっこの中に適当な語句を記入しなさい。

　　事業者（免税事業者を除く。）が、国内において行った [①]（輸出免
税等により消費税が免除されるものを除く。）につき、[②] を受け、又は
[③] 若しくは割戻しをしたことにより、[④]（注1）をした場合には、
その返還等をした日の属する課税期間の [⑤] から [④] の金額に係
る消費税額（注2）の合計額を控除する。
(注1) [④] とは、国内において行った [①] の税込価額の全部若しく
　　　　は一部の返還又はその税込価額に係る売掛金等の全部若しくは一部の
　　　　[⑥] をいう。
(注2) 税込価額に110分の7.8を乗じて算出した金額

Chapter 7 貸倒れ

問題1 貸倒れの範囲　重要度A　5分　解答112P

　次の各取引について、消費税法第39条「貸倒れに係る消費税額の控除」の規定の適用を受けるものに○を、受けないものに×を付しなさい。なお、商品は非課税とされるものではない。

(1) 国内で行った商品売上げに係る売掛金が貸し倒れた。
(2) 国内から国外へ輸出販売した商品売上げに係る売掛金が貸し倒れた。
(3) 国内で売却した建物に係る未収金が貸し倒れた。
(4) 国内で売却した土地に係る未収金が貸し倒れた。
(5) 国内の取引先に貸し付けた貸付金が貸し倒れた。
(6) 国外で行った商品売上げに係る売掛金が貸し倒れた。
(7) 国内の得意先に対する商品売上げに係る売掛金について、会社更生法に規定する更生計画認可の決定により売掛金の全額を切り捨てられることとなった。
(8) 国内の取引先に売却した建物に係る未収金について、会社法に規定する特別清算に係る協定の認可決定により、未収金の全額を切り捨てられることとなった。
(9) 決算に際して期末の売掛債権について貸倒引当金を設定した。

問題2 貸倒れに係る消費税額の計算　重要度A　5分　解答113P

次の資料から、当期（令和3年4月1日から令和4年3月31日まで）の貸倒れに係る消費税額を計算しなさい。なお、金額はすべて税込金額であり、商品は非課税とされるものではない。また、当社は軽減税率が適用される取引は行っていないものとする。

(1) 当期に行った国内における商品売上げに係る売掛金316,000円が貸し倒れた。
(2) 当期に行った商品の輸出免税売上げに係る売掛金288,000円が貸し倒れた。
(3) 当期に貸し付けていた商品保管用倉庫の未収賃貸料520,000円が貸し倒れた。
(4) 当期に国内の取引先A社に貸し付けた貸付金1,500,000円が貸し倒れた。
(5) 当期に国内において売却した建物に係る未収金3,000,000円について、民事再生法に規定する再生計画認可の決定により、未収金の60%が切り捨てられることとなった。
(6) 当期に国内の取引先B社から購入した売掛金（B社がB社の取引先C社に対して有していたもの）1,200,000円が貸し倒れた。

問題3 貸倒れに係る消費税額の控除　重要度B　3分　解答115P

貸倒れに係る消費税額の控除の規定について記した次の文章のかっこの中に適当な語句を記入しなさい。

【 ① 】（免税事業者を除く。）が、国内において【 ② 】（輸出免税等により消費税が免除されるものを除く。）を行った場合において、その【 ② 】の相手方に対する売掛金その他の債権につき【 ③ 】が生じたため、その【 ② 】の税込価額の全部又は一部を【 ④ 】できなくなったときは、その【 ④ 】できなくなった日の属する【 ⑤ 】の【 ⑥ 】から、その【 ④ 】できなくなった【 ② 】の税込価額に係る消費税額（注）の合計額を控除する。

（注）税込価額に110分の7.8を乗じて算出した金額

問題 4 控除過大調整税額・貸倒れに係る消費税額の計算　重要度 A　5分　解答 116P

　次の【資料】に基づいて、小売業を営む甲株式会社（以下「甲社」という。）の当期（令和3年4月1日から令和4年3月31日まで）の控除過大調整税額及び貸倒れに係る消費税額を求めなさい。なお、金額はすべて税込金額であり、与えられた取引はすべて国内取引の要件を満たすものとする。また、甲社は設立以来課税事業者（消費税の納税義務がある事業者）に該当しており、軽減税率が適用される取引は行っていないものとする。

【資　料】

1　甲社の当課税期間（事業年度）の損益計算書の内容は次のとおりである。

損　益　計　算　書

自令和3年4月1日　至令和4年3月31日　　　　（単位：円）

Ⅰ　売　　上　　高		
総　売　上　高	511,096,020	511,096,020
Ⅲ　販売費及び一般管理費		
貸　倒　損　失	1,322,000	
Ⅳ　営　業　外　収　益		
償却債権取立益	492,000	

2　損益計算書に関して付記すべき事項は次のとおりである。

(1)　「総売上高」の内訳は次のとおりである。

　　①　当期中に国内で販売した商品（課税資産に該当する）の売上高

　　　　　　　　　　　　　　　　　　　　　　　　389,031,700円

　　②　当期中に国外へ輸出販売した商品（課税資産に該当する）の売上高

　　　　　　　　　　　　　　　　　　　　　　　　122,064,320円

(2)　「償却債権取立益」は、前々期（平成31年4月1日から令和2年3月31日まで）の課税売上げに係る売掛金（令和元年6月22日売上げ分）について前期（令和2年4月1日から令和3年3月31日まで）に貸倒れに

38

係る消費税額の控除の規定の適用を受けたものを回収したことにより計上したものである。
(3) 「貸倒損失」の内訳は次のとおりである。
　① 上記(1)①に係る売掛金が貸し倒れたことにより計上したもの
　　　　　　　　　　　　　　　　　　　　　　　　　　　　　1,102,000円
　② 上記(1)②に係る売掛金が貸し倒れたことにより計上したもの
　　　　　　　　　　　　　　　　　　　　　　　　　　　　　220,000円

問題5　納付税額の計算（1）　重要度A　12分　解答117P

甲株式会社（以下「甲社」という。）の当期（令和3年4月1日から令和4年3月31日まで）の取引等の状況は次のとおりである。これに基づき甲社が当期に納付すべき消費税額を求めなさい。なお、金額はすべて税込金額であり、与えられた取引はすべて国内取引の要件を満たすものとする。また、甲社は設立以来課税事業者（消費税の納税義務がある事業者）に該当しており、軽減税率が適用される取引は行っていないものとする。

(1) 課税売上げ　　　　　　　　　　　　　　　　　　　580,000,000円
(2) 課税仕入れ　　　　　　　　　　　　　　　　　　　310,000,000円
(3) 売上げに係る対価の返還等の金額　　　　　　　　　 68,000,000円
　　上記金額は、当期の課税売上高に係るものである。
(4) 貸倒損失　　　　　　　　　　　　　　　　　　　　 7,400,000円
　　上記金額の内訳は次のとおりである。
　① 令和元年7月15日に国内において販売した商品（課税資産に該当する）に係る売掛金が貸倒れとなったことにより計上した金額　　 3,400,000円
　② 令和3年3月4日に国内において販売した商品（課税資産に該当する）に係る売掛金が貸倒れとなったことにより計上した金額　　 4,000,000円
(5) 償却債権取立益　　　　　　　　　　　　　　　　　 6,200,000円
　　上記金額は、前々期（平成31年4月1日から令和2年3月31日まで）の課税売上げに係る売掛金（令和元年9月10日売上げ分）につき前期（令和2年4月1日から令和3年3月31日まで）において貸倒れに係る消費税額の控除の適用を受けたものを、回収したものである。
(6) 中間納付消費税額　　　　　　　　　　　　　　　　　8,200,000円

問題6 納付税額の計算（2）　　　重要度 A　　15分 ▽　　解答 119P

　次の【資料】に基づいて、生活用品の小売業を営む甲株式会社（以下「甲社」という。）の当期（令和3年4月1日から令和4年3月31日まで）の納付税額を求めなさい。なお、金額はすべて税込金額であり、与えられた取引はすべて国内取引の要件を満たすものとする。また、甲社は設立以来課税事業者（消費税の納税義務がある事業者）であり、軽減税率が適用される取引は行っていないものとする。

【資　料】

　1　甲社の当課税期間（事業年度）の損益計算書の内容は次のとおりである。

損　益　計　算　書
自令和3年4月1日　至令和4年3月31日　　　　　（単位：円）

I　売　　上　　高		
総　売　上　高	421,049,000	
売　上　値　引	3,650,000	417,399,000
（省略）		
IV　営　業　外　収　益		
受取利息配当金	780,000	
受　取　家　賃	7,700,000	
償却債権取立益	1,500,000	9,980,000
V　営　業　外　費　用		
貸　倒　損　失	2,600,000	2,600,000
経　常　利　益		12,409,000
VI　特　別　利　益		
固定資産売却益	870,000	870,000
税引前当期純利益		13,279,000

　2　損益計算書に関して付記すべき事項は次のとおりである。

　(1)　「総売上高」の内訳は、次のとおりである。

　　①　国内における商品売上げ ……………………………… 390,529,000円

　　②　輸出免税となる売上げ ……………………………… 30,520,000円

　(2)　「売上値引」は、すべて当期の国内における商品売上げに係るものである。

(3) 「受取利息配当金」は、預金利息180,000円と株式投資信託の分配金600,000円の合計額である。

(4) 「受取家賃」の内訳は、次のとおりである。なお、契約における貸付期間はすべて1月以上である。
① 居住用建物に係るもの 4,000,000円
② 事務所用建物に係るもの 3,700,000円

(5) 「償却債権取立益」は、前々期（平成31年4月1日から令和2年3月31日まで）の国内商品売上げに係る売掛金（令和元年8月6日売上げ分）につき前期（令和2年4月1日から令和3年3月31日まで）において貸倒れに係る消費税額の控除の適用を受けたものを、回収したものである。

(6) 「貸倒損失」は、当期の国内商品売上げに係る売掛金が貸し倒れたことにより計上したものである。

(7) 「固定資産売却益」は、甲社の所有する営業用車両（帳簿価額800,000円）を1,670,000円で売却した際に計上したものである。

3　その他の事項
(1) 当期の課税仕入れの合計額は334,650,000円である。
(2) 当期において中間申告した消費税額は1,503,600円である。

問題集

解答・解説

消費税の概要

解答 1　消費税とは

	日付	時間	学習メモ
1回目	／	／2分	
2回目	／	／2分	
3回目	／	／2分	

| ① | 間接税 | ② | 7.8 | ③ | 2.2 | ④ | 軽減税率 |
| ⑤ | 支払った | | | | | | |

解答へのアプローチ

　消費税の負担者は消費者であり、事業者は消費者から預かった税金を消費者の代わりに納税することになります。消費税の標準税率10％は国税7.8％と地方税2.2％からなりますが、本試験では国税7.8％に着目して税額計算を行います。また、軽減税率8％は国税6.24％と地方税1.76％からなりますが、本試験では国税6.24％に着目して税額計算を行います。

☑ 学習のポイント

　これから学習していく消費税の仕組みをしっかりと理解しましょう。特に、納付税額の計算方法は基本中の基本となる考え方なので、確実におさえましょう。なお、軽減税率制度については、詳しくはChapter5、20（3分冊目）にて学習します。

解答 2 納付税額の計算 (1)

	日付	時間	学習メモ
1回目	／	／2分	
2回目	／	／2分	
3回目	／	／2分	

184,200円

解答へのアプローチ

　納付税額は「預かった消費税額」から「支払った消費税額」を控除して求めます。その際「百円未満切捨」を忘れないようにしましょう。

　1,019,000円－834,720円＝184,280円 → 184,200円（百円未満切捨）

☑ 学習のポイント

　収入金額に含まれる消費税額を「課税標準額に対する消費税額」といい、支出金額に含まれる消費税額を「控除対象仕入税額」といいます。表現が違っても、どの金額が「預かった消費税額」または「支払った消費税額」なのかわかるようにしましょう。

解答 3 納付税額の計算 (2)

	日付	時間	学習メモ
1回目	／	／3分	
2回目	／	／3分	
3回目	／	／3分	

（1）預かった消費税額　　2,127,216円

（2）支払った消費税額　　1,489,090円

（3）納付税額　　638,100円

45

解答へのアプローチ

　本問では軽減税率 8 ％が適用される取引は行っていないため、標準税率10％のうち国税7.8％に着目して税額計算を行います。

(1)　預かった消費税額
　・収入金額の拾出し
　　いくら受け取ったか（収入金額）を探し出します。本問では30,000,000円を拾い出します。
　・預かった消費税額の計算
　　収入金額に含まれる消費税額を計算します。

$$30,000,000円 \times \frac{100}{110} = 27,272,727円 \rightarrow 27,272,000円（千円未満切捨）$$

　　27,272,000円×7.8％＝2,127,216円

(2)　支払った消費税額
　・支出金額の拾出し
　　いくら支払ったか（支出金額）を探し出します。本問では21,000,000円を拾い出します。
　・支払った消費税額の計算
　　支出金額に含まれる消費税額を計算します。

$$21,000,000円 \times \frac{7.8}{110} = 1,489,090円$$

(3)　納付税額
　・預かった消費税額から支払った消費税額を控除して納付税額を計算します。
　　2,127,216円－1,489,090円＝638,126円→638,100円（百円未満切捨）

☑ 学習のポイント

　「預かった消費税額」を計算するときは、いったん受け取った金額を把握してから税抜金額を求め、7.8％をかけて消費税額を計算します。税率をかける前に「千円未満切捨」を忘れないように注意しましょう。それに対して、「支払った消費税額」を計算するときは、直接消費税額を求めます。なお、計算の過程で円未満の端数が出たときは、その都度円未満を切り捨てます。

解答 4 納付税額の計算 (3)

	日付	時間	学習メモ
1回目	/	/ 5分	
2回目	/	/ 5分	
3回目	/	/ 5分	

177,200円

> 解答へのアプローチ

　本問では軽減税率8％が適用される取引は行っていないため、標準税率10％のうち国税7.8％に着目して税額計算を行います。
・収入金額の拾出し
　いくら受け取ったか（収入金額）を探し合計します。
　35,000,000円＋28,000,000円＋1,400,000円＝64,400,000円
・預かった消費税額の計算
　収入金額に含まれる消費税額を計算します。
　64,400,000円 × $\frac{100}{110}$ ＝58,545,454円 → 58,545,000円（千円未満切捨）

　58,545,000円×7.8％＝4,566,510円
・支出金額の拾出し
　いくら支払ったか（支出金額）を探し、合計します。
　30,000,000円＋17,000,000円＋12,000,000円＋400,000円＋2,500,000円
　＝61,900,000円
・支払った消費税額の計算
　支出金額に含まれる消費税額を計算します。
　61,900,000円 × $\frac{7.8}{110}$ ＝4,389,272円
・納付税額の計算
　預かった消費税額から支払った消費税額を控除して納付税額を計算します。
　4,566,510円－4,389,272円＝177,238円→177,200円（百円未満切捨）

学習のポイント

　本試験では与えられた資料の中から必要な数値をピックアップして納付税額を計算します。「預かった消費税額」から「支払った消費税額」を控除して「納付税額」を計算するまでの計算過程をしっかりとおさえましょう。特に、本試験では「千円未満切捨」や「百円未満切捨」のコメントを計算過程欄に記入しないといけないので、どのタイミングで処理が必要になるのか正確に覚えておきましょう。

解答5 税抜経理方式

	日付	時間	学習メモ
1回目	／	／3分	
2回目	／	／3分	
3回目	／	／3分	

　(1) 預かった消費税額　　　4,553,016円

　(2) 支払った消費税額　　　2,694,844円

　(3) 納付税額　　　　　　　1,858,100円

解答へのアプローチ

　本問では軽減税率8%が適用される取引は行っていないため、標準税率10%のうち国税7.8%に着目して税額計算を行います。

　税抜経理方式を採用している場合でも、納付税額の計算では消費税等を含めた取引金額全体を使用します。

(1) 預かった消費税額

　・収入金額の拾出し

　　いくら受け取ったか（収入金額）を探し出します。本問では税抜の商品売上高58,372,600円と仮受消費税等5,837,260円の合計額64,209,860円を拾い出します。

　・預かった消費税額の計算

　　収入金額に含まれる消費税額を計算します。

48

$$58,372,600円＋5,837,260円＝64,209,860円$$

$$64,209,860円×\frac{100}{110}＝58,372,600円 \rightarrow 58,372,000円（千円未満切捨）$$

$$58,372,000円×7.8\%＝4,553,016円$$

(2) 支払った消費税額

・支出金額の拾出し

いくら支払ったか（支出金額）を探し出します。本問では税抜の商品仕入高34,549,290円と仮払消費税等3,454,929円の合計額38,004,219円を拾い出します。

・支払った消費税額の計算

支出金額に含まれる消費税額を計算します。

$$34,549,290円＋3,454,929円＝38,004,219円$$

$$38,004,219円×\frac{7.8}{110}＝2,694,844円$$

(3) 納付税額

・預かった消費税額から支払った消費税額を控除して納付税額を計算します。

$$4,553,016円－2,694,844円＝1,858,172円 \rightarrow 1,858,100円（百円未満切捨）$$

☑ 学習のポイント

　会計上、税抜経理方式により本体価格と税金を区分して経理していたとしても、消費税の納付税額の計算では本体価格と税金を合計した全体の金額を使用します。使用する金額の拾出しができれば、あとは税込経理方式の計算パターンとまったく一緒です。税理士試験では税込経理方式で出題される頻度の方が高いですが、税抜経理方式で出題されることもあるので、税抜経理方式の場合にどの金額を拾い出せばいいのかしっかりおさえましょう。

Chapter 2 課税の対象の概要

解答1 課税の対象の4要件

	日付	時間	学習メモ
1回目	/	/2分	
2回目	/	/2分	
3回目	/	/2分	

①	国内	②	事業者	③	事業	④	対価
⑤	譲渡	⑥	貸付け	⑦	役務の提供		

解答へのアプローチ

　消費税法において、取引が「課税の対象」となるかどうかは、本問で問われている4要件を満たしているかどうかで判断します。4要件を満たしているかどうかは、次の手順で判断します。

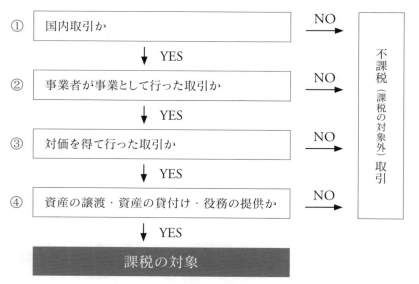

☑ 学習のポイント

「課税の対象」となるための4要件は、消費税法を学習するうえでの最重要項目となります。しっかりと頭に入れておきましょう。

解答2 課税の対象の判定

	日付	時間	学習メモ
1回目	/	/5分	
2回目	/	/5分	
3回目	/	/5分	

(1)	○	(2)	×	(3)	×	(4)	○	(5)	○	(6)	○
(7)	×	(8)	×	(9)	○	(10)	×	(11)	×	(12)	○
(13)	×	(14)	○	(15)	×						

解答へのアプローチ

「課税の対象」の4要件を満たしているかを①国内取引か、②事業者が事業として行った取引か、③対価を得て行った取引か、④資産の譲渡・資産の貸付け・役務の提供か、という手順で判断します。

(1) ①国内で譲渡しているため国内取引に該当し、②法人の行う活動は事業に該当し、③有償の譲渡なので対価を得ており、④資産の譲渡をしているため、課税の対象となります。

(2) ①国内で譲渡しているため国内取引に該当し、②法人の行う活動は事業に該当しますが、③無償の譲渡のため対価を得ていないので、課税の対象となりません。

(3) ①アメリカで譲渡しているため国内取引に該当しないので、課税の対象となりません。

(4) ①輸出販売は譲渡時の資産の所在場所が国内なので国内取引に該当し、②法人の行う活動は事業に該当し、③対価（販売代金）を得て、④資産の譲渡をしているため、課税の対象となります。

(5) ①国内で売却しているため国内取引に該当し、②法人の行う活動は事業に該

当し、③有償の譲渡なので対価を得ており、④資産の譲渡をしているため、課税の対象となります。

(6)　①国内で貸し付けているため国内取引に該当し、②法人の行う活動は事業に該当し、③有償の貸付けなので対価を得ており、④資産の貸付けをしているため、課税の対象となります。

(7)　①国内で貸し付けているため国内取引に該当し、②法人の行う活動は事業に該当しますが、③無償の貸付けのため対価を得ていないので、課税の対象となりません。

(8)　①ドイツで貸し付けているため国内取引に該当しないので、課税の対象となりません。

(9)　①国内で運送をしているため国内取引に該当し、②法人の行う活動は事業に該当し、③対価（運送料）を得て、④役務の提供をしているため、課税の対象となります。

(10)　①国内で広告宣伝を行っているため国内取引に該当し、②法人の行う活動は事業に該当しますが、③無償で請け負っているため対価を得ていないので、課税の対象となりません。

(11)　①フランスで広告宣伝を行っているため国内取引に該当しないので、課税の対象となりません。

(12)　①国内で売却しているため国内取引に該当し、②個人事業者が事業用資産を売却しているため事業に該当し、③対価（売却代金）を得て、④資産の譲渡をしているため、課税の対象となります。

(13)　①国内で売却しているため国内取引に該当しますが、②事業として行われた取引ではないので、課税の対象となりません。

(14)　①国内で講演を行っているため国内取引に該当し、②事業活動の一環として行うものは「事業者が事業として行った取引」に該当し、③対価（講演料）を得て、④役務の提供をしているため、課税の対象となります。

(15)　①国内で寄稿しているため国内取引に該当しますが、②事業者が事業として行った取引ではないため、課税の対象になりません。

☑ 学習のポイント

　「法人」が行う取引はすべて「事業者が事業として行う取引」に該当しますが、個人事業者が行う取引のうち事業とは無関係なものは「事業者が事業として行う取

引」に該当しません。「国内において」「対価を得て」行われた取引かどうかに注意しましょう。「課税の対象」の4要件を正確に覚えているか、ひとつひとつ丁寧に確認していきましょう。

解答3　国内取引の分類の全体像

	日付	時間	学習メモ
1回目	/	/3分	
2回目	/	/3分	
3回目	/	/3分	

| ① | 不課税取引 | ② | 非課税取引 | ③ | 免税取引 | ④ | 7.8%課税取引 |

> 解答へのアプローチ

　国内取引については第1段階で「課税の対象」となるかどうかを判断し、第2段階で非課税取引となるものを抜き出し、第3段階で免税取引となるものを抜き出します。「課税の対象」となった国内取引のうち非課税取引にも免税取引にも該当しないものは7.8%課税取引として「預かった消費税額」の計算に使用されます。

☑ 学習のポイント

　7.8%課税取引を探し出し「預かった消費税額」の計算をするためには、国内取引の分類の全体像を正確に把握しておく必要があります。下記の図をしっかりと頭に入れておきましょう。

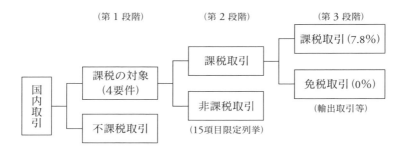

解答4 課税の対象のまとめ

	日付	時間	学習メモ
1回目	／	／3分	
2回目	／	／3分	
3回目	／	／3分	

①	国内	②	事業者	③	資産の譲渡等	④	事業
⑤	対価	⑥	譲渡	⑦	貸付け	⑧	役務の提供
⑨	保税地域	⑩	外国貨物				

> 解答へのアプローチ

　「課税の対象」となる取引には国内における商品の仕入れや販売、サービスの提供のほか、海外から商品を仕入れた場合などの輸入取引も含まれます。

☑ **学習のポイント**

　国内取引の課税の対象については、課税の対象の4要件と一緒にしっかりとおさえましょう。また、輸入された商品は、通常国内で消費されることが予定されているため、消費地課税主義の観点から輸入取引についても課税の対象となることに注意しましょう。

Chapter 3 国内取引と輸入取引の課税の対象

解答1 国内取引の判定（原則的な取扱い）

	日付	時間	学習メモ
1回目	／	／5分	
2回目	／	／5分	
3回目	／	／5分	

(1)	○	(2)	×	(3)	○	(4)	×	(5)	×	(6)	○
(7)	×	(8)	○	(9)	○	(10)	×	(11)	×	(12)	○
(13)	○	(14)	×	(15)	○						

解答へのアプローチ

国内取引の判定は、次の場所が国内にあるかどうかにより行います。
① 資産の譲渡又は貸付け…譲渡又は貸付けが行われる時におけるその資産の所在場所
② 役務の提供…役務の提供が行われた場所
③ 利子を対価とする金銭の貸付け等…貸付け等を行う者の事務所等の所在地

上記を踏まえて、各取引についてみていきましょう。
(1) 譲渡の時における資産の所在場所が国内なので、国内取引に該当します。
(2) 譲渡の時における資産の所在場所が国外（アメリカ）なので、国内取引に該当しません。
(3) 譲渡の時における資産の所在場所が国内なので、国内取引に該当します。
(4) 譲渡の時における資産の所在場所が国外（イギリス）なので、国内取引に該当しません。
(5) 譲渡の時における資産の所在場所が国外（ニューヨーク）なので、国内取引に該当しません。

(6) 貸付けの時における資産の所在場所が国内なので、国内取引に該当します。

(7) 貸付けの時における資産の所在場所が国外（ハワイ）なので、国内取引に該当しません。

(8) 役務の提供が行われた場所が国内なので、国内取引に該当します。

(9) 役務の提供が行われた場所が国内なので、国内取引に該当します。

(10) 役務の提供が行われた場所が国外（韓国）なので、国内取引に該当しません。

(11) 役務の提供が行われた場所が国外（フランス）なので、国内取引に該当しません。

(12) 役務の提供が行われた場所が国内なので、国内取引に該当します。

(13) 金銭の貸付けを行う者の事務所等（国内の事務所）の所在地が国内なので、国内取引に該当します。

(14) 金銭の貸付けを行う者の事務所等（イタリアの支店）の所在地が国外なので、国内取引に該当しません。

(15) 金銭の貸付けを行う者の事務所等（本社財務部）の所在地が国内なので、国内取引に該当します。

☑ 学習のポイント

国内取引の判定では、原則として、取引を行う者や取引の相手先が内国法人か外国法人か（日本人か外国人か）は問わないことに注意しましょう。

ただし、Chapter19（3分冊目）で学習する「電気通信利用役務の提供」及び「特定役務の提供」の論点では、役務の提供を受ける者が国内に住所等を有する内国法人か外国法人か（日本人か外国人か）を意識しなければならない場合もあることを頭の片隅に入れておきましょう。

解答2 国内取引の判定（例外の細目）

	日付	時間	学習メモ
1回目	／	／4分	
2回目	／	／4分	
3回目	／	／4分	

(1)	○	(2)	×	(3)	○	(4)	×	(5)	○	(6)	×
(7)	○	(8)	○								

解答へのアプローチ

　国内取引の判定について原則的な取扱いによらないものは、それぞれ個別に定められた規定により判定を行います。

(1)　特許権の登録機関の所在地が国内にあるため、国内取引に該当します。

(2)　特許権の登録機関の所在地が国外にあるため、国内取引に該当しません。

(3)　特許権が2以上の国で登録されており、権利の貸付けを行う者の住所地が国内にあるため、国内取引に該当します。

(4)　著作権の譲渡を行う者の住所地が国外なので、国内取引に該当しません。

(5)　金銭債権に係る債権者の事務所等の所在地が国内なので、国内取引に該当します。

(6)　荷物の出発地、発送地及び到着地がいずれも国内でないため、国内取引に該当しません。

(7)　国際電話の発信地が国内なので、国内取引に該当します。

(8)　国内及び国外にわたって行われる役務の提供を行う者の事務所等の所在地が国内なので、国内取引に該当します。

☑ 学習のポイント

　「住所地」とは住所又は本店若しくは主たる事務所の所在地であることに注意しましょう。例外的な国内取引の判定についても本試験ではよく出題されますので、少しずつ覚えていきましょう。

解答3　事業者が事業として行うものの判定

	日付	時間	学習メモ
1回目	／	／4分	
2回目	／	／4分	
3回目	／	／4分	

(1)	○	(2)	○	(3)	×	(4)	○	(5)	○	(6)	×
(7)	○	(8)	×	(9)	×	(10)	○				

解答へのアプローチ

各取引が事業として行われたのかどうかに着目して判定を行います。

(1) 法人の行う行為はすべて「事業者が事業として行うもの」に該当します。

(2) 事業の用に供していない資産の譲渡・貸付けであっても、法人の行う行為はすべて「事業者が事業として行うもの」に該当します。

(3) 個人の趣味としての行為は事業とは無関係なので「事業者が事業として行うもの」に該当しません。

(4) 事業に付随して行われるものなので「事業者が事業として行うもの」に該当します。

(5) 事業に付随して行われるものなので「事業者が事業として行うもの」に該当します。

(6) 自家用車の売却は事業とは無関係なので、「事業者が事業として行うもの」に該当しません。

(7) 商品は事業のために所有するものなので、友人に対する売却であっても「事業者が事業として行うもの」に該当します。

(8) 会社員の雇用契約等に基づく役務の提供は「事業者が事業として行うもの」に該当しません。

(9) 事業者の立場で行われたものではないため、「事業者が事業として行うもの」に該当しません。

(10) 事業に付随して行われるものなので「事業者が事業として行うもの」に該当します。

☑ 学習のポイント

法人が行う取引はすべて「事業者が事業として行うもの」に該当しますが、個人事業者の場合は「事業者としての立場」で行う取引のみが「事業者が事業として行うもの」に該当することに注意しましょう。また、個人事業者が行う事業の用に供している車両の売却や利子を対価とする事業資金の預入れ、映画俳優によるテレビコマーシャルへの出演などの「その性質上事業に付随して対価を得て行われる資

産の譲渡等」は、「事業者が事業として行うもの」に該当します。

解答4 対価を得て行うものの判定

	日付	時間	学習メモ
1回目	／	／8分	
2回目	／	／8分	
3回目	／	／8分	

(1)	○	(2)	×	(3)	×	(4)	○	(5)	×	(6)	×
(7)	×	(8)	○	(9)	○	(10)	×	(11)	×	(12)	×
(13)	○	(14)	×	(15)	×	(16)	×	(17)	○	(18)	○
(19)	×	(20)	×								

解答へのアプローチ

各取引が資産の譲渡等に対しての反対給付があるかどうかに着目して判定を行います。

(1)　商品の販売に対して販売代金の反対給付を受けているため、「対価を得て行うもの」に該当します。

(2)　贈与は無償の譲渡であり、反対給付を受けていないので「対価を得て行うもの」に該当しません。

(3)　祝金は、結婚や出産などのめでたい機会に、祝福や支援の意味を込めて贈られる金銭であり、資産の譲渡等に対しての反対給付として受け取るものではないため、「対価を得て行うもの」に該当しません。

(4)　土地の貸付けに対して賃貸料の反対給付を受けているため、「対価を得て行うもの」に該当します。

(5)　配当金は株主の地位に基づいて支払われるものであるため、「対価を得て行うもの」に該当しません。

(6)　保険金は一定の保険事故の発生に基づいて支払われるものであり、資産の譲渡等の対価として支払われるものではないため、「対価を得て行うもの」に該

当しません。

⑺　心身又は資産に対して加えられた損害の発生に伴って受ける損害賠償金は資産の譲渡等の対価として支払われるものではないため、「対価を得て行うもの」に該当しません。

⑻　損害を受けた商品が加害者に引き渡される場合でその商品が軽微な修理を加えることで使用可能なときの損害賠償金は、実質的に商品を引き渡した対価として受け取るものであるため、「対価を得て行うもの」に該当します。

⑼　特許権の侵害を受けたことにより受け取る損害賠償金は、実質的に特許権を貸し付けた対価として受け取るものであるため、「対価を得て行うもの」に該当します。

⑽　立退料は賃貸借の権利が消滅することに対する補償、営業上の損失又は移転等に要する実費補償などに伴い授受されるものであり、資産の譲渡等の対価に該当しないため「対価を得て行うもの」に該当しません。

⑾　見舞金は事故や災害に遭った人に贈る金品であり、資産の譲渡等に対する反対給付として受け取るものではないため、「対価を得て行うもの」に該当しません。

⑿　助成金はある政策目的を実現するための努力や工夫を行っている企業に対し交付されるものであり、資産の譲渡等に対する反対給付として受け取るものではないため、「対価を得て行うもの」に該当しません。

⒀　返還義務のない権利金の受取りは、建物の貸付けの対価として受け取るものなので、「対価を得て行うもの」に該当します。

⒁　返還義務のある権利金は預かっているだけなので、「対価を得て行うもの」に該当しません。

⒂　社宅の無償の貸付けは、反対給付を受けていないので、「対価を得て行うもの」に該当しません。

⒃　逸失利益に対する損害賠償金としてのキャンセル料は、本来得ることができたであろう利益がなくなったことの補填金であり、資産の譲渡等に対する反対給付として受け取るものではないため「対価を得て行うもの」に該当しません。

⒄　不動産の明渡し遅延に伴い収受する損害賠償金は、実質的に不動産を貸し付けた対価として受け取るものなので、「対価を得て行うもの」に該当します。

⒅　対価補償金は、土地の譲渡対価として収受するものなので、「対価を得て行うもの」に該当します。

⒆ 収益補償金は、収用による逸失利益を補填するために交付されるもので、土地の譲渡対価として収受するものではないので、「対価を得て行うもの」に該当しません。

⒇ 移転補償金は、収用による事務所等の移転に必要な経費を補填するために交付されるもので、土地の譲渡対価として収受するものではないので、「対価を得て行うもの」に該当しません。

☑ 学習のポイント

「損害賠償金」や「補償金」などの名目で金銭を受け取った場合でも、実質的に対価性のある取引であれば「対価を得て行うもの」に該当することに注意しましょう。

解答5 資産の譲渡等の判定

	日付	時間	学習メモ
1回目	／	／ 4分	
2回目	／	／ 4分	
3回目	／	／ 4分	

(1)	○	(2)	○	(3)	×	(4)	×	(5)	○	(6)	○

解答へのアプローチ

「資産の譲渡」とは資産の同一性を保持しつつ他人に移転すること、「資産の貸付け」とは資産に係る権利の設定など他の者に資産を使用させる一切の行為のこと、「役務の提供」とはサービスを提供することをいいます。上記を踏まえて、各取引をみてみましょう。

⑴ 商品の売却は、資産の同一性を保持したまま移転しているため「資産の譲渡」に該当します。

⑵ 著作権の貸付けは、著作物を他の者に使用させる行為のため「資産の貸付け」に該当します。

⑶ 建物の火災は、所有物が損傷を負っただけなので「資産の譲渡及び貸付け

並びに役務の提供」のいずれにも該当しません。

(4) 為替差益の計上は、外国為替相場の変動を損益計算に反映させるための会計処理にすぎないので、「資産の譲渡及び貸付け並びに役務の提供」のいずれにも該当しません。

(5) 不動産売買契約の仲介は、契約を仲介するというサービスを提供しているため「役務の提供」に該当します。

(6) 税理士による税務相談は専門的知識に基づくサービスの提供として「役務の提供」に該当します。

☑ 学習のポイント

資産の譲渡・貸付けの「資産」には建物などの有形資産のほか、著作権や実用新案権などの無形の資産も含まれます。

解答6 みなし譲渡の判定

	日付	時間	学習メモ
1回目	／	／4分	
2回目	／	／4分	
3回目	／	／4分	

(1)	○	(2)	×	(3)	×	(4)	×	(5)	×	(6)	○
(7)	×	(8)	○								

解答へのアプローチ

法人が資産をその社の役員に対して贈与した場合及び個人事業者が棚卸資産又は棚卸資産以外の事業用資産を家事のために消費又は使用した場合が「みなし譲渡」に該当します。

(1) 役員に対する資産の贈与は「みなし譲渡」に該当します。

(2) 従業員に対する資産の贈与は「みなし譲渡」に該当しません。

(3) 無償による資産の貸付けは「みなし譲渡」に該当しません。

(4) 無償による役務の提供は「みなし譲渡」に該当しません。

(5)　消費者に対する資産の贈与は「みなし譲渡」に該当しません。

(6)　個人事業者が商品を家事のために消費する行為は「みなし譲渡」に該当します。

(7)　個人事業者が家事用の資産を事業の用に供する行為は「みなし譲渡」に該当しません。

(8)　個人事業者が事業用資産を家事のためにのみ使用する行為は「みなし譲渡」に該当します。

☑ 学習のポイント

　みなし譲渡とされる「法人のその社の役員に対する資産の贈与」には、「自社役員以外に対するもの」や「無償による資産の貸付けや役務の提供」は含まれないことに注意しましょう。

解答7　課税の対象の判定（まとめ）

	日付	時間	学習メモ
1回目	／	／8分	
2回目	／	／8分	
3回目	／	／8分	

(1)	○	(2)	×	(3)	×	(4)	○	(5)	×	(6)	○
(7)	○	(8)	○	(9)	×	(10)	×	(11)	○	(12)	○
(13)	○	(14)	○	(15)	○	(16)	○	(17)	×	(18)	○

＞ 解答へのアプローチ

　「課税の対象」の4要件を満たしているかを①国内取引か、②事業者が事業として行った取引か、③対価を得て行った取引か、④資産の譲渡・資産の貸付け・役務の提供か、という手順で判断します。また、「みなし譲渡」に該当するもの及び保税地域から引き取られる外国貨物についても課税の対象となることに注意しましょう。

(1)　①譲渡の時における資産の所在場所が国内なので国内取引に該当し、②法

人が行う活動は事業に該当し、③対価（売却代金）を得て、④資産の譲渡をしているため、課税の対象となります。

(2)　①登録機関の所在地が国外なので国内取引に該当せず、課税の対象となりません。

(3)　③補助金の受取りは対価性のない取引なので、「対価を得て行うもの」に該当せず、課税の対象となりません。

(4)　法人のその社の役員に対する資産の贈与は「みなし譲渡」に該当し、課税の対象となります。

(5)　④減価償却費の計上は資産の譲渡等に該当しないため、課税の対象となりません。

(6)　個人事業者が事業用資産を家事のためにのみ使用する行為は「みなし譲渡」に該当し、課税の対象となります。

(7)　①貸付けの時における資産の所在場所が国内なので国内取引に該当し、②法人が行う活動は事業に該当し、③返還義務のない権利金の受取りは建物の貸付けの対価として受け取るものなので、「対価を得て行うもの」に該当し、④資産の貸付けを行っているため、課税の対象となります。

(8)　①貸付けの時における資産の所在場所が国内なので国内取引に該当し、②法人が行う活動は事業に該当し、③対価（社宅使用料）を得て、④資産の貸付けをしているため、課税の対象となります。

(9)　②会社員の雇用契約等に基づく役務の提供は「事業者が事業として行うもの」に該当しないため、課税の対象となりません。

(10)　④株券の発行は資産の譲渡等に該当しないため、課税の対象となりません。

(11)　①役務の提供場所が国内なので国内取引に該当し、②法人が行う活動は事業に該当し、③対価（広告料）を得て、④役務の提供をしているため、課税の対象となります。

(12)　①金銭の貸付けを行う者のその貸付けに係る事務所等の所在地が国内なので国内取引に該当し、②法人が行う活動は事業に該当し、③対価（利息）を得て、④資産の貸付けをしているため、課税の対象となります。

(13)　①貸付けの時における資産の所在場所が国内なので国内取引に該当し、②法人が行う活動は事業に該当し、③不動産の明渡し遅滞に伴い収受する損害賠償金は、実質的に不動産を貸し付けた対価として受け取るものなので、「対価を得て行うもの」に該当し、④資産の貸付けをしているため、課税の対象とな

ります。

⒁　保税地域からの外国貨物の引取りは課税の対象となります。

⒂　保税地域において税関で輸入許可を受ける前の外国貨物が消費又は使用された場合は、その外国貨物を保税地域から引き取ったものとみなされ、課税の対象となります。

⒃　①差出地が国内なので国内取引に該当し、②法人が行う活動は事業に該当し、③対価（配達料）を得て、④役務の提供をしているため、課税の対象となります。

⒄　②趣味として所有する骨董品の売却は事業用資金に充当するためであっても、「事業者が事業として行うもの」に該当せず、課税の対象となりません。

⒅　①役務の提供場所が国内なので国内取引に該当し、②法人が行う活動は事業に該当し、③対価（仲介手数料）を得て、④役務の提供をしているため、課税の対象となります。

☑ **学習のポイント**

「課税の対象」の4要件について、自分に合う方法で判断手順の形を決めましょう。「課税の対象」となるかどうかの判断は今後も消費税法を学習する上で非常に重要になってくるので、素早く正確に判断ができるように練習を重ねましょう。

解答8 輸入取引の課税の対象の判定

	日付	時間	学習メモ
1回目	／	／4分	
2回目	／	／4分	
3回目	／	／4分	

(1)	○	(2)	○	(3)	×	(4)	○	(5)	○	(6)	×
(7)	○	(8)	×								

解答へのアプローチ

輸入取引の課税の対象については、「保税地域から引き取られる外国貨物には、

消費税を課する。」と規定されており、国外で行われる取引については課税の対象となりません。

(1)　外国貨物を保税地域から引き取っているため、輸入取引として課税の対象となります。

(2)　外国貨物を保税地域から引き取っているため、輸入取引として課税の対象となります。なお、外国貨物とは課税貨物と非課税貨物の両方を指すことに注意しましょう。

(3)　イギリスからフランスへの木材の輸入は国外で行われる取引なので課税の対象となりません。

(4)　外国貨物を保税地域から引き取っているため、輸入取引として課税の対象となります。輸入取引については、国内取引と異なり事業者が行う取引に限定せず、事業者でない個人が輸入した場合も課税の対象となります。

(5)　外国貨物を保税地域から引き取っているため、輸入取引として課税の対象となります。

(6)　税関の輸出許可を受ける前の貨物は内国貨物に該当します。したがって、外国貨物を保税地域から引き取ったわけではないので、課税の対象となりません。

(7)　輸入許可を受ける前の外国貨物を保税地域内で消費した場合は、外国貨物を保税地域から引き取ったものとみなされ、課税の対象となります。

(8)　輸入許可を受ける前の外国貨物が保税地域内で使用された場合であっても、その外国貨物が保税地域内の工場などで原材料として使用された場合は、外国貨物を保税地域から引き取ったものとみなされず課税の対象となりません。

☑ 学習のポイント

　輸入取引については、国内取引の課税の対象のような要件はなく、保税地域から外国貨物を引き取る行為すべてが課税の対象となります。

　なお、輸入取引に係る消費税額は、取引価額に運送料・保険料を加算した関税課税価額（CIF価額）を基に計算します。したがって、例えば、本問(5)のように自社製品等を無償（取引価額が０円）で輸入する場合でも運送料・保険料が０円ということはないので、消費税は発生するため、無償の輸入取引についても課税の対象となります。

Chapter 4 非課税取引と免税取引

解答1 国内取引の非課税

	日付	時間	学習メモ
1回目	/	/7分	
2回目	/	/7分	
3回目	/	/7分	

①	課さない	②	土地	③	1月	④	施設の利用
⑤	有価証券	⑥	支払手段	⑦	利子	⑧	信用の保証
⑨	信託報酬	⑩	郵便切手類	⑪	物品切手等	⑫	外国為替業務
⑬	健康保険法	⑭	介護保険法	⑮	助産	⑯	火葬料
⑰	身体障害者用物品	⑱	教科用図書	⑲	住宅	⑳	1月

解答へのアプローチ

国内取引の非課税について、条文では次のとおり規定されています。

国内において行われる資産の譲渡等のうち、次のものには、消費税を〔①課さない〕。
(1) 〔②土地〕（〔②土地〕の上に存する権利を含む。）の譲渡、貸付け（貸付期間が〔③1月〕未満の場合及び〔④施設の利用〕に伴って土地が使用される場合を除く。）
(2) 〔⑤有価証券〕（ゴルフ場利用株式等を除く。）、〔⑥支払手段〕（収集品、販売用のものを除く。）その他これらに類するものの譲渡
(3) 〔⑦利子〕を対価とする金銭の貸付け、〔⑧信用の保証〕としての役務の提供、公社債投資信託等に係る〔⑨信託報酬〕を対価とする役務の提供及び保険料を対価とする役務の提供その他これらに類するもの
(4) 次の資産の譲渡

① 日本郵便株式会社等が行う〔⑩**郵便切手類**〕、印紙の譲渡

② 地方公共団体又は売りさばき人が行う証紙の譲渡

③ 〔⑪**物品切手等**〕の譲渡

(5) 次の役務の提供

① 国等が行うもので、その料金の徴収が法令に基づくもの

② 裁判所の執行官又は公証人の手数料を対価とするもの

③ 〔⑫**外国為替業務**〕に係るもの

(6) 〔⑬**健康保険法**〕の規定に基づく資産の譲渡等

(7) 次の資産の譲渡等

① 〔⑭**介護保険法**〕に基づく居宅サービス

② 社会福祉事業、更生保護事業として行われる資産の譲渡等（生産活動に基づくものを除く。）

(8) 医師等による〔⑮**助産**〕に係る資産の譲渡等

(9) 埋葬料又は〔⑯**火葬料**〕を対価とする役務の提供

(10) 〔⑰**身体障害者用物品**〕の譲渡、貸付けその他の資産の譲渡等

(11) 学校教育法等に規定する教育として行う役務の提供

(12) 学校教育法に規定する〔⑱**教科用図書**〕の譲渡

(13) 〔⑲**住宅**〕の貸付け（契約において人の居住の用に供することが明らかにされている場合（契約において貸付けに係る用途が明らかにされていない場合にその貸付け等の状況からみて人の居住の用に供されていることが明らかな場合を含む。）に限るものとし、貸付期間が〔⑳**1 月**〕未満の場合等を除く。）

☑ 学習のポイント

(1)〜(5)は税の性格から課税することになじまないものとして、(6)〜(13)は社会政策的配慮から非課税とされています。

解答2 非課税取引（1）

	日付	時間	学習メモ
1回目	／	／6分	
2回目	／	／6分	
3回目	／	／6分	

(1)	○	(2)	○	(3)	×	(4)	○	(5)	×	(6)	○
(7)	○	(8)	×	(9)	×	(10)	○	(11)	○	(12)	×
(13)	○	(14)	×	(15)	○	(16)	○	(17)	×	(18)	○
(19)	×	(20)	×								

解答へのアプローチ

別表第一に限定列挙されている15項目に該当するかどうか、ひとつずつみていきましょう。

(1) 土地の譲渡は非課税取引に該当します。

(2) 借地権の譲渡は土地の上に存する権利の譲渡として非課税取引に該当します。

(3) 貸付期間が1月未満の土地の貸付けは非課税取引に該当しません。

(4) 貸付期間が1月以上の土地の貸付けは非課税取引に該当します。

(5) 時間貸立体駐車場の貸付けは施設の利用に伴う土地の貸付けとして非課税取引に該当しません。

(6) 株式の譲渡は有価証券の譲渡として非課税取引に該当します。

(7) 貸付金の譲渡は有価証券に類するものの譲渡として非課税取引に該当します。

(8) ゴルフ場利用株式の譲渡は非課税とされる有価証券の譲渡から除かれるため、非課税取引に該当しません。

(9) 株式売却手数料の収受は株式の売却に係る役務の提供の対価なので非課税取引に該当しません。

(10) 利子を対価とする金銭の貸付けとして非課税取引に該当します。

(11) 利子を対価とする金銭の貸付けとして非課税取引に該当します。

(12) 配当金の収受は対価性のない取引なので、不課税取引となります。

(13) 日本郵便株式会社が行う郵便切手類の譲渡は非課税取引に該当します。

(14) 社会保険医療等以外の自由診療は非課税取引に該当しません。

(15) 健康保険法に基づく医療としての資産の譲渡等は非課税取引に該当します。

(16) 身体障害者用物品の譲渡は非課税取引に該当します。

(17) 事務所用建物の貸付けは非課税取引に該当しません。

(18) 貸付期間が1月以上の住宅の貸付けは非課税取引に該当します。

(19) 貸付期間が1月未満の住宅の貸付けは非課税取引に該当しません。

(20) 住宅の売却は非課税取引に該当しません。

☑ 学習のポイント

　本問の各取引は、計算問題でも非常によく出題される重要な項目なので、しっかりと押さえておきましょう。

解答3 非課税取引（2）

	日付	時間	学習メモ
1回目	／	／8分	
2回目	／	／8分	
3回目	／	／8分	

(1)	不	(2)	課	(3)	非	(4)	非	(5)	非	(6)	非
(7)	非	(8)	不	(9)	非	(10)	課	(11)	非	(12)	非
(13)	非	(14)	非	(15)	非	(16)	課	(17)	課	(18)	非
(19)	非	(20)	不	(21)	非	(22)	課				

解答へのアプローチ

　まず課税の対象となるかどうか判断し、次に、非課税取引となるか7.8％課税取引となるか判断します。

(1)　土地の無償の貸付けは対価を得ていないため、不課税取引となります。

(2)　野球場の貸付けは施設の利用に伴う土地の貸付けとして7.8％課税取引となります。

(3)　役員に資産を贈与しているためみなし譲渡に該当し、国債の譲渡は有価証券の譲渡として非課税取引となります。

(4)　公社債投資信託等に係る信託報酬を対価とする役務の提供は非課税取引となります。

(5)　集団投資信託の収益分配金の収受は利子を対価とする金銭の貸付けとして非課税取引となります。

(6)　信用の保証としての役務の提供は非課税取引となります。

70

(7) 保険料を対価とする役務の提供は非課税取引となります。
(8) 保険金の収受は対価性のない取引なので、不課税取引となります。
(9) 物品切手等の譲渡は非課税取引となります。
(10) 健康診断は社会保険診療等以外の自由診療なので、7.8%課税取引となります。
(11) 医師、助産師等による助産に係る資産の譲渡等は非課税取引に該当します。
(12) 火葬に係る火葬料を対価とする役務の提供は非課税取引に該当します。
(13) 介護保険法の規定に基づく居宅サービスは非課税取引となります。
(14) 学校教育法に規定する学校における教育として行う役務の提供は非課税取引となります。
(15) 学校教育法に規定する教科用図書の譲渡は非課税取引に該当します。
(16) 参考書の販売は学校が指定したものであっても非課税とされる学校教育法に規定する教科用図書の譲渡には該当せず、7.8%課税取引となります。
(17) 保養所は住宅ではないので、その貸付けは非課税取引に該当しません。
(18) 建物等の貸付けに伴う共益費も家賃と同様に扱うため、非課税取引とされます。
(19) 事務所用として使用されていたとしても、契約において居住の用に供することとされている場合は非課税とされる住宅の貸付けに該当し、非課税取引となります。
(20) 返還義務のある保証金の収受は、対価性のない取引として不課税取引となります。
(21) 不動産の明け渡し遅滞に伴い収受する損害賠償金は、実質的に不動産を貸付けた対価として受け取るものなので、「対価を得て行うもの」に該当します。また、貸付期間が1月以上の住宅の貸付けなので、非課税取引となります。
(22) 土地の造成費用は土地の造成に係る役務の提供の対価として7.8%課税取引となります。

✓ 学習のポイント

　非課税取引は覚える量が多くて大変ですが、ひとつひとつ丁寧に覚えていきましょう。

解答4 非課税取引（3）

	日付	時間	学習メモ
1回目	／	／3分	
2回目	／	／3分	
3回目	／	／3分	

(1)	非	(2)	非	(3)	課	(4)	非	(5)	課	(6)	課
(7)	非	(8)	非	(9)	不						

(1) 借地権の更新料は土地の上に存する権利の設定の対価に含まれるため、非課税取引となります。

(2) 合同会社の持分の譲渡は有価証券に類するものの譲渡として非課税取引となります。

(3) 身体障害者用物品の部分品の譲渡は非課税取引に該当せず、7.8％課税取引となります。

(4) 資金決済法に規定する暗号資産の譲渡は支払手段に類するものの譲渡に該当するため、非課税取引となります。

(5) 美容整形手術は社会保険診療等以外の自由診療なので、7.8％課税取引となります。

(6) 「10万円記念硬貨」は収集品なので、非課税とされる一定の支払手段の譲渡の範囲から除かれ、7.8％課税取引となります。

(7) 国等が行う役務の提供で、その料金の徴収が法令に基づくものは非課税取引となります。

(8) 海外送金手数料は外国為替業務に係る役務の提供として非課税取引となります。

(9) 振替機関等が取り扱う株券の発行がない株式については、当該振替機関等の所在地が国内であるかどうかにより国内取引の判定を行います。A社株式を取り扱う振替機関の所在地は国外であるため、不課税取引となります。

72

学習のポイント

細かい論点で難易度の高い問題ですが、余裕のある人は押さえておきましょう。

解答5 輸出免税等 (1)

	日付	時間	学習メモ
1回目	／	／ 4分	
2回目	／	／ 4分	
3回目	／	／ 4分	

①	課税資産の譲渡等	②	輸出取引等	③	免除する	④	本邦からの輸出
⑤	外国貨物	⑥	通信	⑦	指定保税地域等	⑧	内国貨物
⑨	郵便	⑩	無形固定資産等	⑪	非居住者	⑫	便益を享受

解答へのアプローチ

輸出免税等について、条文では次のとおり規定されています。

1. 輸出免税等

事業者（免税事業者を除く。）が国内において行う〔①**課税資産の譲渡等**〕のうち、〔②**輸出取引等**〕に該当するものについては、消費税を〔③**免除する**〕。

2. 〔②**輸出取引等**〕の範囲

(1) 〔④**本邦からの輸出**〕として行われる資産の譲渡、貸付け

(2) 〔⑤**外国貨物**〕の譲渡、貸付け ((1)を除く。)

(3) 国内及び国外にわたって行われる旅客、貨物の輸送、〔⑥**通信**〕

(4) 専ら(3)の輸送の用に供される船舶又は航空機の譲渡、貸付け、修理で船舶運行事業者等に対するもの

(5) (1)～(4)の資産の譲渡等に類するもの

① 外航船舶等の譲渡、貸付け、修理等で船舶運行事業者等に対するもの

② 〔⑤**外国貨物**〕の荷役、運送、保管、検数、鑑定その他これらに類する〔⑤**外国貨物**〕に係る役務の提供（〔⑦**指定保税地域等**〕における〔⑧**内国**

貨物〕に係るこれらの役務の提供を含み、特例輸出貨物に係る役務の提供にあっては、一定のものに限る。）
③　国内及び国外にわたって行われる〔⑨**郵便**〕、信書便
④　〔⑩**無形固定資産等**〕の譲渡、貸付けで〔⑪**非居住者**〕に対するもの
⑤　〔⑪**非居住者**〕に対する役務の提供で次のもの以外のもの
　イ　国内に所在する資産に係る運送、保管
　ロ　国内における飲食、宿泊
　ハ　イ及びロに準ずるもので、国内において直接〔⑫**便益を享受**〕するもの

☑ 学習のポイント

「課税資産の譲渡等」とは、資産の譲渡等のうち、国内取引の非課税の規定により消費税を課さないこととされるもの以外のものを言います。つまり、「国内において行う課税資産の譲渡等」は「7.8％課税取引」と「免税取引」のことを指すため、「国内において行う課税資産の譲渡等のうち輸出取引等に該当するもの」が「免税取引」、それ以外のものは「7.8％課税取引」に分類されることになります。取引分類図を思い浮かべながら、条文の構成も押さえましょう。

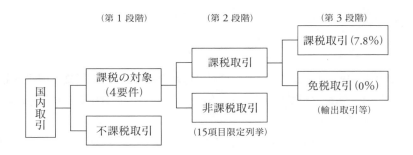

解答 6　輸出免税等（2）

	日付	時間	学習メモ
1回目	／	／7分	
2回目	／	／7分	
3回目	／	／7分	

(1)	○	(2)	×	(3)	×	(4)	×	(5)	○	(6)	○
(7)	○	(8)	×	(9)	×	(10)	○	(11)	×	(12)	○
(13)	×	(14)	○	(15)	○	(16)	×	(17)	×	(18)	○
(19)	×	(20)	×								

解答へのアプローチ

国内取引の課税の対象にあたる取引であっても、モノが輸出され、またはサービスが国外で提供される一定のものは「輸出取引等」に該当し、消費地課税主義の観点から消費税が免除されます。取引が「輸出取引等」に該当するかどうか、ひとつずつみていきましょう。

(1) 本邦からの輸出として行われる資産の譲渡は、輸出取引等に該当し、免税取引（輸出免税等）となります。

(2) 譲渡の時における資産の所在場所が国外なので、課税の対象となりません。

(3) 輸出取引等に該当せず、7.8%課税取引となります。

(4) 建物の貸付けは、輸出取引等に該当せず、住宅の貸付けでないため7.8%課税取引となります。

(5) 非居住者に対する役務の提供で国内において直接便益を享受するもの以外のものは、輸出取引等に該当し、免税取引（輸出免税等）となります。

(6) 外国貨物の譲渡は、輸出取引等に該当し、免税取引（輸出免税等）となります。

(7) 外国貨物に係る役務の提供は、輸出取引等に該当し、免税取引（輸出免税等）となります。

(8) 非居住者に対する役務の提供のうち国内における飲食は、国内において直接便益を享受するものなので輸出取引等に該当せず、7.8%課税取引となります。

(9) 非居住者に対する役務の提供のうち国内に所在する資産の運送は、国内において直接便益を享受するものなので輸出取引等に該当せず、7.8%課税取引となります。

(10) 無形固定資産等の貸付けで非居住者に対するものは、輸出取引等に該当し、免税取引（輸出免税等）となります。

(11) 譲渡の時における資産の所在場所が国外なので、課税の対象となりません。

(12) 国内に陸揚げし輸入手続を経ていない貨物は、外国貨物に該当します。外国貨物の譲渡は、輸出取引等に該当するため、免税取引（輸出免税等）となります。

75

⒀　発信地も受信地も国外なので、課税の対象となりません。

⒁　国内および国外にわたって行われる貨物の輸送は、輸出取引等に該当し、免税取引（輸出免税等）となります。

⒂　指定保税地域等における内国貨物に係る役務の提供は、輸出取引等に該当し、免税取引（輸出免税等）となります。

⒃　倉庫の貸付けは、輸出取引等に該当せず、7.8%課税取引となります。

⒄　非居住者に対する役務の提供のうち国内における宿泊は、国内において直接便益を享受するものなので輸出取引等に該当せず、7.8%課税取引となります。

⒅　非居住者に対する役務の提供で国内において直接便益を享受するもの以外のものは、輸出取引等に該当し、免税取引（輸出免税等）となります。

⒆　輸出する物品を製造するために国内で行う下請加工は、輸出取引等に該当せず、7.8%課税取引となります。

⒇　輸出業者に対して行う国内での資産の譲渡等は、輸出取引等に該当せず、7.8%課税取引となります。

☑ 学習のポイント

　郵便・通信などの国内及び国外にわたって行われる役務の提供は、発着点のいずれかが国内であれば国内取引となります。非居住者に対する役務の提供であっても、「国内において直接便益を享受するもの」は国内においてサービスが提供されたことになりますから、免税取引とならないことに注意しましょう。

解答7　輸出物品販売場制度

	日付	時間	学習メモ
1回目	／	／4分	
2回目	／	／4分	
3回目	／	／4分	

①	非居住者	②	免税対象物品	③	免除する	④	一般物品
⑤	消耗品	⑥	5千円	⑦	50万円	⑧	通常生活の用
⑨	購入記録情報						

> 解答へのアプローチ

問題文の文章を完成させると次のようになります。

輸出物品販売場を経営する事業者が〔①非居住者〕に対し、〔②免税対象物品〕で輸出するために一定の方法により購入されるものの譲渡（非課税とされるものを除く。）を行った場合には、その物品の譲渡については、消費税を〔③免除する〕。

免税販売の対象となるのは、〔④一般物品〕(家電、バッグ、衣料品などの〔⑤消耗品〕以外のもの)については、同一の非居住者に対する同一店舗における1日の販売価額の合計が税抜〔⑥５千円〕以上のもの、〔⑤消耗品〕(食品類、飲料類、薬品類、化粧品類その他の〔⑤消耗品〕)については、同一の〔①非居住者〕に対する同一店舗における１日の販売価額の合計が税抜〔⑥５千円〕以上〔⑦50万円〕以下の範囲内のものであり、金又は白金の地金その他〔⑧通常生活の用〕に供しないものは〔②免税対象物品〕から除かれる。

なお、平成30年度税制改正により、平成30年7月1日以後に行う免税販売については、〔④一般物品〕と〔⑤消耗品〕の販売価額（税抜）が〔⑥５千円〕未満であったとしても、合計額が〔⑥５千円〕以上であれば、〔④一般物品〕を〔⑤消耗品〕と同様の指定された方法により包装することで、免税販売することができることとされた。この場合、当該〔④一般物品〕は〔⑤消耗品〕として取り扱うこととなる。

この規定は、事業者が書類等（〔⑨購入記録情報〕）を保存しない場合は適用されない。

☑ 学習のポイント

輸出物品販売場制度の要件については、ここ数年、毎年改正が重ねられており、本試験でも理論・計算ともに出題される可能性の高い論点です。特に、免税対象物品となる一般物品と消耗品の区分とそれぞれの金額判定についてはしっかり押さえておきましょう。

解答 8 取引の分類 （まとめ）

	日付	時間	学習メモ
1回目	／	／20分	
2回目	／	／20分	
3回目	／	／20分	

(1)	非	(2)	課	(3)	不	(4)	課	(5)	不	(6)	非
(7)	非	(8)	非	(9)	課	(10)	非	(11)	課	(12)	不
(13)	課	(14)	免	(15)	非	(16)	不	(17)	課	(18)	不
(19)	不	(20)	免	(21)	非	(22)	免	(23)	非	(24)	非
(25)	非	(26)	課	(27)	免	(28)	不	(29)	免	(30)	課
(31)	課	(32)	課	(33)	非	(34)	免	(35)	非	(36)	非
(37)	課	(38)	課	(39)	不	(40)	非	(41)	課	(42)	課
(43)	課	(44)	免	(45)	不	(46)	非	(47)	非	(48)	不
(49)	不	(50)	課	(51)	非	(52)	不	(53)	不	(54)	課
(55)	非	(56)	不	(57)	課	(58)	不	(59)	非	(60)	免

> **解答へのアプローチ**

　国内取引については第 1 段階で「課税の対象」となるかどうかを判断し、第 2
段階で非課税取引となるものを抜き出し、第 3 段階で免税取引となるものを抜き出
します。国内取引の「課税の対象」となったもののうち非課税取引にも免税取引（輸
出免税等）にも該当しないものは7.8%課税取引となります。

(1)　土地の譲渡は、非課税取引に該当します。

(2)　貸付期間が 1 月未満の土地の貸付けは、非課税とされる土地の貸付けの範
　　囲から除かれ、7.8%課税取引となります。

(3)　配当金の受取りは、対価性のない取引なので、不課税取引となります。

(4)　仲介手数料の収受は、7.8%課税取引となります。

(5) 契約が破棄されたことによる違約金の収受は、対価性のない取引なので、不課税取引となります。

(6) 法人のその社の役員に対する資産の贈与は、「みなし譲渡」に該当し、課税の対象となります。また、土地の譲渡なので非課税取引に該当します。

(7) 利子を対価とする金銭の貸付けは、非課税取引に該当します。

(8) 信用の保証としての役務の提供は、非課税取引に該当します。

(9) 施設の利用に伴う土地の貸付けは、非課税とされる土地の貸付けの範囲から除かれ、7.8%課税取引となります。

(10) 対価補償金は、土地の譲渡対価として収受するものなので、「対価を得て行う取引」に該当し、課税の対象となります。また、土地の譲渡なので非課税取引に該当します。

(11) 事務所用建物に係る返還義務のない権利金の受取りは、7.8%課税取引となります。

(12) 名誉毀損に係る損害賠償金の受取りは、対価性のない取引なので、不課税取引となります。

(13) 個人事業者が事業用資産を家事のために使用する行為は、「みなし譲渡」に該当し、課税資産を譲渡したため、7.8%課税取引となります。

(14) 本邦からの輸出として行われる資産の譲渡として輸出取引等に該当し、免税取引（輸出取引等）となります。

(15) 有価証券の譲渡は、非課税取引に該当します。

(16) 譲渡の時における資産の所在地が国外なので国内取引の要件を満たさず、不課税取引となります。

(17) 製造過程で生じた作業屑の売却は、7.8%課税取引となります。

(18) 趣味で所有する楽器の売却は、「事業者が事業として行う取引」ではないため、不課税取引となります。

(19) 会社員の雇用契約等に基づく役務の提供は、「事業者が事業として行う取引」ではないため、不課税取引となります。

(20) 非居住者に対する役務の提供で国内において直接便益を享受するもの以外のものは、輸出取引等に該当し、免税取引（輸出免税等）となります。

(21) 身体障害者用物品の譲渡は、非課税取引に該当します。

(22) 無形固定資産等の貸付けで非居住者に対するものは、輸出取引等に該当し、免税取引（輸出免税等）となります。

(23) 外国為替業務に係る役務の提供は、非課税取引に該当します。

⑷ 健康保険法等に基づく医療としての資産の譲渡等は、非課税取引に該当します。

⑸ 永代使用料とは、土地の使用料のことであり、土地の貸付けとして非課税取引に該当します。

⑹ 保養所の貸付けは、非課税とされる住宅の貸付けには該当せず、7.8%課税取引となります。

⑺ 到着地が国内なので国内取引に該当します。また、国内および国外にわたって行われる貨物の輸送は輸出取引等に該当し、免税取引（輸出免税等）となります。

⑻ 従業員に対する贈与は、「みなし譲渡」に該当しません。無償の譲渡なので対価を得ていないため、不課税取引となります。

⑼ 著作権の侵害を受けたことによる損害賠償金の受取りは、実質的に著作権を貸し付けた対価として受け取るものであるため、「対価を得て行うもの」に該当します。また、無形固定資産等の貸付けで非居住者に対するものは輸出取引等に該当し、免税取引（輸出免税等）となります。

⑽ 住宅の修理は、住宅に係る役務の提供として、7.8%課税取引となります。

㉛ プロ野球選手のテレビ出演は、事業に付随して行われる行為として「事業者が事業として行う取引」に該当し、7.8%課税取引となります。

㉜ 非居住者に対する役務の提供のうち国内における飲食は、国内において直接便益を享受するものなので輸出取引等に該当せず、7.8%課税取引となります。

㉝ 割引債の償還差益は、利子と同様の性格を持っているため、利子を対価とする金銭の貸付けとして非課税取引に該当します。

㉞ 指定保税地域等における内国貨物に係る役務の提供は、輸出取引等に該当し、免税取引（輸出免税等）となります。

㉟ 国等が行う一定の役務の提供は、非課税取引に該当します。

㊱ 証券投資信託の収益分配金の受取りは、利子を対価とする金銭の貸付けとして非課税取引となります。

㊲ 保険代理店が受け取る代理事務手数料は、非課税とされる保険料の収受には該当せず、7.8%課税取引となります。

㊳ 施設（事務所）の利用に伴って土地が使用される場合には、その土地の貸付けは非課税取引に該当せず、土地を含めた施設全体の貸付けと考えます。また、建物部分と土地部分とに区分して賃貸料を収受していても全額が事務所の賃貸料となるため、7.8%課税取引となります。

⑶ 有価証券評価益の計上は、資産の譲渡等に該当しないため、不課税取引となります。

⑽ 地方公共団体が行う証紙の譲渡は、非課税取引に該当します。

⑷ 入院時の差額ベッド代の収受は、社会保険診療等以外の自由診療なので非課税取引に該当せず、7.8%課税取引となります。

⑿ ゴルフ会員権の譲渡は、非課税とされる有価証券の譲渡の範囲から除かれ、7.8%課税取引となります。

⒀ リゾートマンションの貸付けは、非課税とされる住宅の貸付けの範囲から除かれ、7.8%課税取引となります。

⒁ 国内に陸揚げし輸入許可を受ける前の貨物は、外国貨物に該当します。外国貨物の譲渡は、輸出取引等に該当するため、免税取引(輸出免税等)となります。

⒂ 寄付金の収受は、対価性のない取引なので、不課税取引となります。

⒃ 住宅貸付けの更新料は、住宅の貸付けの対価に含まれるため、非課税取引に該当します。

⒄ 約束手形の譲渡は、支払手段の譲渡として非課税取引に該当します。

⒅ 保険金の収受は、対価性のない取引なので、不課税取引となります。

⒆ 製品の自社使用は、資産の譲渡等に該当せず、不課税取引となります。

⒇ 受託販売に係る役務の提供は、7.8%課税取引となります。

(51) 売掛金の譲渡は、有価証券に類するものの譲渡として非課税取引に該当します。

(52) 返還義務がある借家保証金の受取りは、対価性のない取引なので、不課税取引となります。

(53) 商品の滅失は、資産の譲渡・貸付け、役務の提供に該当せず、不課税取引となります。

(54) 貨物運送用フォークリフトの賃貸は、輸出取引等に該当せず、7.8%課税取引となります。

(55) 信用の保証としての役務の提供の対価として非課税取引に該当します。

(56) 自宅の敷地の売却は、事業とは無関係な取引なので「事業者が事業として行う取引」に該当せず、不課税取引となります。

(57) 譲渡の相手方にかかわらず、商品の販売は、7.8%課税取引となります。

(58) 役務の提供場所が国外なので、不課税取引となります。

(59) ビール券の譲渡は、物品切手等の譲渡として非課税取引に該当します。

(60) 商標権が2以上の国で登録されており、権利の貸付けを行う者の住所地が

国内にあるため国内取引に該当し、課税の対象となります。また、無形固定資産等の貸付けで非居住者に対するものは輸出取引等に該当し、免税取引（輸出免税等）となります。

☑ 学習のポイント

国内取引の分類の全体像を思い出しながら、素早く正確に取引の分類ができるようになりましょう。判定の順番を間違えないように、下記の図をしっかりと頭に入れておきましょう。

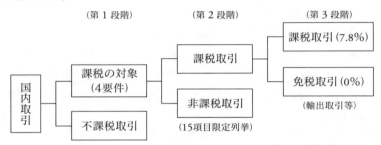

課税標準と税率

解答 1 国内取引の課税標準

	日付	時間	学習メモ
1回目	/	/6分	
2回目	/	/6分	
3回目	/	/6分	

①	対価の額	②	価額	③	役員
④	譲渡時の価額	⑤	譲渡時の価額×50%	⑥	仕入価額
⑦	通常の販売価額×50%	⑧	譲渡時の価額	⑨	仕入価額
⑩	通常の販売価額×50%				

※ ⑥と⑦、⑨と⑩は順不同。

解答へのアプローチ

　課税資産の譲渡等に係る消費税の課税標準は、原則として課税資産の譲渡等の対価の額とされ、対価の額とは、当事者間で実際に収受した金額のことをいいます。また、対価の額として金銭以外の物、権利その他経済的な利益を受けた場合にはその時の価額を課税標準とします。

　また、法人が自社の役員に対して資産を著しく低い価額で譲渡し、次の要件を満たす場合には「低額譲渡」に該当し、譲渡時の価額を課税標準額に算入します。

> (1) 棚卸資産以外の資産の場合（器具備品や絵画など）
>   譲渡時の価額×50％＞譲渡金額
> (2) 棚卸資産の場合（商品や製品など）
>   仕入価額＞譲渡金額　又は　通常の販売価額×50％＞譲渡金額

　また、次の場合にはみなし譲渡に該当します。

(1) 個人事業者が棚卸資産又は棚卸資産以外の事業用資産を家事のために消費又は使用した場合
(2) 法人が資産をその社の役員に対して贈与した場合

　　みなし譲渡に該当する場合は、次の金額を課税標準額に算入します。

(1) 棚卸資産以外の資産の場合（器具備品や絵画など）
　　 譲渡時の価額
(2) 棚卸資産の場合（商品や製品など）
　　 仕入価額　又は　通常の販売価額×50%　のうちいずれか大きい方

☑ 学習のポイント

　　課税標準の原則、低額譲渡、みなし譲渡の取扱いは計算問題を解く上で非常に重要度の高い論点になります。本問をよく復習して、それぞれの取扱いをしっかりと押さえましょう。

　　なお、「価額」とは、時価相当額のことをいいます。

解答2 課税標準額の計算（1）

	日付	時間	学習メモ
1回目	／	／8分	
2回目	／	／8分	
3回目	／	／8分	

(1)	10,000円	(2)	12,000円	(3)	70,000円
(4)	100,000円	(5)	28,000円	(6)	500,000円
(7)	150,000円	(8)	30,000円	(9)	40,000円
(10)	50,000円	(11)	250,000円	(12)	0円

| (13) | 50,000,000円 | (14) | 36,000,000円 | (15) | 52,500,000円 |

解答へのアプローチ

消費税の課税標準は「課税資産の譲渡等の対価の額」なので、原則として対価として受領した金額を課税標準額に算入します。しかし、「みなし譲渡」や「低額譲渡」に該当する場合は異なる取扱いとなりますので注意しましょう。

(1) 対価として受領した金額10,000円が課税標準額の計算に算入すべき課税売上げの金額となります。

(2) 対価として受領した金額12,000円が課税標準額の計算に算入すべき課税売上げの金額となります。

(3) 法人が自社の役員に対して資産を譲渡した場合は、「低額譲渡」に該当するかチェックします。低額譲渡に該当する場合は譲渡時の価額(通常の販売価額)70,000円が、該当しない場合は原則どおり譲渡金額40,000円が課税標準額の計算に算入すべき課税売上げの金額となります。棚卸資産を譲渡しているため、譲渡金額が通常の販売価額×50%又は仕入価額を下回っているかどうかにより「低額譲渡」の判定を行います。

> 低額譲渡の判定
> 通常の販売価額70,000円×50%＝35,000円≦譲渡金額40,000円
> 仕入価額50,000円＞譲渡金額40,000円　　∴ 低額譲渡に該当する

したがって、低額譲渡に該当するため、譲渡時の価額(通常の販売価額)70,000円が課税標準額の計算に算入すべき課税売上げの金額となります。

(4) 法人が自社の役員に対して資産を譲渡した場合は、「低額譲渡」に該当するかチェックします。低額譲渡に該当する場合は譲渡時の価額(通常の販売価額)160,000円が、該当しない場合は原則どおり譲渡金額100,000円が課税標準額の計算に算入すべき課税売上げの金額となります。棚卸資産を譲渡しているため、譲渡金額が通常の販売価額×50%又は仕入価額を下回っているかどうかにより「低額譲渡」の判定を行います。

> 低額譲渡の判定
> 通常の販売価額160,000円×50％＝80,000円≦譲渡金額100,000円
> 仕入価額90,000円≦譲渡金額100,000円　　∴ 低額譲渡に該当しない

　したがって、低額譲渡に該当しないので、譲渡金額100,000円が課税標準額の計算に算入すべき課税売上げの金額となります。

(5) 低額譲渡についての規定は、法人が資産を自社の役員に対して著しく低い価額で譲渡した場合のみ適用されます。従業員に対して譲渡した場合は適用されないため、譲渡金額28,000円が課税標準額の計算に算入すべき課税売上げの金額となります。

(6) 法人が自社の役員に対して資産を譲渡した場合は、「低額譲渡」に該当するかチェックします。低額譲渡に該当する場合は譲渡時の価額（時価）500,000円が、該当しない場合は原則どおり譲渡金額200,000円が課税標準額の計算に算入すべき課税売上げの金額となります。棚卸資産以外の資産を譲渡しているため、譲渡金額が譲渡時の価額（時価）×50％を下回っているかどうかにより「低額譲渡」の判定を行います。

> 低額譲渡の判定
> 譲渡時の価額（時価）500,000円×50％＝250,000円＞譲渡金額200,000円
> 　　　　　　　　　　　　　　　　　　　∴ 低額譲渡に該当する

　したがって、低額譲渡に該当するので、譲渡時の価額（時価）500,000円が課税標準額の計算に算入すべき課税売上げの金額となります。

(7) 法人が自社の役員に対して資産を譲渡した場合は、「低額譲渡」に該当するかチェックします。

　低額譲渡に該当する場合は譲渡時の価額（時価）250,000円が、該当しない場合は原則どおり譲渡金額150,000円が課税標準額の計算に算入すべき課税売上げの金額となります。

　棚卸資産以外の資産を譲渡しているため、譲渡金額が譲渡時の価額（時価）×50％を下回っているかどうかにより「低額譲渡」の判定を行います。

> 低額譲渡の判定
> 譲渡時の価額 (時価)250,000円×50%＝125,000円≦譲渡金額150,000円
> ∴ 低額譲渡に該当しない

　したがって、低額譲渡に該当しないので、譲渡金額150,000円が課税標準額の計算に算入すべき課税売上げの金額となります。

(8)　個人事業者が棚卸資産を家事のために消費する行為は、「みなし譲渡」に該当します。

　棚卸資産のみなし譲渡に係る売上げ計上金額は、通常の販売価額×50%又は仕入価額のいずれか大きい方の金額となります。

　　通常の販売価額60,000円×50%＝30,000円＞仕入価額20,000円

　通常の販売価額×50%の金額の方が大きいので、通常の販売価額×50%の金額30,000円が課税標準額の計算に算入すべき課税売上げの金額となります。

(9)　個人事業者が棚卸資産以外の事業用資産を家事のために使用する行為は、「みなし譲渡」に該当します。

　棚卸資産以外の資産のみなし譲渡に係る売上げ計上金額は譲渡時の価額 (時価) なので、譲渡時の価額 (時価)40,000円が課税標準額の計算に算入すべき課税売上げの金額となります。

(10)　法人が資産をその社の役員に対して贈与する行為は「みなし譲渡」に該当します。

　棚卸資産のみなし譲渡に係る売上げ計上金額は、通常の販売価額×50%又は仕入価額のいずれか大きい方の金額となります。

　　通常の販売価額80,000円×50%＝40,000円＜仕入価額50,000円

　仕入価額の方が大きいので仕入価額の金額50,000円が課税標準額の計算に算入すべき課税売上げの金額となります。

(11)　法人が資産をその社の役員に対して贈与する行為は「みなし譲渡」に該当します。

　棚卸資産以外の資産のみなし譲渡に係る売上げ計上金額は譲渡時の価額 (時価) なので、譲渡時の価額 (時価)250,000円が課税標準額の計算に算入すべき課税売上げの金額となります。

(12)　法人が資産をその社の役員に対して無償で貸し付ける行為は「みなし譲渡」

Chapter

5

課税標準と税率

に該当しません。

したがって、売上げ計上金額は対価として受領した金額となりますが、無償で貸し付けているため対価を受領していないので、不課税取引であり、課税標準額の計算に算入すべき課税売上げの金額は0円です。

⒀ 「課税資産」と「非課税資産」の一括譲渡が行われた場合において、譲渡対価の内訳が合理的に区分されているときは、その区分された対価の額を課税標準額の計算に算入します。

したがって、建物部分の譲渡価額50,000,000円が課税標準額の計算に算入すべき課税売上げの金額となります。

⒁ 「課税資産」と「非課税資産」の一括譲渡が行われた場合において、譲渡対価の内訳が合理的に区分されていないときは、譲渡時の価額の比で按分計算した金額を課税標準額の計算に算入します。

したがって、建物部分の譲渡対価を譲渡時の価額の比で按分した金額 $90,000,000円 \times \dfrac{4}{6+4} = 36,000,000円$ が課税標準額の計算に算入すべき課税売上げの金額となります。

⒂ 「課税資産」と「非課税資産」の一括譲渡が行われた場合において、譲渡対価の内訳が合理的に区分されていないときは、譲渡時の価額の比で按分計算した金額を課税標準額の計算に算入します。

したがって、建物部分の譲渡対価を譲渡時の価額の比で按分した金額 $150,000,000円 \times \dfrac{70,000,000円}{130,000,000円+70,000,000円} = 52,500,000円$ が課税標準額の計算に算入すべき課税売上げの金額となります。

☑ 学習のポイント

課税標準に算入すべき金額は、原則として、その課税資産の価額（時価）や定価ではなく、その譲渡等について当事者間で実際にやりとりすることとした金額を使うことに注意しましょう。また、低額譲渡やみなし譲渡の規定では、棚卸資産と棚卸資産以外の資産とで取扱いが異なるので、それぞれの違いをしっかりと押さえておきましょう。

解答3 課税標準額の計算 (2)

	日付	時間	学習メモ
1回目	／	／6分	
2回目	／	／6分	
3回目	／	／6分	

(1)	480円	(2)	37,300円	(3)	1,400円
(4)	1,200,000円	(5)	150,000円	(6)	2,000,000円
(7)	2,017,000円	(8)	2,580,000円	(9)	350,000円
(10)	660円				

Chapter
5

課税標準と税率

解答へのアプローチ

(1) たばこ税は課税資産の譲渡等の対価の額に含まれます。したがって、たばこ税も含まれている480円が課税標準額の計算に算入すべき課税売上げの金額となります。

(2) ゴルフ場利用税は課税資産の譲渡等の対価の額に含まれません。したがって、ゴルフのプレー代金38,960円からゴルフ場利用税1,660円を差し引いた37,300円が課税標準額の計算に算入すべき課税売上げの金額となります。

(3) 入湯税は課税資産の譲渡等の対価の額に含まれません。したがって、入浴料1,500円から入湯税100円を差し引いた1,400円が課税標準額の計算に算入すべき課税売上げの金額となります。

(4) バイクの販売と中古バイクの下取りはそれぞれ別々の取引として計算します。したがって、バイクの販売価格1,200,000円が課税標準額の計算に算入すべき課税売上げの金額となります。

(5) 新しい備品の購入とこれまで所有していた備品の下取りはそれぞれ別々の取引として計算します。したがって、これまで所有していた備品の下取り価格150,000円が課税標準額の計算に算入すべき課税売上げの金額となります。

(6) 源泉所得税等がある場合の課税標準額の計算は、源泉徴収前の金額によって行います。したがって、所得税額及び復興特別所得税額を控除する前の

89

2,000,000円が課税標準額の計算に算入すべき課税売上げの金額となります。

(7)　未経過の自動車税相当額は、車両の譲渡対価の一部を構成するものとして取り扱うため、売却代金2,000,000円と未経過の自動車税相当額17,000円の合計額2,017,000円が課税標準額の計算に算入すべき課税売上げの金額となります。

(8)　建物の貸付けに伴う共益費は、原則として家賃と同様に扱うため、家賃2,400,000円と共益費180,000円の合計額2,580,000円が課税標準額の計算に算入すべき課税売上げの金額となります。

(9)　施設（事務所）の利用に伴って土地が使用される場合には、その土地の貸付けは非課税取引に該当せず、土地を含めた施設全体の貸付けとして考えます。したがって、区分された賃貸料の合計額350,000円が事務所の貸付けの対価として課税標準額の計算に算入すべき課税売上げの金額となります。

(10)　銀行が印紙税の納税義務を負うため、印紙税を含めた振込み手数料660円が課税標準額の計算に算入すべき課税売上げの金額となります。

☑ 学習のポイント

　ゴルフ場利用税や入湯税のように、本体価格と税金が区分されている個別消費税については課税資産の譲渡等の対価に含まれませんが、酒税・たばこ税・揮発油税などの本体価格と税金が区分されていない個別消費税については課税資産の譲渡等の対価に含まれることに注意しましょう。また、未経過固定資産税等は資産の譲渡対価の一部を構成するものとして取り扱います。

　販売と下取りが同時に行われた場合は、それぞれ別々の取引として計算します。下取り金額を販売価格から控除しないように注意しましょう。

　土地付建物の貸付けは全体で「施設の貸付け」になるため、契約において建物部分と土地部分の賃貸料を区分していたとしても、区分された賃貸料の合計額を施設の貸付けの対価と考えます。非常によく間違える論点なので、しっかりと復習しましょう。

解答 4 課税標準額に対する消費税額の計算（1）

	日付	時間	学習メモ
1回目	／	／8分	
2回目	／	／8分	
3回目	／	／8分	

区　　分	金　　額	計　算　過　程　（単位：円）
課税標準額	496,090,000	$520{,}750{,}000+150{,}000$（※1）$+80{,}000{,}000\times\dfrac{3}{7+3}$ $+200{,}000$（※2）$+600{,}000=545{,}700{,}000$ $545{,}700{,}000\times\dfrac{100}{110}=496{,}090{,}909$ 　　　　　　　$\rightarrow 496{,}090{,}000$（千円未満切捨） ※1　$150{,}000\times50\%=75{,}000\leqq90{,}000$ 　　　$100{,}000>90{,}000$ 　　　　　　　∴　低額譲渡に該当　150,000 ※2　$300{,}000\times50\%=150{,}000\leqq200{,}000$ 　　　　　　　∴　低額譲渡に該当しない
課税標準額に対する消費税額	38,695,020	$496{,}090{,}000\times7.8\%=38{,}695{,}020$

Chapter 5　課税標準と税率

> **解答へのアプローチ**

　甲社は軽減税率が適用される取引を行っていないため、標準税率7.8％に基づいて課税標準額に対する消費税額を計算します。

○　**「課税標準額の計算に算入すべき金額」の拾出し**

　　各取引について、課税標準額の計算に算入すべき課税売上げの金額がいくらなのか、ひとつひとつみていきましょう。

(1)　520,750,000円

　　消費者に対する商品売上高は、受領した金額が課税標準額の計算に算入すべき課税売上げの金額となります。

(2)　150,000円

　　法人が自社の役員に対して資産を譲渡した場合は、「低額譲渡」に該当するかチェックします。

　　低額譲渡に該当する場合は譲渡時の価額（通常の販売価額）150,000円が、該当しない場合は原則どおり譲渡金額90,000円が課税標準額の計算に算入すべき課税売上げの金額となります。

　　棚卸資産を譲渡しているため、譲渡金額が通常の販売価額×50％又は仕入価額を下回っているかどうかにより「低額譲渡」の判定を行います。

> 低額譲渡の判定
> 通常の販売価額150,000円×50％＝75,000円≦譲渡金額90,000円
> 仕入価額100,000円＞譲渡金額90,000円　　∴低額譲渡に該当する

　　したがって、低額譲渡に該当するため、譲渡時の価額（通常の販売価額）150,000円が課税標準額の計算に算入すべき課税売上げの金額となります。

(3)　24,000,000円

　　「課税資産」と「非課税資産」の一括譲渡が行われた場合において、譲渡対価の内訳が合理的に区分されていないときは、譲渡時の価額の比で按分計算した金額を課税標準額の計算に算入します。

　　したがって、譲渡時の価額を土地付建物の譲渡対価の比で按分した金額$80,000,000円×\dfrac{3}{7+3}＝24,000,000円$が課税標準額の計算に算入すべき課税売上げの金額となります。

(4)　200,000円

　　法人が自社の役員に対して資産を譲渡した場合は、「低額譲渡」に該当するかチェックします。

　　低額譲渡に該当する場合は譲渡時の価額（時価）300,000円が、該当しない場合は原則どおり譲渡金額200,000円が課税標準額の計算に算入すべき課税売上げの金額となります。

　　棚卸資産以外の資産を譲渡しているため、譲渡金額が譲渡時の価額（時価）×50％を下回っているかどうかにより「低額譲渡」の判定を行います。

低額譲渡の判定
譲渡時の価額（時価）300,000円×50％＝150,000円≦譲渡金額200,000円
∴ 低額譲渡に該当しない

　　したがって、低額譲渡に該当しないので、譲渡金額200,000円が課税標準額の計算に算入すべき課税売上げの金額となります。

⑸　600,000円

　　新しい営業用車両の購入とこれまで所有していた営業用車両の下取りはそれぞれ別々の取引として計算します。したがって、これまで所有していた車両の下取り価格600,000円が課税標準額の計算に算入すべき課税売上げの金額となります。

◯　課税標準額の計算

　　拾い出した「課税標準額の計算に算入すべき金額」を合計し、$\frac{100}{110}$を乗じます。その際に、千円未満切捨を忘れないようにしましょう。

520,750,000円＋150,000円＋24,000,000円＋200,000円＋600,000円
＝545,700,000円

545,700,000円×$\frac{100}{110}$＝496,090,909円 → 496,090,000円（千円未満切捨）

◯　課税標準額に対する消費税額の計算

　　課税標準額に7.8％を乗じて課税標準額に対する消費税額を求めます。

496,090,000円×7.8％＝38,695,020円

☑ 学習のポイント

　　低額譲渡の判定をするときは、計算過程欄の金額の近くに「（※1）」「（※2）」などのマークを付し、下の方に判定式を書くようにしましょう。また、「（千円未満切捨）」のコメントも省略せずに必ず書くようにしましょう。

解答5 課税標準額に対する消費税額の計算（2）

	日付	時間	学習メモ
1回目	／	／8分	
2回目	／	／8分	
3回目	／	／8分	

区　　分	金　　額	計　算　過　程　（単位：円）
課税標準額	646,563,000	$(709,310,000-200,000+420,000\,(※1))$ $+1,500,000+190,000\,(※2)=711,220,000$ $711,220,000 \times \dfrac{100}{110} = 646,563,636$ $\qquad\qquad\rightarrow 646,563,000$(千円未満切捨) ※1　$420,000\times50\%=210,000>200,000$ $\qquad\qquad\therefore$ 低額譲渡に該当　420,000 ※2　みなし譲渡 $380,000\times50\%=190,000>180,000$ $\qquad\qquad\qquad\therefore 190,000$
課税標準額に対する消費税額	50,431,914	$646,563,000\times7.8\%=50,431,914$

> **解答へのアプローチ**

　甲社は軽減税率が適用される取引を行っていないため、標準税率7.8％が適用される取引に係る課税売上高を集計します。

○　**「課税標準額の計算に算入すべき金額」の拾出し**

　　各取引について、課税標準額の計算に算入すべき課税売上げの金額がいくらなのか、ひとつひとつみていきましょう。

1．営業収益に関する収入　709,310,000円－200,000円＋420,000円
（＝709,530,000円）

　　法人が自社の役員に対して資産を譲渡した場合は、「低額譲渡」に該当するかチェックします。

　　低額譲渡に該当する場合は譲渡時の価額（通常の販売価額）420,000円が、

94

該当しない場合は原則どおり譲渡金額200,000円が課税標準額の計算に算入すべき課税売上げの金額となります。

棚卸資産を譲渡しているため、譲渡金額が通常の販売価額×50%又は仕入価額を下回っているかどうかにより「低額譲渡」の判定を行います。

低額譲渡の判定
通常の販売価額420,000円×50%＝210,000円＞譲渡金額200,000円
∴ 低額譲渡に該当する

したがって、低額譲渡に該当するため、譲渡時の価額（通常の販売価額）420,000円が課税標準額の計算に算入すべき課税売上げの金額となります。商品売上高709,310,000円から200,000円を差し引いて、420,000円を加算します。

2．営業外収益に関する収入
(1)　0円

株式投資信託の収益分配金の収受は非課税取引なので、課税標準額の計算に算入すべき課税売上げの金額は0円です。

(2)　1,500,000円

店舗の貸付けは課税取引なので、賃貸料1,500,000円が課税標準額の計算に算入すべき課税売上げの金額となります。

(3)　0円

土地の貸付けは非課税取引なので、課税標準額の計算に算入すべき課税売上げの金額は0円です。

3．特別利益に関する収入　0円

社債の売却は非課税取引なので、課税標準額の計算に算入すべき課税売上げの金額は0円です。

4．その他の事項
(1)　190,000円

法人が資産をその社の役員に対して贈与する行為は「みなし譲渡」に該当します。

棚卸資産のみなし譲渡に係る売上げ計上金額は、通常の販売価額×50%又は仕入価額のいずれか大きい方の金額となります。

通常の販売価額380,000円×50%＝190,000円＞仕入価額180,000円

通常の販売価額×50%の金額の方が大きいので、通常の販売価額×50%の金額190,000円が課税標準額の計算に算入すべき課税売上げの金額となります。

(2)　0円

法人が他社の役員に対して資産を贈与する行為は「みなし譲渡」に該当しません。したがって、当該備品の贈与は不課税取引となるため、課税標準額の計算に算入すべき課税売上げの金額は0円です。

☑ 学習のポイント

他社の役員に対する資産の贈与はみなし贈与に該当しないことに注意しましょう。棚卸資産を自社の役員に対して譲渡した場合において、「通常の販売価額×50%＞譲渡金額」又は「仕入価額＞譲渡金額」のいずれかに該当するときは低額譲渡に該当することになります。したがって、いずれか一方の方法による判定を行い低額譲渡に該当するときはもう一方の判定式は省略してもかまいません。

また、棚卸資産のみなし譲渡があった場合も、低額譲渡の判定式と同様に計算過程欄に「(※1)」「(※2)」などのマークを付し、下の方に「通常の販売価額×50%」又は「仕入価額」のどちらが大きい金額になるのか判定式を書くようにしましょう。

解答6　課税標準額に対する消費税額の計算 (3)

	日付	時間	学習メモ
1回目	／	／10分	
2回目	／	／10分	
3回目	／	／10分	

区　　分	金　　額	計　算　過　程　(単位：円)
課税標準額	186,490,000	$(82,400,000+1,280,000)+73,060,000$ $+(38,910,000+1,240,000)+2,400,000$ $+4,000,000+1,850,000=205,140,000$ $205,140,000 \times \dfrac{100}{110}=186,490,909$ $\rightarrow 186,490,000$ (千円未満切捨)

課税標準額に対する消費税額	14,546,220	186,490,000×7.8%=14,546,220

解答へのアプローチ

甲社は軽減税率が適用される取引を行っていないため、標準税率7.8%に基づいて課税標準額に対する消費税額を計算します。

○ 「課税標準額の計算に算入すべき金額」の拾出し

各取引について、課税標準額の計算に算入すべき課税売上げの金額がいくらなのか、ひとつひとつみていきましょう。

1．営業収益に関する事項

(1) 82,400,000円＋1,280,000円（＝83,680,000円）

未経過固定資産税は、居住用建物の譲渡対価の一部を構成するものとして取り扱うため、売却代金82,400,000円と未経過固定資産税1,280,000円の合計額83,680,000円が課税標準額の計算に算入すべき課税売上げの金額となります。

(2) 73,060,000円

施設（事務所）の利用に伴って土地が使用される場合には、その土地の貸付けは非課税取引に該当せず、土地を含めた施設全体の貸付けとして考えます。したがって、区分された賃貸料の合計額73,060,000円が事務所の貸付けの対価として課税標準額の計算に算入すべき課税売上げの金額となります。

(3) 0円

住宅の貸付けは非課税取引なので、課税標準額の計算に算入すべき課税売上げの金額は0円です。

(4) 38,910,000円＋1,240,000円（＝40,150,000円）

ウィークリーマンションの貸付けは非課税とされる住宅の貸付けの範囲から除かれ、建物の貸付けに伴う共益費は、原則として家賃と同様に扱うため、家賃38,910,000円と共益費1,240,000円の合計額40,150,000円が課税標準額の計算に算入すべき課税売上げの金額となります。

2．営業外収益に関する事項

(1) 0円

利子を対価とする金銭の貸付けは非課税取引なので、課税標準額の計算

に算入すべき課税売上げの金額は 0 円です。

(2) 0 円

配当金の受取りは不課税取引なので、課税標準額の計算に算入すべき課税売上げの金額は 0 円です。

(3) 2,400,000円

保養所の貸付けは課税取引なので、施設利用料2,400,000円が課税標準額の計算に算入すべき課税売上げの金額となります。

3．特別利益に関する事項

(1) 0 円

火災保険金の受取りは不課税取引なので、課税標準額の計算に算入すべき課税売上げの金額は 0 円です。

(2) 4,000,000円

ゴルフ場利用株式の売却は課税取引なので、売却代金4,000,000円が課税標準額の計算に算入すべき課税売上げの金額となります。

(3) 0 円

有価証券の譲渡は非課税取引なので、課税標準額の計算に算入すべき課税売上げの金額は 0 円です。

4．その他の事項

(1) 1,850,000円

法人が資産をその社の役員に対して贈与する行為は「みなし譲渡」に該当します。棚卸資産以外の資産のみなし譲渡に係る売上げ計上金額は譲渡時の価額（時価）なので、譲渡時の価額（時価）1,850,000円が課税標準額の計算に算入すべき課税売上げの金額となります。

(2) 0 円

法人が資産をその社の役員に対して無償で貸し付ける行為は「みなし譲渡」に該当しません。

したがって、無償で貸し付けているため対価を受領していないので、不課税取引に該当し、課税標準額の計算に算入すべき課税売上げの金額は 0 円です。

☑ 学習のポイント

ひとつの取引に課税標準額に算入する金額が複数あるときは、カッコでくくるよ

解答 7 課税標準額に対する消費税額の計算（4）

	日付	時間	学習メモ
1回目	／	／10分	
2回目	／	／10分	
3回目	／	／10分	

区　分	金　額	計　算　過　程　（単位：円）
課税標準額	383,781,000	415,320,000+2,200,000+600,000 +3,994,500+45,000（※）=422,159,500 $422,159,500 \times \dfrac{100}{110} = 383,781,363$ 　　　　→ 383,781,000（千円未満切捨） ※　みなし譲渡 　　80,000×50%=40,000<45,000 　　　　　　　　　∴ 45,000
課税標準額に対する消費税額	29,934,918	383,781,000×7.8%=29,934,918

解答へのアプローチ

　甲社は軽減税率が適用される取引を行っていないため、標準税率7.8%に基づいて課税標準額に対する消費税額を計算します。

○　**「課税標準額の計算に算入すべき金額」の拾出し**

　　各取引について、課税標準額の計算に算入すべき課税売上げの金額がいくらなのか、ひとつひとつみていきましょう。

1．損益計算書の付記事項

　(1)　415,320,000円

　　　　輸出免税となる売上高は課税標準額の計算に算入しません。したがって、国内における商品売上高415,320,000円を課税標準額の計算に算入すべき

課税売上げの金額となります。

(2)　0円

　　利子を対価とする金銭の貸付けは非課税取引なので、課税標準額の計算に算入すべき課税売上げの金額は0円です。

(3)　0円

　　配当金の受取りは不課税取引なので、課税標準額の計算に算入すべき課税売上げの金額は0円です。

(4)　2,200,000円

　　倉庫建物の明渡し遅滞に伴い収受する損害賠償金は実質的に倉庫建物を貸し付けた対価であるため、遅延損害金を含めた2,200,000円が課税標準額の計算に算入すべき課税売上げの金額となります。

(5)　600,000円

　　不動産の賃貸借契約の仲介をしたことにより収受した手数料600,000円は役務の提供の対価として課税標準額の計算に算入すべき課税売上げの金額となります。

(6)　0円

　　有価証券の譲渡は非課税取引なので、課税標準額の計算に算入すべき課税売上げの金額は0円です。

(7)　3,994,500円

　　未経過の固定資産税相当額は、事務所用建物の譲渡対価の一部を構成するものとして取り扱うため、未経過の固定資産税相当額144,500円を含む3,994,500円が課税標準額の計算に算入すべき課税売上げの金額となります。

2．その他の事項　45,000円

　法人が資産をその社の役員に対して贈与する行為は「みなし譲渡」に該当します。

　棚卸資産のみなし譲渡に係る売上げ計上金額は、通常の販売価額×50%又は仕入価額のいずれか大きい方の金額となります。

　　通常の販売価額80,000円×50%＝40,000円＜仕入価額45,000円

　仕入価額の方が大きいので仕入価額45,000円が課税標準額の計算に算入すべき課税売上げの金額となります。

☑ 学習のポイント

　本試験では、本問のように損益計算書と各取引についての付記事項が与えられ、自分で必要な金額を探し出すことになります。資料のどこに必要な金額が書いてあるのか見極め、漏らさずに拾い出せるようにしましょう。

解答8　資産の譲渡等に類する行為の判定

	日付	時間	学習メモ
1回目	／	／5分	
2回目	／	／5分	
3回目	／	／5分	

(1)	○	(2)	×	(3)	○	(4)	×	(5)	○	(6)	○
(7)	×	(8)	○								

＞ 解答へのアプローチ

(1)　本問の取引では、実際には現金で返済していませんが、税務上は商品を譲渡したことにより取得した対価相当額で借入金を返済したと考えます。したがって、本問の取引は、「代物弁済による資産の譲渡」として「資産の譲渡等に類する行為」に該当します。

(2)　自社製品の広告宣伝用車両の贈与は対価性のない取引であり、「資産の譲渡等に類する行為」（負担付き贈与による資産の譲渡）に該当しません。

(3)　本問の取引では、実際には現金のやりとりはありませんが、税務上は車両を譲渡したことにより取得した対価相当額で借入金を返済したと考えます。したがって、本問の取引は、「負担付き贈与による資産の譲渡」として「資産の譲渡等に類する行為」に該当します。

(4)　現金による出資は対価性のない取引であり、「資産の譲渡等に類する行為」に該当しません。

(5)　本問の取引では、実際には現金のやりとりはありませんが、税務上はまず土地を譲渡したことにより取得した対価相当額で株式を取得したと考えます。したがって、本問の取引は「金銭以外の資産の出資」として「資産の譲渡等に類す

101

る行為」に該当します。

(6) B社から貸付債権を購入して譲り受け、C社に対する貸付債権を有することとなる場合は、C社に対して利子を対価とする金銭の貸付けを行ったことになるため、「貸付金その他の金銭債権の譲受けその他の承継（包括承継を除く）」として「資産の譲渡等に類する行為」に該当します。

(7) 「貸付金その他の金銭債権の譲受けその他の承継」のうち「包括承継」に該当するものは「資産の譲渡等に類する行為」の範囲から除かれます。なお、「包括承継」とは、相続や合併により一切の権利義務を一括して承継することをいいます。したがって、本問の取引ではC社に対する貸付債権を合併により包括承継しているため、「資産の譲渡等に類する行為」に該当しません。

(8) 日本放送協会（NHK）が受信料を収受する行為は「不特定多数の者の受信目的である無線通信の送信で、法律による契約に基づき受信料を収受して行われるもの」として「資産の譲渡等に類する行為」に該当します。

☑ 学習のポイント

「資産の譲渡等に類する行為」の判定は応用的な難しい考え方をするものが多いため、最初のうちはできなくてもかまいません。まずは「課税の対象」の4要件それぞれについてよく復習してしっかりと理解を深めたうえで、余力があれば「資産の譲渡等に類する行為」についてもおさえるようにしましょう。

解答9 課税標準額の計算（3）

	日付	時間	学習メモ
1回目	／	／4分	
2回目	／	／4分	
3回目	／	／4分	

(1)	2,500,000円	(2)	3,600,000円	(3)	3,000,000円
(4)	27,000,000円	(5)	85,000,000円		

解答へのアプローチ

(1) 代物弁済による資産の譲渡があった場合は、代物弁済により消滅する債務の額2,500,000円が課税標準額の計算に算入すべき課税売上げの金額となります。

(2) 代物弁済による資産の譲渡があった場合において、代物弁済により譲渡される資産の価額が債務の額を超える額に相当する金額につき支払いを受ける場合は、代物弁済により消滅する債務の額3,000,000円にその支払いを受ける金額600,000円を加算した3,600,000円が課税標準額の計算に算入すべき課税売上げの金額となります。

(3) 負担付き贈与による資産の譲渡があった場合は、負担付き贈与に係る負担の価額（負担してもらうこととなる借入金の金額）3,000,000円が課税標準額の計算に算入すべき課税売上げの金額となります。

(4) 金銭以外の資産の出資があった場合は、出資により取得する株式の取得時の価額@9,000円×3,000株＝27,000,000円が課税標準額の計算に算入すべき課税売上げの金額となります。

(5) 資産の交換を行った場合は、交換取得資産である建物Bの時価90,000,000円から当社が支払った交換差金5,000,000円を控除した85,000,000円が課税標準額の計算に算入すべき課税売上げの金額となります。

☑ 学習のポイント

条文では資産の譲渡等に類する行為は「一定の行為」として、原則とは異なる取扱いが規定されているため、最初のうちは解けなくてもかまいません。まずは原則、低額譲渡、みなし譲渡の取扱いをしっかり復習し、余力があったら本問の論点もおさえるようにしましょう。

解答 10 税率の推移

	日付	時間	学習メモ
1回目	／	／2分	
2回目	／	／2分	
3回目	／	／2分	

①	4	②	1	③	5	④	6.3
⑤	1.7	⑥	8	⑦	7.8	⑧	2.2
⑨	10	⑩	6.24	⑪	1.76	⑫	8

解答へのアプローチ

　消費税は平成元年に導入されて以来3度の増税が行われ、令和元年10月の増税時に初めて軽減税率制度が導入されました。消費税率及び地方消費税率の推移についてまとめると、以下のようになります。

適用開始日	税率区分	消費税率	地方消費税率	合計
平成元年4月1日	―	3 %	―	3 %
平成9年4月1日	―	4 %	1 %	5 %
平成26年4月1日	―	6.3 %	1.7 %	8 %
令和元年10月1日	標準税率	7.8 %	2.2 %	10 %
	軽減税率	6.24 %	1.76 %	8 %

☑ 学習のポイント

　税理士試験における消費税の納付税額は国税部分に着目して計算するため、全体の税率のうち国税である消費税率と地方税である地方消費税率の内訳についてしっかりと押さえておきましょう。

売上げに係る対価の返還等

解答1 売上げに係る対価の返還等の範囲（1）

	日付	時間	学習メモ
1回目	／	／5分	
2回目	／	／5分	
3回目	／	／5分	

(1)	○	(2)	○	(3)	○	(4)	×	(5)	○	(6)	○
(7)	×	(8)	×								

解答へのアプローチ

売り上げたときに課税されたもの（消費税を預かったもの）についてのみ、「売上げに係る対価の返還等に係る消費税額の控除」の規定の適用を受けます。各取引について、売り上げたときに課税されていたかどうか、ひとつひとつ見ていきましょう。

(1) 国内での商品の販売は7.8%課税取引に該当するため売上げ時に消費税を預かっており、売上返品により販売代金の払戻しを行っているので「売上げに係る対価の返還等に係る消費税額の控除」の規定の適用を受けます。

(2) 国内での商品の販売は7.8%課税取引に該当するため売上げ時に消費税を預かっており、売上値引により掛代金の減額を行っているので「売上げに係る対価の返還等に係る消費税額の控除」の規定の適用を受けます。

(3) 国内での商品の販売は7.8%課税取引に該当するため売上げ時に消費税を預かっており、売上割戻しにより販売代金の払戻しを行っているので「売上げに係る対価の返還等に係る消費税額の控除」の規定の適用を受けます。

(4) 国外での商品の販売は不課税取引に該当し売上げ時に消費税を預かっていないので、「売上げに係る対価の返還等に係る消費税額の控除」の規定の適用を受けません。

(5) 国内での商品の販売は7.8%課税取引に該当するため売上げ時に消費税を預

かっており、売上割引により掛代金の免除を行っているので「売上げに係る対価の返還等に係る消費税額の控除」の規定の適用を受けます。

(6)　国内での商品の販売は7.8%課税取引に該当するため売上げ時に消費税を預かっており、販売数量等に応じて金銭により支払う販売奨励金は販売代金の払戻しとしての性格を持つので「売上げに係る対価の返還等に係る消費税額の控除」の規定の適用を受けます。

(7)　商品の輸出販売は免税取引に該当し売上げ時に消費税を預かっていないので、「売上げに係る対価の返還等に係る消費税額の控除」の規定の適用を受けません。

(8)　土地の譲渡は非課税取引に該当し売却時に消費税を預かっていないので、「売上げに係る対価の返還等に係る消費税額の控除」の規定の適用を受けません。

☑ 学習のポイント

不課税取引、非課税取引、免税取引に係るものについては、売上げ時に消費税を預かっていないため、「売上げに係る対価の返還等に係る消費税額の控除」の規定の適用を受けません。

解答2　売上げに係る対価の返還等の範囲（2）

	日付	時間	学習メモ
1回目	／	／3分	
2回目	／	／3分	
3回目	／	／3分	

(1)	○	(2)	○	(3)	×	(4)	○

＞ 解答へのアプローチ ＞

(1)　国内での商品の販売は7.8%課税取引に該当するため売上げ時に消費税を預かっており、販売した商品の分量に応じて事業者に対して事業分量配当金を支

106

払っているため、「売上げに係る対価の返還等に係る消費税額の控除」の規定の適用を受けます。
(2) 国内での商品の販売は7.8%課税取引に該当するため売上げ時に消費税を預かっており、キャッシュバックにより販売代金の払戻しを行っているため、「売上げに係る対価の返還等に係る消費税額の控除」の規定の適用を受けます。
(3) 国内での商品の販売は7.8%課税取引に該当するため売上げ時に消費税を預かっていますが、景品の贈呈は販売代金の払戻しや減額には該当しないため、「売上げに係る対価の返還等に係る消費税額の控除」の規定の適用を受けません。
(4) 売上割戻しには、直接の取引先に支払うもののほか、その間接の取引先に対して支払う飛越リベートも含まれるため、「売上げに係る対価の返還等に係る消費税額の控除」の規定の適用を受けます。

☑ 学習のポイント

景品の贈呈は売上げに係る対価の返還等には該当しません。一方、キャッシュバックを行う場合は売上げに係る対価の返還等に該当することに注意しましょう。

解答3 売上げに係る対価の返還等に係る消費税額の計算 (1)

	日付	時間	学習メモ
1回目	/	/5分	
2回目	/	/5分	
3回目	/	/5分	

区　分	金　額	計　算　過　程　（単位：円）
売上げに係る対価の返還等に係る消費税額	155,645	620,000+391,000+418,000 +445,000+321,000=2,195,000 $2,195,000 \times \dfrac{7.8}{110} = 155,645$

＞解答へのアプローチ

「売上げに係る対価の返還等に係る消費税額の控除」の規定の適用を受けるものを資料の中から探し出します。

○ 「売上げに係る対価の返還等」の拾出し

資料の各項目について、売上げに係る対価の返還等の金額がいくらなのか、ひとつひとつみていきましょう。

(1) 620,000円＋391,000円＋418,000円（＝1,429,000円）

「売上戻り」「売上値引」「売上割戻」はすべて売上げに係る対価の返還等の金額に該当します。

(2) 445,000円

販売促進費のうちイベントの会場設営費は売上げに係る対価の返還等の金額に該当しないので、金銭で支払った販売奨励金のみ拾い出します。

(3) 321,000円

「売上割引」は売上げに係る対価の返還等の金額に該当します。

☑ 学習のポイント

売上げに係る対価の返還等の金額は損益計算書の「売上高」の項目だけでなく「販売費及び一般管理費」や「営業外費用」の中にも隠れているので、付記事項をよく読んで漏らさずに見つけ出すようにしましょう。

解答4 売上げに係る対価の返還等に係る消費税額の計算（2）

	日付	時間	学習メモ
1回目	／	／5分	
2回目	／	／5分	
3回目	／	／5分	

区　　分	金　　額	計　算　過　程　（単位：円）
売上げに係る対価の返還等に係る消費税額	177,329	2,008,800＋492,000＝2,500,800 $2,500,800 \times \dfrac{7.8}{110} = 177,329$

108

> 解答へのアプローチ

○ 「売上げに係る対価の返還等」の拾出し

　資料の各項目について、売上げに係る対価の返還等の金額がいくらなのか、ひとつひとつみていきましょう。

(2) 2,008,800円

　②は輸出免税売上高に係るものであり、③は非課税売上げに係るものであるため、売上げ時に消費税を預かっておらず、「売上げに係る対価の返還等に係る消費税額の控除」の規定の適用を受けません。したがって、①の国内課税売上高に係る売上値引及び戻り高2,008,800円のみ拾い出します。

(3) 492,000円

　販売奨励金は(1)①の国内課税売上高に係る得意先に対して金銭で支払ったものであるため、課税売上げに係る販売代金の払戻しとして売上げに係る対価の返還等の金額に該当します。

(4) 0円

　(1)③の非課税売上げに係る売掛金は、売上げ時に消費税を預かっていないため、当該売掛金に係る売上割引については「売上げに係る対価の返還等に係る消費税額の控除」の規定の適用を受けません。

☑ 学習のポイント

　「売上げに係る対価の返還等に係る消費税額の控除」の規定は、売上げたときに課税されたもの（消費税を預かったもの）についてのみ適用されます。対価の返還等が課税売上げに係るものなのかどうか注意深く読み取るようにしましょう。

解答5　旧税率が適用される場合

	日付	時間	学習メモ
1回目	／	／3分	
2回目	／	／3分	
3回目	／	／3分	

区　分	金　額	計　算　過　程　（単位：円）
売上げに係る対価の返還等に係る消費税額	26,773	(1)　6.3%分 　　$70,000 \times \dfrac{6.3}{108} = 4,083$ (2)　7.8%分 　　$150,000 + 170,000 = 320,000$ 　　$320,000 \times \dfrac{7.8}{110} = 22,690$ (3)　(1)+(2)=26,773

解答へのアプローチ

令和元年9月30日までに販売した商品については、旧税率6.3%に基づいて売上げに係る対価の返還等に係る消費税額を計算します。したがって、計算過程欄では、売上げに係る対価の返還等の金額を新税率7.8%分と旧税率6.3%分に区分して集計し、それぞれの国税部分の金額を合計して売上げに係る対価の返還等に係る消費税額を求めます。

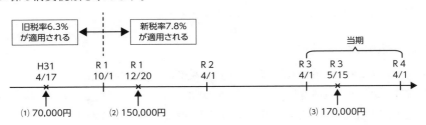

学習のポイント

課税資産の譲渡等が行われた時期により適用される税率が異なるため、売上げに係る対価の返還等に係る消費税額を求める際は、その課税資産の譲渡等がいつ行われたのかを必ず意識するようにしましょう。

解答 6 売上げに係る対価の返還等をした場合

	日付	時間	学習メモ
1回目	／	／3分	
2回目	／	／3分	
3回目	／	／3分	

①	課税資産の譲渡等	②	返品
③	値引き	④	売上げに係る対価の返還等
⑤	課税標準額に対する消費税額	⑥	減額

解答へのアプローチ

「国内において行った課税資産の譲渡等（輸出免税等により消費税が免除されるものを除く。）」というのは、消費税を預かった課税売上げのことを指します。課税売上げについて「売上げに係る対価の返還等」（返品を受け、又は値引き若しくは割戻しをすること）をした場合は、課税標準額に対する消費税額から当該売上げに係る対価の返還等の金額に係る消費税額を控除します。売掛金等を減額した場合も「売上げに係る対価の返還等」に該当することに注意しましょう。

☑ 学習のポイント

本問は「売上げに係る対価の返還等」の条文の規定のうち重要な語句を穴埋めにした問題です。条文の表現にも少しずつ慣れていきましょう。なお、「免税事業者」というのは、消費税を納める義務がない事業者のことをいいます。詳しくは、Chapter 15（3分冊目）で学習します。

貸倒れ

解答1 貸倒れの範囲

	日付	時間	学習メモ
1回目	/	/5分	
2回目	/	/5分	
3回目	/	/5分	

| (1) | ○ | (2) | × | (3) | ○ | (4) | × | (5) | × | (6) | × |
| (7) | ○ | (8) | ○ | (9) | × |

解答へのアプローチ

「売上げに係る対価の返還等」と同じように、売り上げたときに課税されたもの（消費税を預かったもの）についてのみ、「貸倒れに係る消費税額の控除」の規定の適用を受けます。各取引について、売り上げたときに課税されていたかどうか、ひとつひとつ見ていきましょう。

(1) 国内での商品の販売は7.8％課税取引に該当し売上げ時に消費税を預かっているので、「貸倒れに係る消費税額の控除」の規定の適用を受けます。

(2) 商品の輸出販売は免税取引に該当し売上げ時に消費税を預かっていないので、「貸倒れに係る消費税額の控除」の規定の適用を受けません。

(3) 建物の売却は7.8％課税取引に該当し売上げ時に消費税を預かっているので、「貸倒れに係る消費税額の控除」の規定の適用を受けます。

(4) 土地の売却は非課税取引に該当し売却時に消費税を預かっていないので、「貸倒れに係る消費税額の控除」の規定の適用を受けません。

(5) 貸付金の貸付けは不課税取引に該当し消費税を預かっていないので、「貸倒れに係る消費税額の控除」の規定の適用を受けません。

(6) 国外での商品の販売は不課税取引に該当し売上げ時に消費税を預かっていないので、「貸倒れに係る消費税額の控除」の規定の適用を受けません。

(7) 国内での商品の販売は7.8％課税取引に該当し売上げ時に消費税を預かって

おり、会社更生法に規定する更生計画認可の決定は法律上の貸倒れとして、切捨額につき「貸倒れに係る消費税額の控除」の規定の適用を受けます。

(8) 建物の売却は7.8%課税取引に該当し売上げ時に消費税を預かっており、会社法に規定する特別清算に係る協定の認可の決定は法律上の貸倒れとして、切捨額につき「貸倒れに係る消費税額の控除」の規定の適用を受けます。

(9) 貸倒引当金の設定は不課税取引に該当するため、「貸倒れに係る消費税額の控除」の規定の適用を受けません。

☑ 学習のポイント

「売上げに係る対価の返還等」と同じように、不課税取引、非課税取引、免税取引に係るものについては、売上げ時に消費税を預かっていないため、「貸倒れに係る消費税額の控除」の規定の適用を受けません。また、法律上の貸倒れについては「認可の決定」というフレーズがあるものは「貸倒れに係る消費税額の控除」の規定の適用があると覚えておきましょう。

Chapter

7

貸倒れ

解答2 貸倒れに係る消費税額の計算

	日付	時間	学習メモ
1回目	／	／5分	
2回目	／	／5分	
3回目	／	／5分	

区　分	金　額	計　算　過　程　（単位：円）
貸倒れに係る消費税額	186,916	316,000+520,000+3,000,000×60% =2,636,000 $2,636,000 \times \dfrac{7.8}{110} = 186,916$

＞ 解答へのアプローチ ＞

「貸倒れに係る消費税額の控除」の規定の適用を受けるものを資料の中から探し出します。

○ 「貸倒れ」の拾出し

資料の各項目について、貸倒れの金額がいくらなのか、ひとつひとつみていきましょう。

(1) 316,000円

国内での商品の販売は7.8%課税取引に該当し、売上げ時に消費税を預かっているので、「貸倒れ」の金額として拾い出します。

(2) 0円

輸出免税売上げに係る売掛金は売上げ時に消費税を預かっていないので、「貸倒れに係る消費税額の控除」の規定の適用を受けません。

(3) 520,000円

商品保管用倉庫の貸付けは7.8%課税取引に該当し売上げ時に消費税を預かっているので、「貸倒れ」の金額として拾い出します。

(4) 0円

貸付金の貸付けは不課税取引に該当し、消費税を預かっていないので、「貸倒れに係る消費税額の控除」の規定の適用を受けません。

(5) 3,000,000円×60%(=1,800,000円)

建物の売却は7.8%課税取引に該当し売上げ時に消費税を預かっており、民事再生法に規定する再生計画認可の決定は法律上の貸倒れとして、切捨額につき「貸倒れに係る消費税額の控除」の規定の適用を受けます。したがって、切り捨てられることとなった60%の金額を「貸倒れ」として拾い出します。

(6) 0円

B社から購入したB社の売掛金(B社から譲り受けた金銭債権)については、実質的にC社に対する貸付金と考えられるため、この譲り受けた金銭債権について貸倒れの事実が生じたとしても、「貸倒れに係る消費税額の控除」の規定の適用を受けません。

☑ 学習のポイント

「貸倒れに係る消費税額の控除」の規定は、売り上げたときに課税されたもの(消費税を預かったもの)についてのみ適用されます。貸倒れが7.8%課税売上げに係るものなのかどうか注意深く読み取るようにしましょう。

解答3 貸倒れに係る消費税額の控除

	日付	時間	学習メモ
1回目	/	/ 3分	
2回目	/	/ 3分	
3回目	/	/ 3分	

①	事業者	②	課税資産の譲渡等
③	貸倒れの事実	④	領収
⑤	課税期間	⑥	課税標準額に対する消費税額

解答へのアプローチ

「貸倒れの事実」が生じたことにより、課税資産の譲渡等の相手方に対する売掛金等の債権を領収できなくなってしまった場合は、その課税資産の譲渡等について預かるはずだった消費税を預かることができなくなってしまいます。しかし、その課税資産の譲渡等の税込価額はすでに課税標準額に算入されているため、その領収できなくなった課税資産の譲渡等の税込価額に係る消費税額を課税標準額に対する課税標準額から控除します。

☑ 学習のポイント

条文では、「回収できなくなった」ではなく「領収できなくなった」という表現をします。細かい違いですが、条文に則した表現もきちんと覚えておきましょう。なお、「免税事業者」というのは、消費税を納める義務がない事業者のことをいいます。詳しくは、Chapter 15（3分冊目）で学習します。

解答4 控除過大調整税額・貸倒れに係る消費税額の計算

	日付	時間	学習メモ
1回目	／	／5分	
2回目	／	／5分	
3回目	／	／5分	

区　　分	金　　額	計　算　過　程　（単位：円）
控除過大調整税額	28,700	$492,000 \times \dfrac{6.3}{108} = 28,700$
貸倒れに係る消費税額	78,141	$1,102,000 \times \dfrac{7.8}{110} = 78,141$

> 解答へのアプローチ

○　**「控除過大調整税額」の計算**

　　前期以前に貸倒れとして処理した売掛金が当期に回収されたときは、預かった消費税額を「控除過大調整税額」として「課税標準額に対する消費税額」に加算します。

　　償却債権取立益の金額492,000円は令和元年9月30日以前の課税売上げに係るものであるため、$\dfrac{6.3}{108}$ を乗じて「控除過大調整税額」を計算します。

○　**「貸倒れに係る消費税額」の計算**

　　(3)②の輸出免税売上げに係る貸倒れは消費税を預かっていないため「貸倒れに係る消費税額の控除」の規定の適用を受けません。したがって、(3)①の課税売上げに係る売掛金の貸倒れ額1,102,000円を拾い出します。当該貸倒れ額は令和元年10月1日以後の課税売上げに係るものであるため、$\dfrac{7.8}{110}$ を乗じて「貸倒れに係る消費税額」を計算します。

☑ **学習のポイント**

　「控除過大調整税額」及び「貸倒れに係る消費税額」は集計する金額が少なく得点しやすい項目なので、早く確実に解答するようにしましょう。

なお、これらを求める際も適用される税率に注意する必要があります。Chapter6で学習した売上げに係る対価の返還等に係る消費税額を計算する際と同様に、その課税資産の譲渡等がいつ行われたのかを必ず意識するようにしましょう。

解答5 納付税額の計算（1）

	日付	時間	学習メモ
1回目	／	／12分	
2回目	／	／12分	
3回目	／	／12分	

区　分	金　額	計　算　過　程　（単位：円）
課税標準額	527,272,000	$580,000,000 \times \dfrac{100}{110} = 527,272,727$ → 527,272,000（千円未満切捨）
課税標準額に対する消費税額	41,127,216	$527,272,000 \times 7.8\% = 41,127,216$
控除過大調整税額	361,666	$6,200,000 \times \dfrac{6.3}{108} = 361,666$
控除対象仕入税額	21,981,818	$310,000,000 \times \dfrac{7.8}{110} = 21,981,818$
売上げに係る対価の返還等に係る消費税額	4,821,818	$68,000,000 \times \dfrac{7.8}{110} = 4,821,818$
貸倒れに係る消費税額	481,969	(1)　6.3%分 　　$3,400,000 \times \dfrac{6.3}{108} = 198,333$ (2)　7.8%分 　　$4,000,000 \times \dfrac{7.8}{110} = 283,636$ (3)　(1)+(2)=481,969

Chapter
7
貸倒れ

117

納 付 税 額	6,003,200	(1)　差引税額 41,127,216+361,666−(21,981,818+ 4,821,818+481,969)=14,203,277 　　　　　　→ 14,203,200(百円未満切捨) (2)　納付税額 14,203,200−8,200,000=6,003,200

> ## 解答へのアプローチ

○　**「課税標準額」の計算**

　　資料の中から課税売上高を拾い出し、$\dfrac{100}{110}$を乗じていったん税抜金額にします。その際に（千円未満切捨）のコメントも忘れずに書くようにしましょう。

○　**「課税標準額に対する消費税額」の計算**

　　上記で計算した「課税標準額」に7.8%を乗じて計算します。

○　**「控除過大調整税額」の計算**

　　課税売上げがあった時（前々期）と貸倒れ発生時（前期）に課税事業者に該当していたため、償却債権取立益に係る消費税額を「控除過大調整税額」として「課税標準額に対する消費税額」に加算します。

　　なお、本問の償却債権取立益は令和元年 9 月30日以前に行われた課税資産の譲渡等に係るものであるため、旧税率6.3%に基づいて計算します。

○　**「控除対象仕入税額」の計算**

　　資料の中から課税仕入高を拾い出し、$\dfrac{7.8}{110}$を乗じて計算します。

○　**「売上げに係る対価の返還等に係る消費税額」の計算**

　　資料の(3)から売上げに係る対価の返還等の金額はすべて当期の課税売上げに係るものであることがわかり、「売上げに係る対価の返還等に係る消費税額の控除」の規定の適用を受けます。

　　なお、本問の売上げに係る対価の返還等の金額は令和元年10月1日以後に行われた課税資産の譲渡等に係るものであるため、新税率7.8%に基づいて計算します。

○　**「貸倒れに係る消費税額」の計算**

　　課税売上げがあった時（前々期）に課税事業者に該当しているため、「貸倒れに係る消費税額の控除」の規定の適用を受けます。

計算過程欄では、令和元年9月30日以前の課税売上げに係る貸倒れ額（6.3%分）と令和元年10月1日以後の課税売上げに係る貸倒れ額（7.8%分）とにそれぞれ区分して集計します。

○　「納付税額」の計算

　まず、計算のおおまかな流れとしては、「預かった消費税額」から「控除税額」を控除して、「差引税額」を計算します。その際、（百円未満切捨）のコメントも忘れずに書くようにしましょう。次に、差引税額から、消費税を先払いで納付した中間納付消費税額を控除して、当期の「納付税額」を計算します。

☑ 学習のポイント

　「課税標準額に対する消費税額」と「控除過大調整税額」の合計額が「預かった消費税額」、「控除対象仕入税額」と「売上げに係る対価の返還等に係る消費税額」と「貸倒れに係る消費税額」の合計額が「控除税額」となります。

　「貸倒れに係る消費税額の控除」については、課税売上げがあった時に課税事業者に該当していたかどうか、「控除過大調整税額」については課税売上げがあった時及び貸倒れが発生した時に課税事業者に該当していたかどうか必ずチェックするようにしましょう。

Chapter 7
貸倒れ

解答6 納付税額の計算（2）

	日付	時間	学習メモ
1回目	／	／15分	
2回目	／	／15分	
3回目	／	／15分	

区　分	金　額	計　算　過　程　（単位：円）
課 税 標 準 額	359,908,000	$390,529,000+3,700,000+1,670,000$ $=395,899,000$ $395,899,000 \times \dfrac{100}{110} = 359,908,181$ → 359,908,000（千円未満切捨）

119

課税標準額に対する消費税額	28,072,824	$359,908,000 \times 7.8\% = 28,072,824$
控除過大調整税額	87,500	$1,500,000 \times \dfrac{6.3}{108} = 87,500$
控除対象仕入税額	23,729,727	$334,650,000 \times \dfrac{7.8}{110} = 23,729,727$
売上げに係る対価の返還等に係る消費税額	258,818	$3,650,000 \times \dfrac{7.8}{110} = 258,818$
貸倒れに係る消費税額	184,363	$2,600,000 \times \dfrac{7.8}{110} = 184,363$
納付税額	2,483,800	(1)　差引税額 $28,072,824 + 87,500 - (23,729,727 + 258,818 + 184,363) = 3,987,416$ 　　　　　　　　　　→　3,987,400 (2)　納付税額 $3,987,400 - 1,503,600 = 2,483,800$

＞ 解答へのアプローチ ＞

○　「課税標準額」の計算

　　資料の中から課税売上げとなる金額を拾い出し、$\dfrac{100}{110}$ を乗じていったん税抜金額にします。その際に（千円未満切捨）のコメントも忘れずに書くようにしましょう。

　　なお、本問で課税売上げの金額を拾い出す際は、次の点に注意しましょう。

(1)　総売上高

　　輸出免税となる売上高30,520,000円は課税標準額の計算に算入しません。

(2)　受取家賃

　　住宅の貸付に係る家賃は非課税売上げとなるため、事務所用建物に係る金額3,700,000円のみ拾い出します。

(3) 固定資産売却益

営業用車両の売却代金1,670,000円も課税売上げとなります。

○ 「課税標準額に対する消費税額」の計算

上記で計算した「課税標準額」に7.8%を乗じて計算します。

○ 「控除過大調整税額」の計算

課税売上げがあった時（前々期）と貸倒れ発生時（前期）に課税事業者に該当していたため、償却債権取立益に係る消費税額を「控除過大調整税額」として「課税標準額に対する消費税額」に加算します。

なお、本問の償却債権取立益は令和元年9月30日以前に行われた課税資産の譲渡等に係るものであるため、旧税率6.3%に基づいて計算します。

○ 「控除対象仕入税額」の計算

資料3から課税仕入高を拾い出し、$\dfrac{7.8}{110}$を乗じて計算します。

○ 「売上げに係る対価の返還等に係る消費税額」の計算

資料2(2)から損益計算書の売上値引の金額はすべて国内売上げに係るものであることがわかり、「売上げに係る対価の返還等に係る消費税額の控除」の規定の適用を受けます。

なお、本問の売上値引は令和元年10月1日以後に行われた課税資産の譲渡等に係るものであるため、新税率7.8%に基づいて計算します。

○ 「貸倒れに係る消費税額」の計算

課税売上げがあった時（当期）に課税事業者に該当しているため、「貸倒れに係る消費税額の控除」の規定の適用を受けます。

なお、本問の貸倒損失は令和元年10月1日以後に行われた課税資産の譲渡等に係るものであるため、新税率7.8%に基づいて計算します。

○ 「納付税額」の計算

まず、計算のおおまかな流れとしては、「預かった消費税額」から「控除税額」を控除して、「差引税額」を計算します。その際、（百円未満切捨）のコメントも忘れずに書くようにしましょう。次に、差引税額から、消費税を先払いで納付した中間納付消費税額を控除して、当期の「納付税額」を計算します。

☑ 学習のポイント

計算問題では、申告書の形式に沿って計算に必要な数値を探し出し計算過程をつくります。納付税額を算出するまでの計算パターンをしっかりとおさえましょう。

索　引

あ行

一括譲渡　157,204
印紙税　166
売上げに係る対価の返還等　189,191,197

か行

外貨建取引　169
外国貨物　75,120,122
買取差益　97
貸倒れ　209,213,216
課税期間　16
課税資産の譲渡等　148,162
課税資産の譲渡等の対価の額　148
課税の対象　25,27,29,31,36,43
課税標準額　145
課税標準額に対する消費税額　145
貨物に係る役務の提供　122
間接税　4
共益費　106,171
軽減税率制度　185
源泉所得税　168
現物出資　177
権利金等　108
公社債等運用投資信託等　94
控除過大調整税額　223
国際運輸、国際通信等　121
国税　5,183
国内取引の判定　43
固定資産税　165
個別消費税　164
ゴルフ場利用税　165

さ行

事業者　15,51
事業として行うもの　51
資産の交換　64,178
資産の譲渡及び貸付け並びに役務の提供
　63
資産の譲渡等　31,162
資産の譲渡等に類する行為　69,174
自動車税　166
社宅　107
収益分配金　93
住宅の貸付け　105
集団投資信託等　93
収用　61
償還差益　95
償却債権取立益　209,223
消費税の仕組み　5
所得税　168
信託報酬　94
税額控除　191,212
税込経理方式　17
税抜経理方式　17
税率　183
損害賠償金　58,60

た行

対価の額　148
対価補償金　63
対価を得て行うもの　55
代物弁済　174
多段階累積控除　7

地方税　5,183
直接税　4
低額譲渡　151
手続要件　202,221
土地等の譲渡、貸付け　83

な行

内国貨物　75,122
入湯税　165

は行

非課税取引　33,81
非居住者　120
非居住者に対する役務の提供　123
非居住者に対する無形固定資産等の譲渡
　又は貸付け　123
付随行為　53
負担付き贈与　176
保証金　108
保証料　96
本邦からの輸出　119

ま行

みなし譲渡　64,154
みなし引取り　76
免税対象物品　134
免税取引　34,114

や行

有価証券等の譲渡　88
輸出証明　129
輸出取引等　34,114,118
輸出物品販売場制度　131
輸入取引の課税の対象　73
輸入取引の課税標準　180

ら行

利子及び利息　92
利子を対価とする金銭の貸付け等　91

〈執　　筆〉政木美恵（まさきみえ）

TAC税理士独学道場消費税法講師。

自らの受験経験をもとに、独学でも合格レベルの実力を付けられる学習プログラム
を構築し、個人の運営するブログにて独学者向け学習ノウハウなどを公開中。

（ブログ）税理士試験消費税法ナビ URL：http://shouhizei-navi.jp/

〈執筆協力〉TAC出版開発グループ

井上雅美（TAC税理士講座消費税法講師）

〈イラスト〉梶浦ゆみこ

〈装　　幀〉Malpu Design

2021年度版
みんなが欲しかった！　税理士　消費税法の教科書＆問題集
　　　　　　　　　　　　　1　取引分類・課税標準編

（2018年度版 2017年8月8日 初版 第1刷発行）

2020年8月7日　初　版　第1刷発行

編　著　者	Ｔ　Ａ　Ｃ　株　式　会　社		
	（税理士講座）		
発　行　者	多　　田　　敏　　男		
発　行　所	ＴＡＣ株式会社　出版事業部		
	（ＴＡＣ出版）		

〒101-8383
東京都千代田区神田三崎町3-2-18
電話 03（5276）9492（営業）
FAX 03（5276）9674
https://shuppan.tac-school.co.jp

印　　　刷	株　式　会　社　　光　　　　邦
製　　　本	東　京　美　術　紙　工　協　業　組　合

© TAC 2020　　　Printed in Japan

ISBN 978-4-8132-8898-5
N.D.C. 336

落丁・乱丁本はお取り替えいたします。

本書は、「著作権法」によって、著作権等の権利が保護されている著作物です。本書の全部または一部
につき、無断で転載、複写されると、著作権等の権利侵害となります。上記のような使い方をされる
場合、および本書を使用して講義・セミナー等を実施する場合には、小社宛許諾を求めてください。

各種本試験の実施の延期、中止を理由とした本書の返品はお受けいたしません。返金もいたしか
ねますので、あらかじめご了承くださいますようお願い申し上げます。

税理士講座のご案内

「税理士」の扉を開くカギ
それは、合格できる教育機関を決めること!

あなたが教育機関を決める最大の決め手は何ですか?
通いやすさ、受講料、評判、規模、いろいろと検討事項はありますが、一番の決め手となること、それは「合格できるか」です。
TACは、税理士講座開講以来今日までの30年以上、「受講生に合格していただくこと」を常に考え続けてきました。そして、「最小の努力で最大の効果を発揮する、良質なコンテンツの提供」をもって多数の合格者を輩出し、今も厚い信頼と支持をいただいております。

令和元年度 税理士試験
TAC 合格祝賀パーティー

東京会場　ホテルニューオータニ

合格者から「喜びの声」を多数お寄せいただいています。

https://www.tac-school.co.jp/kouza_zeiri/zeiri_jisseki.html

税理士講座のご案内

2021年合格目標コース

反復学習でインプット強化! & 豊富な演習量で実践力強化!

対象者：初学者／次の科目の学習に進む方

2020年				2021年							
9月	10月	11月	12月	1月	2月	3月	4月	5月	6月	7月	8月

9月・10月入学　基礎マスター＋上級コース（全10科目）
※3回転学習！年内はインプットを強化、年明けは演習機会を増やして実践力を鍛える！

9月入学　ベーシックコース（法人・所得）
※2回転学習！週2ペース、8ヵ月かけてインプットを鍛える！

12月・1月入学　速修コース（全11科目）
※7ヵ月間で合格レベルまで仕上げる！

3月・4月入学　速修コース（消費・酒税・固定・国徴）
※短期集中で税法合格を目指す！

税理士試験

対象者：受験経験者（受験した科目を再度学習する場合）

2020年				2021年							
9月	10月	11月	12月	1月	2月	3月	4月	5月	6月	7月	8月

9月入学　年内上級講義＋上級コース（簿記・財表・法人）
※年内に基礎・応用項目の再確認を行い、実力を引き上げる！

9月入学　年内上級演習＋上級コース（法人・所得・相続・消費）
※年内から問題演習に取り組み、本試験時の実力維持・向上を図る！

1月入学　上級コース（全10科目）
※講義と演習を交互に実施し、答案作成力を養成！

税理士試験

※2020年7月17日時点の情報です。最新の情報は、TAC税理士講座ホームページをご確認ください。

| 料請求は
ちらから!! | 詳しい資料をお送りいたします。
右記電話番号もしくはTACホームページ
(https://www.tac-school.co.jp)にてご請求ください。 | 通話無料 **0120-509-117** ゴウカク イイナ
受付時間 9:30〜19:00(月〜金) 9:30〜18:00(土・日・祝) |

"入学前サポート"を活用しよう!

無料セミナー&個別受講相談

無料セミナーでは、税理士の魅力、試験制度、科目選択の方法や合格のポイントをお伝えしていきます。セミナー終了後は、個別受講相談でみなさんの疑問や不安を解消します。

TAC 税理士 セミナー 検索

https://www.tac-school.co.jp/kouza_zeiri/zeiri_gd_gd.htm

無料Webセミナー

TAC動画チャンネルでは、校舎で開催しているセミナーのほか、Web限定のセミナーも多数配信しています。受講前にご活用ください。

TAC 税理士 動画 検索

https://www.tac-school.co.jp/kouza_zeiri/tacchannel.html

体験入学

教室講座開講日(初回講義)は、お申込み前でも無料で講義を体験できます。講師の熱意や校舎の雰囲気を是非体感してください。

TAC 税理士 体験 検索

全11科目体験Web受講

税理士試験全11科目の初回講義を学習前に無料でWeb受講いただけます。税理士の学習のイメージを膨らませてください。

TAC 税理士 検索

https://www.cpa-tac.com/zei/taiken/jform.php

税理士講座のご案内

チャレンジコース

受験経験者・独学生待望のコース！

4月上旬開講！

| 開講科目 | 簿記・財表・法人
所得・相続・消費 |

基礎知識の底上げ 徹底した本試験対策

チャレンジ講義 ＋ チャレンジ演習 ＋ 直前対策講座 ＋ 全国公開模試

受験経験者・独学生向けカリキュラムが一つのコースに！

※チャレンジコースには直前対策講座（全国公開模試含む）が含まれています。

直前対策講座

4月下旬開講！

本試験突破の最終仕上げ！

直前期に必要な対策がすべて揃っています！

- 徹底分析！「試験委員対策」
- 即時対応！「税制改正」
- 毎年的中！「予想答練」

| 学習メディア | ・教室講座 ・ビデオブース講座 ・Web通信講座
・DVD通信講座 ・資料通信講座 |

全11科目対応

| 開講科目 | ・簿記 ・財表 ・法人 ・所得 ・相続 ・消費
・酒税 ・固定 ・事業 ・住民 ・国徴 |

※直前対策講座には全国公開模試が含まれています。

チャレンジコース・直前対策講座ともに詳しくは3月上旬発刊予定の
「チャレンジコース・直前対策講座パンフレット」をご覧ください。

| 料請求はこちらから!! | 詳しい資料をお送りいたします。右記電話番号もしくはTACホームページ（https://www.tac-school.co.jp/）にてご請求ください。 | 通話無料 **0120-509-117** ゴウカク イイナ
受付時間 9:30～19:00（月～金） 9:30～18:00（土・日・祝） | |

全国公開模試

6月中旬実施！

全11科目実施
TACの模試はここがスゴイ！

❶ 信頼の母集団
2019年の受験者数（11科目延べ人数）は会場受験・自宅受験合わせて10,247名！この大きな母集団を分母とした正確な成績（順位）を把握できます。

信頼できる実力判定

10,247名

❷ 本試験を擬似体験
全国の会場で緊迫した雰囲気の中「真の実力」が発揮できるかチャレンジ！

❸ 個人成績表
現時点での全国順位を確認するとともに「講評」等を通じて本試験までの学習の方向性が定まります。

❹ 充実のアフターフォロー
解説Web講義を無料配信。また、質問電話による疑問点の解消も可能です。
※TACの受講生はカリキュラム内に全国公開模試の受験料が含まれています（一部期別申込を除く）。

直前オプション講座

6月中旬～8月上旬実施！

最後まで油断しない！
ここからのプラス5点！

【重要理論確認ゼミ】
～理論問題の解答作成力UP！～

【直前オープン模試】
～本試験直前の最終模試！～

【ファイナルチェック】
～確実な5点UPを目指す！～

【最終総まとめゼミ】
～頻出論点の総チェック！～

全国公開模試および直前オプション講座の詳細は4月中旬発刊予定の
「全国公開模試パンフレット」「直前オプション講座パンフレット」をご覧ください。

会計業界の就職サポートは
安心のTAC

TACキャリアエージェントなら
BIG4・国内大手法人
就職支援実績多数！

- 税理士学習中の方
- 日商簿記学習中の方
- 会計士／USCPA学習中の方
- 会計業界で就業中の方で転職をお考えの方
- 会計業界でのお仕事に興味のある方

「残業なしで勉強時間を確保したい…」
「簿記3級から始められる仕事はあるの？」
といったご相談も大歓迎です！

スキマ時間に　PC・スマホ・タブレットで
WEB面談実施中！
忙しくて時間の取れない方、遠方に
お住まいの方、ぜひご利用ください。

詳細はこちら▶
https://tacnavi.com/
accountant/web-mendan/

完全予約制
【相談会場】
東京オフィス　03-3518-6775
大阪オフィス　06-6371-5851
名古屋オフィス（登録会場）　0120-757-655

ご相談は無料です。会計業界を知り尽くしたプロの
コンサルタントにご相談ください。
※相談時間は原則としてお一人様60分とさせていただきます。

✉ shoukai@
tac-school.co.jp
メールでご予約の際は、
件名に「相談希望のオフィス」
をご入力ください。
（例：相談希望 東京）

TAC 会計士・税理士専門の転職サポートサービス
キャリアエージェント

会計業界への就職・転職支援サービス

TPB

TACの100%出資子会社であるTACプロフェッショナルバンク(TPB)は、会計・税務分野に特化した転職エージェントです。勉強された知識とご希望に合ったお仕事を一緒に探しませんか? 相談だけでも大歓迎です! どうぞお気軽にご利用ください。

人材コンサルタントが無料でサポート

Step1 相談受付
完全予約制です。HPからご登録いただくか、各オフィスまでお電話ください。

Step2 面談
ご経験やご希望をお聞かせください。あなたの将来について一緒に考えましょう。

Step3 情報提供
ご希望に適うお仕事があれば、その場でご紹介します。強制はいたしませんのでご安心ください。

正社員で働く
- 安定した収入を得たい
- キャリアプランについて相談したい
- 面接日程や入社時期などの調整をしてほしい
- 今就職すべきか、勉強を優先すべきか迷っている
- 職場の雰囲気など、求人票でわからない情報がほしい

TACキャリアエージェント
https://www.tacnavi.com/

派遣で働く（関東のみ）
- 勉強を優先して働きたい
- 将来のために実務経験を積んでおきたい
- まずは色々な職場や職種を経験したい
- 家庭との両立を第一に考えたい
- 就業環境を確認してから正社員で働きたい

TACの経理・会計派遣
https://tacnavi.com/haken/

※ご経験やご希望内容によってはご支援が難しい場合がございます。予めご了承ください。　※面談時間は原則お一人様30分とさせていただきます。

自分のペースでじっくりチョイス

正社員・アルバイトで働く
- 自分の好きなタイミングで就職活動をしたい
- どんな求人案件があるのか見たい
- 企業からのスカウトを待ちたい
- WEB上で応募管理をしたい

TACキャリアナビ
https://www.tacnavi.com/kyujin/

就職・転職・派遣就労の強制は一切いたしません。会計業界への就職・転職を希望される方への無料支援サービスです。どうぞお気軽にお問い合わせください。

TACプロフェッションバンク

■ 有料職業紹介事業 許可番号13-ユ-010678
■ 一般労働者派遣事業 許可番号(派)13-C10932

東京オフィス
〒101-0051
東京都千代田区神田神保町1-103 東京パークタワー 2F
TEL.03-3518-6775

大阪オフィス
〒530-0013
大阪府大阪市北区茶屋町6-20 吉田茶屋町ビル 5F
TEL.06-6371-5451

名古屋 登録会場
〒450-0002
愛知県名古屋市中村区名駅1-2-4 名鉄バスターミナルビル 10F
TEL.0120-757-655

2020年2月現在

TAC出版 書籍のご案内

TAC出版では、資格の学校TAC各講座の定評ある執筆陣による資格試験の参考書をはじめ、資格取得者の開業法や仕事術、実務書、ビジネス書、一般書などを発行しています！

TAC出版の書籍

*一部書籍は、早稲田経営出版のブランドにて刊行しております。

資格・検定試験の受験対策書籍

- 日商簿記検定
- 建設業経理士
- 全経簿記上級
- 税理士
- 公認会計士
- 社会保険労務士
- 中小企業診断士
- 証券アナリスト
- ファイナンシャルプランナー(FP)
- 証券外務員
- 貸金業務取扱主任者
- 不動産鑑定士
- 宅地建物取引士
- マンション管理士
- 管理業務主任者
- 司法書士
- 行政書士
- 司法試験
- 弁理士
- 公務員試験(大卒程度・高卒者)
- 情報処理試験
- 介護福祉士
- ケアマネジャー
- 社会福祉士　ほか

実務書・ビジネス書

- 会計実務、税法、税務、経理
- 総務、労務、人事
- ビジネススキル、マナー、就職、自己啓発
- 資格取得者の開業法、仕事術、営業術
- 翻訳書 (T's BUSINESS DESIGN)

一般書・エンタメ書

- エッセイ、コラム
- スポーツ
- 旅行ガイド (おとな旅プレミアム)
- 翻訳小説 (BLOOM COLLECTION)

TAC出版

(2018年5月現在)

書籍のご購入は

1 全国の書店、大学生協、ネット書店で

2 TAC各校の書籍コーナーで

資格の学校TACの校舎は全国に展開！
校舎のご確認はホームページにて

資格の学校TAC ホームページ
https://www.tac-school.co.jp

3 TAC出版書籍販売サイトで

CYBER BOOK STORE TAC出版書籍販売サイト

24時間ご注文受付中

TAC 出版　で　検索

https://bookstore.tac-school.co.jp/

- 新刊情報をいち早くチェック！
- たっぷり読める立ち読み機能
- 学習お役立ちの特設ページも充実！

TAC出版書籍販売サイト「サイバーブックストア」では、TAC出版および早稲田経営出版から刊行されている、すべての最新書籍をお取り扱いしています。
また、無料の会員登録をしていただくことで、会員様限定キャンペーンのほか、送料無料サービス、メールマガジン配信サービス、マイページのご利用など、うれしい特典がたくさん受けられます。

サイバーブックストア会員は、特典がいっぱい！(一部抜粋)

通常、1万円(税込)未満のご注文につきましては、送料・手数料として500円(全国一律・税込)頂戴しておりますが、1冊から無料となります。

専用の「マイページ」は、「購入履歴・配送状況の確認」のほか、「ほしいものリスト」や「マイフォルダ」など、便利な機能が満載です。

メールマガジンでは、キャンペーンやおすすめ書籍、新刊情報のほか、「電子ブック版 TACNEWS(ダイジェスト版)」をお届けします。

書籍の発売を、販売開始当日にメールにてお知らせします。これなら買い忘れの心配もありません。

2021年度版 税理士試験対策書籍のご案内

TAC出版では、独学用、およびスクール学習の副教材として、各種対策書籍を取り揃えています。学習の各段階に対応していますので、あなたのステップに応じて、合格に向けてご活用ください!

(刊行内容、発行月、装丁等は変更することがあります)

● 2021年度版 税理士受験シリーズ

「税理士試験において長い実績を誇るTAC。このTACが長年培ってきた合格ノウハウを"TAC方式"としてまとめたのがこの「税理士受験シリーズ」です。近年の豊富なデータをもとに傾向を分析、科目ごとに最適な内容としているので、トレーニング演習に欠かせないアイテムです。」

簿記論
01	簿 記 論	個別計算問題集	(8月)
02	簿 記 論	総合計算問題集 基礎編	(8月)
03	簿 記 論	総合計算問題集 応用編	(12月)
04	簿 記 論	過去問題集	(12月)
	簿 記 論	完全無欠の総まとめ	(11月)

財務諸表論
05	財務諸表論	個別計算問題集	(9月)
06	財務諸表論	総合計算問題集 基礎編	(9月)
07	財務諸表論	総合計算問題集 応用編	(12月)
08	財務諸表論	理論問題集 基礎編	(9月)
09	財務諸表論	理論問題集 応用編	(12月)
10	財務諸表論	過去問題集	(12月)
33	財務諸表論	重要会計基準	(8月)
	財務諸表論	完全無欠の総まとめ	(11月)

法人税法
11	法 人 税 法	個別計算問題集	(11月)
12	法 人 税 法	総合計算問題集 基礎編	(9月)
13	法 人 税 法	総合計算問題集 応用編	(12月)
14	法 人 税 法	過去問題集	(12月)
34	法 人 税 法	理論マスター	(9月)
35	法 人 税 法	理論ドクター	(12月)
	法 人 税 法	理論マスター 暗記CD	(10月)
	法 人 税 法	完全無欠の総まとめ	(1月)

所得税法
15	所 得 税 法	個別計算問題集	(10月)
16	所 得 税 法	総合計算問題集 基礎編	(9月)
17	所 得 税 法	総合計算問題集 応用編	(12月)
18	所 得 税 法	過去問題集	(12月)
36	所 得 税 法	理論マスター	(9月)
37	所 得 税 法	理論ドクター	(12月)
	所 得 税 法	理論マスター 暗記CD	(10月)

相続税法
19	相 続 税 法	個別計算問題集	(9月)
20	相 続 税 法	財産評価問題集	(9月)
21	相 続 税 法	総合計算問題集 基礎編	(9月)
22	相 続 税 法	総合計算問題集 応用編	(12月)
23	相 続 税 法	過去問題集	(12月)
38	相 続 税 法	理論マスター	(9月)
39	相 続 税 法	理論ドクター	(12月)
	相 続 税 法	理論マスター 暗記CD	(10月)

酒税法
24	酒 税 法	計算問題+過去問題集	(12月)
40	酒 税 法	理論マスター	(9月)

TAC出版
TAC PUBLISHING Group

消費税法

25	消費税法	個別計算問題集	（10月）
26	消費税法	総合計算問題集 基礎編	（10月）
27	消費税法	総合計算問題集 応用編	（12月）
28	消費税法	過去問題集	（12月）
41	消費税法	理論マスター	（ 9月）
42	消費税法	理論ドクター	（12月）
	消費税法	理論マスター 暗記CD	（10月）
	消費税法	完全無欠の総まとめ	（11月）

固定資産税

29	固定資産税	計算問題＋過去問題集	（12月）
43	固定資産税	理論マスター	（ 9月）

事業税

30	事 業 税	計算問題＋過去問題集	（12月）
44	事 業 税	理論マスター	（ 9月）

住民税

31	住 民 税	計算問題＋過去問題集	（ 3月）
45	住 民 税	理論マスター	（12月）

国税徴収法

32	国税徴収法	総合問題＋過去問題集	（12月）
46	国税徴収法	理論マスター	（ 9月）

大好評につき、今年もやります！
理論マスター暗記CDの音声ダウンロード版を発売！

音声DL版	法人税法 理論マスター	所得税法 理論マスター
	相続税法 理論マスター	消費税法 理論マスター

※販売は、下記❸のTAC出版書籍販売サイト「CyberBookStore」のみとなります。
※音声DL版の内容は、暗記CDと同一のものです。

●2021年度版 みんなが欲しかった！税理士 教科書＆問題集シリーズ

効率的に税理士試験対策の学習ができないか？ これを突き詰めてできあがったのが、「みんなが欲しかった！税理士 教科書＆問題集シリーズ」です。必要十分な内容をわかりやすくまとめたテキスト（教科書）と内容確認のためのトレーニング（問題集）が1冊になっているので、効率的な学習に最適です。

みんなが欲しかった！ 税理士簿記論の教科書＆問題集 1 損益会計編　（8月）
みんなが欲しかった！ 税理士簿記論の教科書＆問題集 2 資産会計編　（8月）
みんなが欲しかった！ 税理士簿記論の教科書＆問題集 3 資産・負債・純資産会計編（9月）
みんなが欲しかった！ 税理士簿記論の教科書＆問題集 4 構造論点・その他編（9月）
みんなが欲しかった！ 税理士消費税法の教科書＆問題集 1 取引分類・課税標準編（8月）
みんなが欲しかった！ 税理士消費税法の教科書＆問題集 2 仕入税額控除編（9月）
みんなが欲しかった！ 税理士消費税法の教科書＆問題集 3 納税義務・その他論点編（10月）

みんなが欲しかった！ 税理士財務諸表論の教科書＆問題集 1 損益会計編　（8月）
みんなが欲しかった！ 税理士財務諸表論の教科書＆問題集 2 資産会計編　（8月）
みんなが欲しかった！ 税理士財務諸表論の教科書＆問題集 3 資産・負債・純資産会計編（9月）
みんなが欲しかった！ 税理士財務諸表論の教科書＆問題集 4 構造論点・その他編　（9月）
みんなが欲しかった！ 税理士財務諸表論の教科書＆問題集 5 理論編　（9月）

●解き方学習用問題集

現役講師の解答手順、思考過程、実際の書込みなど、㊙テクニックを完全公開した書籍です。

簿 記 論	個別問題の解き方	〔第5版〕
簿 記 論	総合問題の解き方	〔第5版〕
財務諸表論	理論答案の書き方	〔第5版〕
財務諸表論	計算問題の解き方	〔第5版〕

●その他関連書籍

好評発売中！

消費税課否判定要覧 〔第4版〕
法人税別表4、5(一)(二)書き方完全マスター 〔第4版〕
女性のための資格シリーズ 自力本願で税理士
年商倍々の成功する税理士開業法
Q&Aでわかる 税理士事務所・税理士法人勤務 完全マニュアル

**TACの書籍は
こちらの方法でご購入
いただけます**

1 全国の書店・大学生協　　**2** TAC各校 書籍コーナー

3 CYBER TAC出版書籍販売サイト BOOK STORE アドレス https://bookstore.tac-school.co.jp/

・2020年7月現在 　・年度版各巻の価格は、決定しだい上記❸のサイバーブックストアに掲載されますのでご参照ください

書籍の正誤についてのお問合わせ

万一誤りと疑われる箇所がございましたら、以下の方法にてご確認いただきますよう、お願いいたします。

なお、正誤のお問合わせ以外の書籍内容に関する解説・受験指導等は、**一切行っておりません。**
そのようなお問合わせにつきましては、お答えいたしかねますので、あらかじめご了承ください。

1 正誤表の確認方法

TAC出版書籍販売サイト「Cyber Book Store」の
トップページ内「正誤表」コーナーにて、正誤表をご確認ください。

CYBER TAC出版書籍販売サイト
BOOK STORE

URL:https://bookstore.tac-school.co.jp/

2 正誤のお問合わせ方法

正誤表がない場合、あるいは該当箇所が掲載されていない場合は、書名、発行年月日、お客様のお名前、ご連絡先を明記の上、下記の方法でお問合わせください。
なお、回答までに1週間前後を要する場合もございます。あらかじめご了承ください。

文書にて問合わせる

●郵送先　〒101-8383 東京都千代田区神田三崎町3-2-18
TAC株式会社 出版事業部 正誤問合わせ係

FAXにて問合わせる

●FAX番号　**03-5276-9674**

e-mailにて問合わせる

●お問合わせ先アドレス　**syuppan-h@tac-school.co.jp**

お電話でのお問合わせは、お受けできません。

各種本試験の実施の延期、中止を理由とした本書の返品はお受けいたしません。返金もいたしかねますので、あらかじめご了承くださいますようお願い申し上げます。

(2020年4月現在)

≫ 問題集　答案用紙

この冊子には、問題集の答案用紙がとじこまれています。

.... **別冊ご利用時の注意** ....
別冊は、この色紙を残したままていねいに抜き取り、ご利用ください。
また、抜き取る際の損傷についてのお取替えはご遠慮願います。

別冊の使い方

Step1
この色紙を残したまま、ていねいに抜き取ってください。色紙は本体からとれませんので、ご注意ください。

Step2
抜き取った用紙を針金のついているページでしっかりと開き、工具を使用して、針金を外してください。針金で負傷しないよう、お気をつけください。

なお、答案用紙については、ダウンロードでもご利用いただけます。TAC出版書籍販売サイト・サイバーブックストアにアクセスしてください。

https://bookstore.tac-school.co.jp/

問題集

みんなが欲しかった！ 税理士

消費税法の教科書＆問題集 ①

Chapter 1 消費税の概要

問題 1 消費税とは

①	②	③	④
⑤			

問題 2 納付税額の計算 (1)

	円

問題 3 納付税額の計算 (2)

(1) 預かった消費税額 [ ] 円

(2) 支払った消費税額 [ ] 円

(3) 納付税額 [ ] 円

Chapter 2 課税の対象の概要

問題 1 課税の対象の4要件

①	②	③	④
⑤	⑥	⑦	

問題 2 課税の対象の判定

(1)	(2)	(3)	(4)	(5)	(6)
(7)	(8)	(9)	(10)	(11)	(12)
(13)	(14)	(15)			

問題 3 国内取引の分類の全体像

①	②	③	④

Chapter 3 国内取引と輸入取引の課税の対象

問題 1 国内取引の判定（原則的な取扱い）

(1)	(2)	(3)	(4)	(5)	(6)
(7)	(8)	(9)	(10)	(11)	(12)
(13)	(14)	(15)			

問題 2 国内取引の判定（例外の細目）

(1)	(2)	(3)	(4)	(5)	(6)
(7)	(8)				

問題 3 事業者が事業として行うものの判定

(1)	(2)	(3)	(4)	(5)	(6)
(7)	(8)	(9)	(10)		

問題 7　課税の対象の判定（まとめ）

(1)	(2)	(3)	(4)	(5)	(6)
(7)	(8)	(9)	(10)	(11)	(12)
(13)	(14)	(15)	(16)	(17)	(18)

問題 8　輸入取引の課税の対象の判定

(1)	(2)	(3)	(4)	(5)	(6)
(7)	(8)				

非課税取引と免税取引

問題 1　国内取引の非課税

①	②	③	④
⑤	⑥	⑦	⑧
⑨	⑩	⑪	⑫
⑬	⑭	⑮	⑯
⑰	⑱	⑲	⑳

問題 2　非課税取引（1）

(1)	(2)	(3)	(4)	(5)	(6)
(7)	(8)	(9)	(10)	(11)	(12)
(13)	(14)	(15)	(16)	(17)	(18)
(19)	(20)				

問題 5　輸出免税等（1）

①	②	③	④
⑤	⑥	⑦	⑧
⑨	⑩	⑪	⑫

問題 6　輸出免税等（2）

(1)	(2)	(3)	(4)	(5)	(6)
(7)	(8)	(9)	(10)	(11)	(12)
(13)	(14)	(15)	(16)	(17)	(18)
(19)	(20)				

問題 7　輸出物品販売場制度

①	②	③	④
⑤	⑥	⑦	⑧

Chapter 5 課税標準と税率

問題 1 国内取引の課税標準

①	②	③
④	⑤	⑥
⑦	⑧	⑨
⑩		

問題 2 課税標準額の計算（1）

(1) 円	(2) 円	(3) 円
(4) 円	(5) 円	(6) 円
(7) 円	(8) 円	(9) 円
(10) 円	(11) 円	(12) 円
(13) 円	(14) 円	(15) 円

問題 4 課税標準額に対する消費税額の計算 (1)

（単位：円）

区　分	金　額	計　算　過　程
課　税　標　準　額		

問題 5 課税標準額に対する消費税額の計算 (2)

(単位：円)

区　　分	金　　額	計　算　過　程
課 税 標 準 額		

問題 6 課税標準額に対する消費税額の計算 (3)

（単位：円）

区　　分	金　　額	計　算　過　程
課　税　標　準　額		

問題 7 課税標準額に対する消費税額の計算 (4)

（単位：円）

区　分	金　額	計　算　過　程
課税標準額		

問題 10　税率の推移

①	②	③	④
⑤	⑥	⑦	⑧
⑨	⑩	⑪	⑫

売上げに係る対価の返還等

問題 1 売上げに係る対価の返還等の範囲 (1)

(1)	(2)	(3)	(4)	(5)	(6)
(7)	(8)				

問題 2 売上げに係る対価の返還等の範囲 (2)

(1)	(2)	(3)	(4)

問題 3 売上げに係る対価の返還等に係る消費税額の計算 (1)

区　　分	金　　額	計　算　過　程　（単位：円）
売上げに係る対価の 返還等に係る消費税額		

問題 5　旧税率が適用される場合

区　　分	金　　額	計　算　過　程　（単位：円）
売上げに係る対価の返還等に係る消費税額		

問題 6　売上げに係る対価の返還等をした場合

①	②
③	④
⑤	⑥

Chapter 7

貸倒れ

問題 1 貸倒れの範囲

(1)	(2)	(3)	(4)	(5)	(6)
(7)	(8)	(9)			

問題 2 貸倒れに係る消費税額の計算

（単位：円）

区　分	金　額	計　算　過　程
貸倒れに係る消費税額		

問題 4 控除過大調整税額・貸倒れに係る消費税額の計算

（単位：円）

区　分	金　額	計　算　過　程
控除過大調整税額		
貸倒れに係る消費税額		

控除過大調整税額	控除対象仕入税額	売上げに係る対価の返還等に係る消費税額	貸倒れに係る消費税額

問題 6 納付税額の計算 (2)

（単位：円）

区　　分	金　　額	計　算　過　程
課　税　標　準　額		
課税標準額に対する消費税額		

納　付　税　額		
(1) 差引税額		
(2) 納付税額		

控除対象仕入税額		
売上げに係る対価の返還等に係る消費税額		
貸倒れに係る消費税額		

納付税額	(1) 差引税額	
	(2) 納付税額	

区　分	金　額	計　算　過　程　（単位：円）
課　税　標　準　額		
課税標準額に対する 消費税額		

問題 3 貸倒れに係る消費税額の控除

①		②	
③		④	
⑤		⑥	

14

問題 4 売上げに係る対価の返還等に係る消費税額の計算 (2)

（単位：円）

区　　分	金　　額	計　　算　　過　　程
売上げに係る対価の 返還等に係る消費税額		

13

12

課税標準額に対する 消費税額		

問題 8 資産の譲渡等に類する行為の判定

(1)	(2)	(3)	(4)	(5)	(6)
(7)	(8)				

問題 9 課税標準額の計算 (3)

(1)	(2)	円	(3)	円
(4)	(5)	円		円

課税標準額に対する消費税額		

課税標準額に対する 消費税額	

| 課税標準額に対する消費税額 | | 消費税額 |

(1)	円	(2)	円	(3)	円
(4)	円	(5)	円	(6)	円
(7)	円	(8)	円	(9)	円
(10)	円				

問題 8 取引の分類（まとめ）

(1)		(2)		(3)		(4)		(5)		(6)	
(7)		(8)		(9)		(10)		(11)		(12)	
(13)		(14)		(15)		(16)		(17)		(18)	
(19)		(20)		(21)		(22)		(23)		(24)	
(25)		(26)		(27)		(28)		(29)		(30)	
(31)		(32)		(33)		(34)		(35)		(36)	
(37)		(38)		(39)		(40)		(41)		(42)	
(43)		(44)		(45)		(46)		(47)		(48)	
(49)		(50)		(51)		(52)		(53)		(54)	
(55)		(56)		(57)		(58)		(59)		(60)	

(1)		(2)		(3)		(4)		(5)		(6)	
(7)		(8)		(9)		(10)		(11)		(12)	
(13)		(14)		(15)		(16)		(17)		(18)	
(19)		(20)		(21)		(22)					

問題 4　非課税取引（3）

(1)		(2)		(3)		(4)		(5)		(6)	
(7)		(8)		(9)							

4

(1)	(2)	(3)	(4)	(5)	(6)	
(7)	(8)	(9)	(10)	(11)	(12)	
(13)	(14)	(15)	(16)	(17)	(18)	
(19)	(20)					

問題 5　資産の譲渡等の判定

(1)	(2)	(3)	(4)	(5)	(6)	

問題 6　みなし譲渡の判定

(1)	(2)	(3)	(4)	(5)	(6)	
(7)	(8)					

3

①	②	③	④
⑤	⑥	⑦	⑧
⑨	⑩		

円

問題 5 税抜経理方式

(1) 預かった消費税額   円

(2) 支払った消費税額   円

(3) 納付税額   円

Chapter		
1 消費税の概要		1
2 課税の対象の概要		2
3 国内取引と輸入取引の課税の対象		3
4 非課税取引と免税取引		5
5 課税標準と税率		7
6 売上げに係る対価の返還等		13
7 貸倒れ		15